KB234744

저울로 달아보는 인간성

# 품위학 콘체르토

저울로 달아보는 인간성

# 품위학 콘체르토

천광노 지음

이담
Books

# 서문


　이 책의 원제는 인간이란 무엇이며 왜 살며 어떻게 살아야 하는가를 연구하는 '인간학(人間學)'이라 할 수도 있다. 인간학은 신학에 대응하여 신학적 인간학이나 철학적 인간학 등으로 분류되어 이미 서양에서부터 그 뿌리가 깊고 많은 발전에 다다른 학문이다.

　그러나 신개념정신문화연구시리즈는 연구의 새로운 갈래를 뻗히려 하여 『'품위학 콘체르토'(稟位學)』라 명명하고 나의 나다움, 즉 인간다운 품성으로 인한 삶의 가치와 동 시대를 사는 인류의 정신문화 발전에 기여하고자 하여 심층연구에 들어가는 신개념 학문이다.

　어쩌면 어려울 것이다. 쉽게 쓴다고는 했지만 저자의 능력이 미치지 못한 탓일 것이나 새로운 갈래를 치고 뿌리까지 새로 내리려 하는 의욕만 앞섰을지도 모를 일이다. 그러나 개념적으로 접근하면 결코 난해하지만은 않을 것으로 믿는다.

　목적은 간단하다. 저자가 주제를 발의하니 같이 연구하고 각자에게 필요한 양분을 개발하자고 하는 데 있다. '생각학 콘체르토'를 비롯하여 '대화학 콘체르토', '품위학 콘체르토'를 거쳐 '부부학 콘체르토’로 이어져 결국 ‘가정학’으로 가고자 하는 데에는 이것이 주요 미래의 인성학문의 결실이 된다는 이유에서다.

생각을 잘하고 말을 잘하며 세상의 근본이 되는 부부가 화목하지 못하여 부부 인격에 모자람이 있다면 결론은 꽝이라는 뜻이다. 사람은 첫째로 사람다워야 한다는 것이다.

이때 바로 사람이 사람다운 것의 기준이 무엇이냐 한다면 인간학이 요구된다. 크게 인간성과 동물성으로 대분류할 수도 있는 인간학은 인간성이라고만 하여서는 알아듣지 못한다.

특히 인간성이라거나 인간학이라고 말하면 노골적인 표현일뿐더러 문법상 경어에 미흡함을 숨기지 못한다. 하여 격을 높인다면 인간다움이라기보다 품위라는 단어를 요구하게 된다,

이때의 품위란 인품이다. 품격과 인성이 다르고 인격은 또 다를뿐더러, 인간성이라 하면 천박해지고 만다. 품위라는 이 좋은 우리말이 있어 인간학은 ‘품위학’라는 말로 새로 태어났으면 하는 것이 저자의 욕심이다.

품위는 크게 두 가지로 나누어진다. 한자로 품위(品位)라고 쓰면 직급의 높낮이를 말함으로 피하기로 하고, 여기서는 준다−받았다−할 때의 품(稟)이라는 글자를 써서 ‘稟位學’이다.

이때의 품위에 대해 좀 더 말하면 이는 『인간이 하늘로부터(하나님으로부터) 내려 받은 천성(天性/天賦) 가운데 가장 인간다운 요소』라고 풀이된다.

부연하면 기독교적 표현으로는 ‘성령충만’이고 불교식 표현을 빌면 반야이며 ‘일불성’이다. 전자는 하나님의 아들다움이며 후자는 그가 즉 부처라는 말로 표현해도 될 것이다.

　요컨대 학생답고 자식답고 아내답고 남편다우며 어른답고 부모다우며 스승답고 제자다운 동시에 정치인답고 지도자다운 최적화된 인품의 소유자를 뜻하는 말이다.

　과연 며느리다우며 시부모다우냐의 문제로부터 70억 세계인에게는 누구도 예외 없이 걸맞은 인품이 있다는 것이며 이를 품위라 한 것이다.


　이 책은 인성을 학문적 문어법 필체가 아닌 평서형 서술방식으로 집필되었다. 핵심은 내가 나를 자라게 하는 인격성장을 거쳐 성숙에 이르게 됨에 따를 필요한 연구가 목적이다.

　나의 나다움이란 무엇인가에 대하여 무심한 심성을 흔들어 깨우고 내게 주신 천성이나 불성을 따라 나의 양지(良志)와 양성(良性)을 찾아 스스로에게는 보람을, 상대에게는 유익을 주자는 것이 목적이다.


　이 한 권의 책이 우리가 사는 이 세상을 더욱 맑히고 밝혀 하늘과 땅과 우주에 가득하게 아름다운 사람들의 따뜻한 사랑의 마음으로 채워지기를 바란다.


2012년 7월
저자 천광노

# contents

# 개언 (開言)

# # 나의 '나'다움을 찾아서

상대가 나를 어떻게 보느냐? 이 것이 '품위(稟位)'입니다(제8장 참조). 내가 상대에게 나답게 보이려면 어떻게 할 것이냐? 이것이 '품위학 콘체르토'입니다. 품위를 간단히 말하면 『인간답고 나다운 것』입니다.

그러나 품위를 논한다고 하는 것과 품계(品階)나 품급(品級)을 논한다고 하는 것은 다릅니다. 알다시피 품위(品位)란 정일품이니 정이품이니 하는 이조시대의 서품(序品)으로도 사용된 말이었습니다.

사람은 사람이지만 사람을 제품이라고 한다면(죄송) 사람에게도 제품과 같이 사람의 '품과 질(品質)'이 있습니다. 이를 '인품(人品)'이라 합니다.

또 우리는 『사람의 사람 됨됨이』를 '인격(人格)'이라고도 말합니다. 그러니까 사람은 '품질'과 '인품'과 '인격'과 같은 보이지 않는 또 다른 한 사람과 둘이 합하여 '나'라고 하는 실체를 이루어 살고 있습니다.

그러니까 사람을 엄밀하게 따지고 자세히 들여다보면 하나가 아닙니다. 보이는 사람과 보이지 않는 사람과 둘이 하나입니다.

이때 보이는 사람이 육체입니다. 보이지 않는 또 다른 사람은 그 사람의 인품입니다. 그래서 사람은 몸도 건강해야 하지만 사실은 못지않게 그의 인품이 건강하고 그의 품격이 그에게 걸맞아야 합니다. 이렇게 몸과 인품이 합쳐진 사람의 가치가 되는 인간의 가치를 『품위(稟位)』라고 말합니다.

'품성(品性)'과 '품성(稟性)'은 발음은 똑같은 '품성'이지만 쓰이는 용도는 다릅니다.

'품성(品性)'은 물건에 쓰이고 '품성(稟性)'은 사람에게 쓰이는 말이라는 차이가 있기 때문인데 전자는 사람을 물건 취급하듯 할 때(나쁘게 말할 때) 쓰는 바람직한 말은 아닙니다. 그래서 이는 '품성(品性)'이 비열하다고 할 때나 사용됩니다.

하지만 '품성(稟性)'은 타고난 품성이 착하다고 할 때 사용되므로 혼용하는 것은 어법에 어긋나지만 신개념정신문화연구시리즈는 한자 중심이 아닌 연구이므로 혹 구분하기 어렵게 사용하여도 여러분께서는 이에 대하여는 제8장에서 상술(詳述)할 것이므로 우선 기억하시는 정도로만 알아 두셔도 되겠습니다.

또 '품성'과 '품위'도 다른 말이지만 '품성'은 '품위'의 대용어(代用語)로 자주 쓰게 될 말입니다. 인품, 인격, 품성은 각각의 다른 뜻이 있지만 이것은 차츰 논하기로 하고 이 '품위학 콘체르토'에서는 대체적으로 혼용이나 대용하는 말씀을 드리게도 될 것입니다.

품위는 보이는 나와 보이지 않는 나를 혼합하여 종합주가지수와 같은 등급이나 지수로 나타내 볼 수도 있습니다. 그러나 어찌 인간이 인간의 등급을 매길 수가 있겠습니까? 당연 이런 짓을 하다가는 뉘 손에 맞아 죽을지 모릅니다. 사회정의에도 반하고 인륜에도 어긋납니다.

그래서 아무도 이런 쪽에는 까발리려 하지를 않습니다. 그저 혼자만 알고 그런 사실을 입 밖에 내지도 않고 모르는 척하면서 살아갑니다.

그러나 신개념정신문화연구시리즈는 『인생에게 무엇이 유익한가』를 추구하고 『그런 일이라면 누가 뭐래도 앞장서야 한다』라고 하는 특수사명을 가지고 가는 특별한 분야이기에 남들이 쉬쉬하고 되도록이면 언화(言禍)를 피하려고 하는 분야에도 서슴없이 뛰어들 것입니다.

이에 '품위학 콘체르토'를 만들고 이 연구가 시작되게 되는 것인데 아무것도 두려워하지 않고 목표를 향해서 의연히 달려갈 판입니다.

연구를 위해서라면 인간에게도 급수가 있다고 서슴없이 외칠 것입니다. 저질은 저질이라고 거침없이 말할 참입니다. 쉬쉬할 턱이 없습니다.

인간을 수술대에 올려놓고 외과의사가 집도하는 심정으로 가르고 째고 뗄 건 떼고 갈아 낄 것은 갈아 끼려 합니다. 그렇다면 당신의 인간등급은 몇 등급일까요? 무게중심은 어느 쪽으로 기울었습니까? 혹 양다리는 건강하시며, 혹 한쪽 어깨가 처지지는 않았습니까?

신랄하게 들추고 까뒤집어 버릴 것입니다. 그래서 결국은 어쩌자는 것이냐고요? 『내가 나답고』 『남편답고 부모답고 아들답자』는 이야깁니다. 『나의 품질을 보다 양질로 가꿔 보자』는 말입니다. 이것이 이제 시작하는 '품위학 콘체르토'의 목적입니다.


첫 번쨉니다. 그렇다면 먼저 '품위학 콘체르토'는 무엇을 어떻게 탐구해 가야 할까요? 저는 대화학을 연구하면서 귀가 아프도록 말격과 말성을 논했습니다. 재론은 필요치 않을 것입니다.

말격에 해당하는 것이 보이는 사람이며 말성에 해당하는 것은 보이지 않는 사람입니다.

이처럼 천하 만물에게는 만물이 가지고 있는 물성이 있습니다. 말에도 있었던 말성과도 같은 것―그것이 인간이 가지고 있는 '인간성'입니다. 바로 이 인간성이 그 사람의 인격이 되고 품성이 되어 그로 말미암아 타인의 눈에도 보이거나 감식기관을 통하여 느끼게도 되는 그 사람의 인격으로 나타나는 품성이 되는 것입니다.

품성은 품위를 드러내는 까닭에 타인이 보게도 하고 느끼게도 합니다. 그러니까 이로써 인격이나 품격이 그에게 걸맞느냐 아니냐를 측정하는 잣대가 되고 온도계가 되는 것입니다.

『인간의 인간지수』요『인간의 인간성』이며『인간의 인간중량』입니다.

그런데 사람이 사람의 품성을 이처럼 느끼게 된다고 하는 것은 눈으로 얼굴을 보는 것이나 다름이 없이 확연합니다. 사람을 만나면 그의 품성을 발가벗은 듯이 아주 적나라하게 보는 것처럼, 아니면 손으로 만지는 것처럼, 그렇게  또렷이 인지하는 감정기관을 가지고 있는 것이 사람입니다.

그러나 인간은 이와 같은 최고급 기관을 덮어 놓고 잠재워 놓고 모르는 척하고 살아갑니다. 남을 자기 느낌대로 판단하고 결정해서 옳다 그르다를 말하는 것은 부담이 되기 때문입니다.

그러니까 남자답지 못한 남자인 줄 알면서도 누구에게도 말하지 않습니다. 말하지 않는 또 하나의 이유는 혹 그게 아닐지도 모른 다고 하는 자기의 판정에 대하여 불신함으로써 대항해 오게 되면 공연히 피곤하고 괜한 오해를 한 것에 따르는 죄책감이 생기기 때문입니다. 맞습니다. 또 그래야 하는 것이 인품입니다.

그러나 신개념정신문화연구시리즈는 학문탐구의 목적과 스스로 나를 재어 보는 자기 계발과 성찰의 목적으로 이와 같은 상식의 벽도 허물게 될 것입니다.

심야토론처럼 파헤쳐 보아야 할 이유가 있습니다. 간암이면 간암이요 폐암이면 폐암이라고 말해야 합니다. 위암 말기면 말기라고 잘라 말해야 합니다. 그 이유가 바로 그렇게 함으로써 자신이 암인지 중풍인지 죽을지 살지를 미리 알아 스스로 투병에 들어가서 암세포와 싸워 이길 방책을 마련하게 된다고 하는 이유에서입니다.

특히 자가진단과 자력치료 복합의료 기구처럼 자체 진단이나 치료나 물리치료대처와 같은 자기의 묘방을 찾아내서 고품격 고품질의 인간다운 인간성으로 품위를 유지하고 품위의 질을 향상시켜보자고 하는 것이 이 '품위학 콘체르토'가 존재해야 하는 이유가 되는 것입니다.

이것은 누군가가 진즉에 개척했어야 하는 중요한 학문입니다. 육체의 건강문제가 드러나서 활발하게 논의되는 것과 같이 이 문제의 문도 진즉 열었어야 합니다. 몸이 건강할 때 인생이 즐거운 것이라면 인품이 고고할 때 스스로가 행복할 뿐만 아니라 타인들의 행복에도 유익하다고 보기 때문입니다.

그러기 위하여 사람의 인간성 실체를 헤집고 파헤쳐 보려 합니다. 제자리를 잘 지키고 있는가를 살펴보려고 합니다. 대륙의 지각 판처럼 이동하여 충돌이 일어나는 인격지진 현상의 징조 여부도 관찰하려고 합니다. 어떤 경우에 지축이 흔들리고 어떤 경우에 해일이 덮쳐 오는가도 세심하게 관찰해 보려고 합니다.

이것은 마치 인체를 부검하는 과학수사연구소와 같은 역할이 될 것입니다.

사지는 건강한가? 오장육부에 이상은 없는가? 신경계와 혈관계는 괜찮은가? 먹은 음식은 인체에 어떤 영향을 주어서 그의 인품에 어떤 문제를 발생시키지는 아니하는가? 심장박동이 불규칙한 증세는 그 원인이 무엇인가? 외부의 환경이라고 하는 음식과도 같은 인생살이 의 희로애락이 품위와 어떤 관계를 가지고 어떻게 작용하였으며 그러므로 나타난 결과의 특징은 무엇인가? 자신이 고통을 받아야 하는 고통의 줄기는 어째서 부풀어 올랐는가? 이에 대한 대처는 어떻게 하여야 할 것인가? 가야 할 길은 멀고 해야 할 일은 많습니다.

이목구비를 샅샅이 검색해서 무심코 던진 아내의 말 한 마디가 뇌가 가진 감각기관에 어떤 작용을 하였기에 남편이 양주를 병째로 들이켰으며, 폭언과 폭행으로 나타나 버렸단 말인가? 외도와 불륜의 심원은 어떤 자극으로 부풀어 올랐는가? 엄청난 과제입니다. 감당치도 못할 일들입니다. 벌려만 놓고 수습도 못 할지도 모르는 미개척분야입니다.


인간의 품위를 논한다고 덤벼든다는 것 자체가 어리석고 말도 안 되는 것이라고 힐난할 수도 있는 초 과학이요 초 의학이고 초 정신에 초심리학이라고도 인정합니다. 그러나 그렇지만도 않습니다. 이것은 응당 감수해야 할 첫발을 내딛는 '품위학 콘체르토'의 길이기도 합니다.

어린아이가 걸음마를 시작하는 것에 비유될 것입니다. 그렇게 불

안하고 넘어지기를 걷기보다도 더 많이 넘어지게 될 자명한 시도이
며 뻔한 험로인 줄 압니다. 그러나 역시 자청해서 신개념정신문화연
구시리즈가 가야 될 이 역시도 신개발 코스입니다. 일단 가서 벌집을
쑤시면 많은 사람들이 호통을 치고 어쩌면 벌에 쏘이기도 해서 야단
을 맞을 각오도 되어 있습니다.

건드리고 보자. 일단 파헤쳐 놓고 보자. 신개념정신문화연구시리즈
는 이것이 사명입니다. 수습은 누군가가 할 사람이 있을 것이니 문제
제기요 동기부여가 신개념정신문화연구시리즈의 사명입니다.


그래서 이제 '품위학 콘체르토'가 새로운 인격형성과 굴절된 인격
의 체형을 치료하고 병든 인품에 해암제(解癌劑)가 되어 새롭게 태어
나는 날이 오기를 바라는 심정입니다. 그러자면 제가 당연 인정하고
출발해야 하는 것이 있습니다.

첫째는 필요한 적절한 말이 없다는 것입니다. '품위학 콘체르토'를
형성할 재료가 되는 검증된 단어가 없다는 뜻입니다. 예문도 새로 만
들어야 하고 도면도 새로 그려야 합니다. 학문다운 틀을 짜기 위하여
안간힘을 써야 합니다.

그러다 보면 학문의 골격이 부실하다는 지적을 받게 될 수도 있을
것입니다. 이것은 저 스스로도 미리 알고 인정하고 가는 길입니다. 그
러니 저보다 더 큰 관심과 애정을 가지고 동참해 주시기를 청원합니
다. 좋은 생각이 나시거든 연락 주시고 고칠 것이 있거든 의견을 보
내 주시기 바랍니다.


두 번째입니다. 여기까지 말씀드리니 서론이 끝나는가 싶지만 아직

은 아닙니다. 이제 과제를 받았습니다. '품위학 콘체르토'입니다. 실상을 파악해야 합니다. 『'품위학 콘체르토'란 무엇인가?』라고 하는 이 한 마디로는 턱도 없습니다.

① 품위의 본질을 캐내고, ② 품위의 형태를 분석하고, ③ 품위의 예상(例像)을 체크하고, ④ 품위의 예상별(例像別) 결과를 설정해야 하고, ⑤ 설정된 예상별 결과에 대한 반응을 알아보아야 하고, ⑥ 알아낸 반응들의 효과를 파악해야 하며, ⑦ 그것은 인생이라고 하는 거대한 상자의 향취가 될 것이냐 악취가 될 것이냐고 하는 문제와 ⑧ 세분된 부부나 가정이나 소속된 집단이나 ⑨ 국가사회에서의 영향력은 어떻게 추정할 수가 있는가의 문제에 이르기까지…….

숫자를 매겨 볼 판입니다마는 이게 단 아홉 가지라면야 어찌 이를 무슨 큰 일감이라 하겠습니까?


그렇다면 이번에는 이제 이로써 고작 '품위학 콘체르토'란 무엇인가를 알았다고 한다면 개략적 실상파악 완료 정도일 뿐입니다.

① 고장이냐 아니냐, ② 무슨 고장이냐, ③ 어떻게 아프냐, ④ 어떤 증세냐, ⑤ 그래서 그것이 어떤 결과로 나타나느냐, ⑥ 나타난 것이 나와 타인에게는 어떻게 작용되느냐, ⑦ 응급처방은 무엇이냐, ⑧ 완치방법은 없느냐, ⑨ 치료제는 무엇이냐, ⑩ 치료제 중에 무엇은 어떤 반응이고 무엇은 어떤 반응이냐, ⑪ 치료효과는 어떠하냐, ⑫ 믿을 만한 임상실험과정은 거쳤느냐, ⑬ 거쳤다면 성적서를 내어보아라…….
이것만도 또 열세 가지입니다.


그러나 이렇게 단순 아홉 가지다 열 세 가지다의 숫자는 정말 의미도 없고 숫자라고 할 것도 없습니다. 가령 위의 ④번 문제만 가지고 아주 잠깐만 생각해 보실까요?

예상별(例像別)이라고 할 때의 '예상(例像)'이란 말은 『품위형태를 여러 가지 예상해 볼 수 있는』이라고 하는 뜻입니다. 백 가지요 천 가지요 만 가지가 될 일입니다.

아래의 ④번도 마찬가지입니다. 품위가 건강치 못하여 손상된 사람이 당하는 『자기고통과 타인고통의 증세』를 말합니다. 이를 어찌 숫자로 열개다 아홉 개다 셀 수가 있겠습니까?

신개념정신문화연구시리즈가 21회는 고사하고 100회를 해도 부족할 방대한 분량을 모으고 쌓아도 그래도 부족할 것입니다. 그러니까 단 21회라고 틀을 정하고 그 안에 다 집어넣기로 계획된 이 '품위학 콘체르토'는 정녕 첫 단초일 뿐이요 도입부일 뿐입니다.

시작하려고 하는 태동이거나 아니면 수정이나 착상의 단계일 뿐이라는 것을 선언(宣言)합니다. 이렇듯 신개념정신문화연구시리즈의 '품위학 콘체르토'는 이와 같은 길을 찾아 떠나는 것입니다.

당연 목표는 정상입니다. 히말라야산맥 에베레스트 산 정상입니다. 다만 미개발 새 코스를 뚫고 가는 겁니다. 생각학이고 대화학이고 '품위학 콘체르토'고 신개념정신문화연구시리즈의 각각의 학과목들은 모두가 그랬습니다. 개발하고 찾아서 이것이라고 인생들에게 새로운 행복의 환을 지어 먹이고 엑기스를 달여 먹이고 싶은 강렬한 사명입니다.

세 번쨉니다. 이와 같은 일은 얼마나 중요한가의 문제입니다. 첫째는 인성이 피폐하고 사막의 모래바람처럼 삭막하고 거칠다 못해 마침내는 가장 가까이 지내면서 믿고 친하게 지내야 할 사이가 『아는 놈이 도둑놈』 소리를 듣는 세월이 안타깝기 때문입니다.

부부가 무엇이냐고 물었더니 두 글자로 "웬수"라고 하기에 "아니 아니―네 글자로 대답해야 된다"고 하니까 "평생 웬수"라고 대답한 할머니의 그 유명한 TV응답이 '천생연분'이란 이 아름다운 부부를 칭하는 네 글자를 이렇게 잡아먹어 버렸습니다.


그러므로 '품위학 콘체르토'는 이것입니다. 『사람이 그러면 못쓴다』라고 할 때 『'어떠니까' 못쓴다고 하는 것이냐』의 문제입니다. 그 '어떠니까'란 무엇인가의 문제입니다. 이걸 찾아서 그걸 내가 알자고 하는 것입니다. 그런 다음에는 그러면 어떻게 해야 되(쓰)느냐의 문제일까요? 그것을 찾아서 쓰게끔 해 보자는 것입니다.

"도대체 왜 그래?"라고 할 때 이유를 대 보고 그것이 틀렸으면 갈아 끼우자는 것입니다. 바로 『나답고 너답고 남편답고 아내다우며 아들답고 며느리답고 시아버지답고 시어머니답자』는 것입니다.

사장은 사장다워야 하는 것이 사장의 인품입니다. 사원은 사원다워 마땅한 회사의 사규가 있고 내규가 있는 것입니다. 통치자는 통치자다워야 합니다. 국민은 국민다워야 하고 정치인은 정치인다워야지 부동산재벌같이 돈을 따라다니면 졸부나 다를 게 없습니다.

그렇다면 졸부는 졸부답고 강도는 강도답고 도둑놈은 도둑놈다워야 하겠습니까? 이런 걸 궤변이라고 하는데 여기에 대한 대답은 인륜과 도덕과 사회윤리나 수많은 법령들이 아니라고 하고 있습니다. 무엇이 아닐까요. 그런 짓은 인품은커녕 짐승들의 본능과 다름이 없다고 하고 있습니다.

『답지 못하다』는 것은 품위에 이르지 못한다는 말입니다. 남편답지 못한 사람이란 타오는 월급으로 방탕에 퍼붓는 사람입니다. 요컨대 나의 나 된 위치에서 내려가거나 이탈하면 그는 인격파탄자라 하거나 몹쓸 사람 취급을 당하게 됩니다.

그렇다면 우리 한번 생각해 찾아내어 봅시다. 과연 무엇이 인품이며 무엇이 『답다는』 것일까요?

이 문제는 정말 복잡합니다. 대충 넘어가서는 이야기가 될 수도 없는 일입니다. 『몇 개라고 정할 수도 없는 엄청난 인간다움의 요소들』 그러니까 말이나 행동이나 생각들이 하나같이 자신에게나 타인에게 아주 작은 것까지 보이지도 않는 인간의 질서를 갖추어야 한다는 것이 인격이고 인품이 되어 품위를 유지하게 한다는 사실입니다.

한 가지 예를 들면 이 방안으로 말해 볼까요? 화장지를 쓰고 아무데나 휙 내던진다면 이것은 아닙니다. 치울 줄을 모른다면 이것도 아닙니다. 일거수일투족에 인품이 들어 있습니다.

아무렇게 벗어 놓고 거실로 들어온 사람은 신발이 엎어지기 일쑤입니다. 화장실을 사용하고 번번이 물을 내리지 아니한다면 그것도 또 아닙니다. 개돼지를 떠올려 보시면 알 수 있습니다. 먹고 자는 데의 구분도 없이 싸고 눕습니다.

이런 예는 하도 말 같지 않은 것들이라서 하나마나 한 말이 될지도 모릅니다. 그래서 한 단계를 올려 보면 바로 '예(禮)'라는 단어가 등장합니다.

위아래를 바르게 명확히 구분하고 아랫사람에게는 어떻게 말하고

어떻게 행동하느냐의 문제로부터 시작해서 연이어 부부관계나 부자
관계나 직장동료관계로부터 사업상 만나는 수많은 사람들과의 만남
에 이르기까지…… 뿐만 아닙니다. 그 위에 학식을 얹어야 하고 다시
또 그 위에 양심을 얹어야 하고 또 그 위에 사랑을 얹어야 합니다.

　이와 같이 큰 것, 작은 것, 시시한 것, 소중한 것—그 수를 헤아릴
수 없는 오만 가지의 오만 배도 넘는 요소들이 그의 인격을 형성하고
인간성이 되어 그에게 걸맞게 나와야만 이것이 유지되는 품위요 이
것이 응당 갖추고 살아야 너와 내가 행복하게 살게 된다고 하는 사실
입니다. 그러므로 인품에서 우러나오는 품위는 결코 하루아침에 갖출
수 없다는 계산이 나옵니다.


　네 번쨉니다. 그러나 문제에는 또 다른 면이 있습니다. 이와 같은
인품이라고 하는 것이란 변하기가 쉽다는 것입니다. 술 취한 사람의
경우를 예로 들면 점잖다가도 술을 마시면 망가지는 사람이 있습니
다. 그런가 하면 술을 마실수록 생글거리고 웃는 사람도 있습니다.

　한결같은 사람이 있고 망나니같이 변하는 사람이 있습니다. 인격
의 하자는 이럴 때 적출됩니다. 돈이 없는 사람을 좋다고만 말하기도
어렵습니다. 돈이 없으면 누구에게나 친근하고 상냥하고 내가 돈이
생기면 나는 저렇게는 안 산다는 사람들이 많지만 그것은 아직 모릅
니다.

　그런 사람이 돈을 벌면 완전 180도 사람이 달라져 버리는 것도 흔
하게 보는 일입니다. 그러나 돈을 벌면 더욱 사랑이 넘치고 오히려
불쌍한 사람을 일부러 찾아다니면서 선한 일에 힘쓰는 고매한 인격
자도 있습니다.

그러니까 인품은 관리해야 합니다. 아까 드리다 말았던 억만 가지도 넘는 그 모든 인간다운 조건과 요소들이 몸에 밴 사람이어야 합니다.

하지만 이것은 일일이 지적하고 가르쳐서 될 일도 아닙니다. 가르치려면 다시 세 살, 네 살짜리로 되돌려 놓고 가르쳐야 합니다.

신발은 신장에 넣어라―물을 마신 컵은 제자리에 갖다 놓아라―옷을 벗어서 던지지 말고 차곡차곡 이렇게 잘 개어서 여기에 두어라―냉장고 문은 제대로 닫혔는지 반드시 눌러 보고 와야 된다. 그러니까 이루 말할 수도 없는 유치원교육같이 아주 자질구레한 것으로부터 시작해서 마음씀씀이나 배려나 양보나 사랑에 대한 것까지 일평생 가르치고 배워서 이제는 다시 그 문제까지 도로 내려갈 수가 없는 천 가지요 만 가지들이 전부 모여서 응고된 엑기스가 품위가 되어 또 다른 내가 된 것입니다.


그렇다면 인품에는 희망이 없습니까? 어른을 아기로 되돌려야 할 정도라면 대책은 늦었습니까? 늦었기 때문에 이래라 저래라 해서 될 일도 아니고 나아질 것도 없다는 계산이 나왔으므로 신경 쓰지 말아야 할까요?

바로 여기에서 신개념정신문화연구시리즈의 '품위학 콘체르토'가 절실한 가치로 나서야 한다는 것입니다.

좀 전 말씀드린 코흘리개들의 사소한 것들은 그렇다고 칩시다. 성인이 되어서도 마찬가지일 경우는 정신장애거나 발육장애여서 별도로 보아야 합니다.

그러니까 신개념정신문화연구시리즈의 '품위학 콘체르토'는 그와 같은 정신장애에 대한 말씀이 아니라 위에서 또 위로 끝없이 쌓아 나

가는 만 개에서 하나를 더하거나 둘은 빼 버리자고 하는 고등수준입
니다. 대학수준입니다.

철부지 적에 갖춰야 할 인격이 있습니다. 학창시절에 갖추어야 될
인품이 있습니다. 청년기에 채워야 할 품성이 있습니다. 결혼 후에 배
워야 할 인성이 있습니다. 장년이 되고 노년이 되어 가도 역시나 그
위에 또 하나를 더하고 뺄 것이냐의 품성관리와 품성개혁이 있습니다.
"내가 이 나이에 뭘 배우고 뺄 게 있느냐?"라고 하는 바로 이곳이
고장 난 곳이라서 거기서 누수가 되어 가정이 새고 인생이 병든다는
것입니다. 말씀은 쉽게 드렸지만 어깨는 천근입니다.

다섯 번째입니다. 저자가 이 '품위학 콘체르토'를 처음 쓰려고 할
때, 쓰면서, 쓰고 나서, 지금도 끊어지지 않는 고심이 하나 있는데 그
것은 바로 『너(나)는 과연 품위 있게 사느냐』는 질(자)문입니다.
이 질문은 제게 감당하기 어려운 고민입니다. 이런 책이 쉬운 것도
아니고 잘 써 낼 훌륭한 사람이 많을 거라는 생각 때문입니다. 제가
할 게 아니라 다른 누구 정말 할 사람이 할 일이고 많이 배운 사람의
몫이라고 하는 기본 생각 말입니다.
누군가(독자)에게 강연을 한다든가 책을 펴낸다고 하는 것은 보이
거나 않거나 그럴 만한 자격이 있는 사람이어야 한다는 것은 불문가
지입니다. 망둥이가 뛰니까 새우도 뛴단 얘긴데 새우도 뛰기야 뛰겠
지만 새우가 뛰어 봤자 벼룩이라는 말 아닐까요? 이런 고충이 있는
이유는 간단합니다. 아는 것이 필요한(써낼) 만큼 축적되어 있느냐는
문제가 있기 때문입니다.

1998년…… 그때부터 누가 이런(품위학) 책을 쓴 게 있나 서점을 찾고 후일 인터넷이 활짝 열리자 검색도 많이 해 봤습니다. 그때는 그런 책은 무조건 산다고 하다가 못 사고 쓰는 책이 바로 이번에 출간하는 부부학, 생각학, 대화학이고 품위학도 마찬가지입니다.

14년여 가슴에 담고 있던 중 이제 출간하면서 이 말을 하겠습니다. 거듭 품위학을 말할 자격이 있는가 하는 것은 저의 자질·자격의 문제입니다.

품위는 쉽게 논하기 어려운 분야입니다. 품위가 뭔지도 모른다거나 품위는커녕 채신머리도 없는 사람이 품위를 말한다는 것은 난센스라 하겠습니다. 품위를 말해도 될 만한…… 품위가 뭔지나 알고 말하느냐고 물을까 싶은 마음도 있습니다. 그럼에도 이제 담대하게 이 책을 내는 데는 까닭이 있습니다.『아는 만큼만 쓴다』라고 하는 것입니다.

모르는 것이 없는 만능지식(전지전능)인은 세상에 없습니다. 아무리 많이 아는 사람도 그 위에 누군가가 있습니다. 1등은 단 한 사람뿐인데 우리는 한국에서 1등이거나 우리 학교에서만 1등이면 세계에서 1등으로 착각합니다. 지구상에 70억이 살아도 과연 70억 중에 1등은 1인밖에 없습니다. 한국에서 1등은 5천만 명 가운데서 1등은 돼도 70억에서는 몇 등인지 다시 봐야 압니다.

이때 지구에서 1등이라도 그 위에는 또 하나님이라든가 신이라 부르는 또 다른 존재가 있습니다, 품위학을 쓰는 데서도 이런 생각을 해 봤다는 말인데 그냥 그랬다고 쓰는 넋두리가 아니라 이유가 있습니다. 바로 품위가 자리 잡고 있는 위치가 어디냐고 하는 품위의 정처라고 할 포지션(position) 파악이 필요하다고 보기 때문입니다.

품위에는『겸손한』이라고 하는 포지션이 있습니다. 앞서 말씀드린 나보다 더 많이 배우고 똑똑한 사람이 써야 될 책이 품위학이 아니겠느냐고 하는 생각은『품위의 겸손』입니다. 품위다움이란 겸손해야지 내가 최고라는 단정은 자만을 넘은 오만이라 품위 대접을 받기가 어렵습니다.

그럼에도 출간합니다. 부족한 줄 알면서도 이 책을 내는 이유는 간단합니다. 저도『부족하나 그런대로 부족해도 해(써)야 된다』는 생각 말입니다.

겸손하지 않은 사람은 건방진 사람이며 겸손은 지식만을 말하지 않고『남이 나보다 낫다』는 생각인 줄 압니다. 나만큼 모르는 사람은 없다는 게 정답입니다. 다만『내가 더 아는 것이 있고 더 모르는 것이 실존한다』는 것입니다. 그래도 이 책을 내는 이유가 있어 말씀드립니다.

유격훈련에서의 교관은 선생이고 조교는 선배입니다. 부모는 대대장이고 나의 직속상관은 소대장이나 분대장입니다.

병장은 상병을 가르치고 상병은 이병을 가르치고 이병은 훈병을 가르치는 것이 포지션이고 위계라 하겠는데, 교관이 직접 시범을 보이지를 않고 조교에게 엎드려쏴 자세를 보여 주라 하여 실은 조교에게서 배웁니다.

품위학에도 이 논리가 적용돼요. 박사, 총장, 학자들 많지만 저는 조교라거나 이병, 상병입니다. 한국인 5천만이나 지구인 70억에서 줄을 세우면 제 자리가 1만 번째일지 1천만이나 1억만 번째인지는 저도 모르겠지만, 일단은 제 뒤에 훈련병이라거나 후배라고 할 더 많은 사람들이 줄을 서 있다는 생각이 이 책을 쓸 용기를 준 것입니다.

품위에 대해 저보다 더 잘 아는 분들은 그냥 유치원 아이들 재롱잔치 보듯 하셔도 됩니다. 반대로 저보다 후배(후손)이라거나 저만큼도 모르는 사람은 제 말을 들으면 좋을 것입니다. 자격증 등급이 낮아도 이 '품위학 콘체르토'에서 무언가 듣고 볼 것은 있을 것입니다.

# 풍위의 요쇼

# 품위의 실체

　　　　　　　　　　　　　첫 번쨉니다. 품위란 무엇인가
를 알아보려면 우선 품위의 구성요소를 생각해 보는 것이 좋겠습니다.
　품위의 구성요소라 하면 아직은 연구된 일이 없다고 보여 어렵기
때문에 이를 이해하기 쉽게 하기 위하여 먼저 『품위 표㉮』를 만들어
보겠습니다.

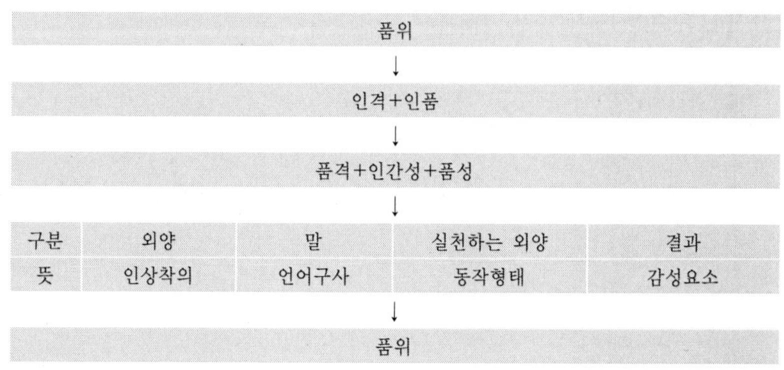

| 품위 | | | |
|---|---|---|---|

| 인격+인품 | | | |
|---|---|---|---|

| 품격+인간성+품성 | | | |
|---|---|---|---|

| 구분 | 외양 | 말 | 실천하는 외양 | 결과 |
|---|---|---|---|---|
| 뜻 | 인상착의 | 언어구사 | 동작형태 | 감성요소 |

| 품위 | | | |
|---|---|---|---|

　생물학적으로 보는 인간이 있고 과학이나 의학적으로 보는 인간이

있습니다.

윤리도덕이나 각양 인간의 『'품부(稟賦)'』(타고남＋태생으로 받음)나 후천적인 인격요소에 관한 학문적 연구를 하는 인간학(人間學)은 이미 신개념정신문화연구시리즈가 따라가기 힘든 높은 정상에 올라가 있습니다.

인간학이나 인류학을 토대로 하여 탄탄한 학문을 바탕으로 해야 온전한 인간학의 소 지류에 속할 신개념정신문화연구시리즈의 '품위학 콘체르토'는 다른 과목과 마찬가지로 고속도로 위를 달려가는 자동차가 아니라 도로를 구성하는 성토부 아래의 배수로를 걸어서 가는 학문입니다.

도로를 구성하는 절개부의 법면 아래로 지나가면서 작은 호미로 달래, 냉이를 캐면서 막히는 배수로의 작은 류토(流土: 흘러내리는 흙)를 걷어 내는 수준입니다.

그러기에 여간해서는 눈에 뜨이지도 아니하는 사소하고 미미해서 인간학의 눈높이로 보면 무시해도 좋을 정도로 지나치고 버려지는 품위에 관한 것을 과목으로 선택한 것입니다.


이제 이렇게 출발한 신개념정신문화연구시리즈의 '품위학 콘체르토'는 먼저 목적하는 바의 목표를 향하여 소용되는 바에 따라 위와 같은 품위의 얼개 표를 만든 것입니다. 과연 품위라고 하는 접은 상자를 펼쳐 보면 어떤 조직과 모양을 가지고 있을까요?


품위를 정상에 앉히고 삼각뿔과 같은 위의 표가 만들어졌습니다. 품위는 『인격과 인품이 혼합된 총체적인 인간의 '성정(性情)'』입니다.

이때『총체적인 인간의 성정』이란 말은 품위를 최정상에 앉혔을 경우에만 칭할 수 있는 말이라는 것은 기억하시기 바랍니다.

이는 만일 대화학이라고 할 때가 다르고, 부부학이라고 하면 또 다른, 그러니까 총체적인 성정이란 쓰임에 따라 다른 것이라고 말해야 합니다.

그러나 꼭 기억해 두어야 할 것은 위의 표에 표기한 것만으로『이것이 '품위'의 실체다』라고 말하면 안 됩니다. 이는 이제부터 펼치기 시작하는 품위의 한 단면의 얼개이며 지금부터 품위의 이쪽저쪽을 뒤집고 헤쳐 가게 될 것이며 그런 다음에야 품위라고 하는 전체의 얼개가 드러나게 될 것이기 때문입니다.

위 표에서 말한 품위는 일부분이지만 품위를 알아보기 위한 첫 단계에 해당됩니다. 그러니까 인격과 인품은 다시 품격과 인간성과 품성으로 확대되고 거기서 다시 외양과 말과 실천과 결과라고 하는 세부구조로 펼쳐지게 될 것입니다.

그러면 이제 먼저 인격에 대한 말씀부터 드려 보겠습니다. 말도 그렇고 생각도 그렇고 모든 사물도 그렇고 원리도 이치도 동일한 것이 있는데 그것은 '격'과 '성'입니다.

인격이라고 하는 것은 품위에 걸맞은 수많은 요소의 분자들을 가리킵니다. 그것은 어릴 적 어머니의 품에 안겨서부터 보고 듣고 가르침을 받아 체질화된 엄청난 인간다움에 꼭 필요한 지식이며 정보입니다.

학식이라고 해도 됩니다. 아는 것이라고 해도 됩니다. 이를테면 맨발로 유리를 밟으면 발을 다친다고 하는 것과 같은 감지능력입니다.

체험에 의하건 견식에 의존하든, 사람은 태어나면서부터 줄곧 분별하고 감지하여 쌓아 온 인간다움에 필수적인 요소가 무수히 쌓여 있습니다.

펄펄 끓는 물에 손을 넣으면 화상을 입는다고 하는 것이나 대소변을 보고 나면 샤워를 하고 닦아야 한다고 하는 것과 같은 아주 유치한 것으로부터 시작해서 계속 쌓이고 쌓여 나이가 들면 그 나이에서 인식하고 감별이 가능한 상한 적정선에 다다르게 됩니다.

이를테면 일곱 살 난 어린아이라면 독도는 우리 땅인데 왜 우리 땅이냐고 그 근거를 대라하면 이것은 상한 적정선에 걸려 버립니다. 그러나 나이 70 정도나 되시는 어른들에게 5.16을 물어보면 막히지도 않고 당시의 이야기를 거침없이 할 수가 있습니다.

그러니까 인격이라고 하는 것은 잣대와도 같습니다. 땅바닥에 그어 놓은 금과도 같습니다. 지금(2005년) 북한과 이란이 평양 김일성 경기장에서 축구를 한다고 하네요. 축구로 말하면 축구의 룰이요 달리기로 비유하면 출발선과 종착지에 해당하고 내가 이탈하면 안 되는 나의 라인에 해당합니다.

『알고 인식하고 있는 것이 그 사람의 나이와 위치에 미달하느냐 도달하였느냐……?』

도달하였다면 그것은 그가 인간다운 품성을 갖춘 품위가 유지되는 사람입니다. 미달하는 사람이라면 인격에 흠결이 있는 사람입니다. 일일이 가르쳐서 되는 일이 아닌 『기본이 채워졌느냐 아니냐』의 문제가 인격입니다.

격이란 제 곁에 있는 탁상 등을 비유로 말하면 전원에 연결하는 코드와 전선과 몸체와 형광등과 스위치입니다. 이것을 스위치다 줄이다 하면 그것은 전깃줄이지만 탁상 등이다 하면 이 말은 인격과 다름없는 격이라는 뜻입니다.

그러므로 줄은 인격이 아니고 코드뭉치도 인격이 아닙니다. 인격은 탁상 등이 켜질 수 있는 모든 부품들이 원리에 맞게 조립되어 하나의 탁상 등의 기능을 완비해야만 그것이 인격이 되는 것입니다.

다시 말하면 밥은 잘 먹는데 변은 제대로 못 본다고 하면 그것은 코드는 생생하고 전선줄은 이상이 없는데 스위치가 고장 난 탁상 등과 마찬가지여서 인격의 하자가 되는 것입니다.

이처럼 인격은 모든 것이라고 할 수 있는 인간의 인간된 요소들의 아주 작은 분자와 분자들이 하나같이 집합성을 가지고 인격이라고 하는 인간의 형체를 형체답게 갖추었느냐 부실해서 엉성하게 갖추었느냐고 하는 요소적인 성분을 가르킵니다. 이것이 인격입니다.

두 번쨉니다. 품위가 존재하는 또 하나의 중요한 요소는 인품입니다. 한쪽 다리로는 서기도 어렵고 걷기도 힘들다고 한다면 이번에는 오른발이나 왼발에 해당하는 것이 인품입니다. 인품도 탁상 등을 예로 들어 말씀드리겠습니다.

코드가 멀쩡하고 전선줄이고 몸체고 등갓이고 형광등이며 스위치도 멀쩡하면 인격의 구조상 하자는 없습니다. 그러나 여기서 착각하지 말고 꼭 기억해 두어야 하는 것은 탁상 등과 같이 네 가지, 다섯 가지 요소로 생각해서는 인격에는 턱도 없다는 사실입니다. 다시 또 입을 크게 벌려서 천 개의 분자요 만 개의 요소라고 해서는 숫자도 맞출 수가 없는 추정일 뿐입니다.

그러니까 인격은 형광등이 천 개가 모여도 따라올 수가 없으며 만

개에 만 곱을 한다 해도 물성들은 인격을 쳐다도 못 본다고 하는 것입니다. 그러면 그렇다고 치고 계속합니다.

문제는 형광등의 기능입니다. 이것이 인품이다 그 말씀입니다. 불이 켜져야 하고 불이 유지돼야 하고 불도 불 나름인데 밝아야 합니다.

하자 없이 두 시간을 켜면 두 시간 내내 변함없이 밝아야 합니다. 1년, 10년, 50년까지도 고장 없이 여전히 불이 들어오고 밝혀 준다면 이 탁상 등을 보고 이렇게 말합니다. "이 탁상 등 하나는 끝내주지." 바로 이것이 인품입니다.

그러나 제대로 불이 잘 안 들어오면 이렇게 말합니다. "그러면 무얼 하느냐?" 이때의 '그러면'에 해당하는 것이 "많이 배웠으면 뭘 하느냐?"에 해당합니다. "대학을 나왔으면 뭘 하느냐", "시아버지한테 하는 걸 보니 그게 사람이냐?" 할 때는 인격은 갖췄으나 인품은 엉망이라는 뜻입니다.

겉은 멀쩡한데 불이 들어오지 않는 탁상 등과 같다는 말입니다. 그러니 인격과 인품이 품위라고 하는 조화를 이루는 것은 무엇인가가 중요합니다.


여기까지 말씀드리면 이제 이런 의문에 부딪칩니다. 인격은 무슨 필요가 있느냐고 하는 문제입니다. 막 바로 곧장 인품만 논하고 인품만 좋으면 그것으로 품위는 완성되는 것이 아니냐고 하면서 인품우위요 인격하위라거나 인품주의이며 인격무시주의라고 하는 의문 말입니다.

당연 깨졌거나 말거나 불만 잘 들어오면 탁상 등은 제 몫을 다 잘하는 것이 아니냐고 하는 말은 얼핏 들으면 "그래 맞다"라고 하기 쉽습니다. 그러나 그렇지가 않습니다. 품위란 탁상 등과 같이 고정된 것이 아닙니다.

미국으로 시집간 딸네 집에 가서 사돈댁을 만날 수도 있고 때가 되면 밥을 먹고 어두워지면 잠자리로 가서 자야 되고 변화무쌍한 상황 변화에도 여전히 불이 들어와야 합니다.

잘 들어오다가도 이 탁상 등을 옮겨 보면 그때는 불이 들어오지 않습니다. 그러니 여기서 고장 난 탁상 등은 들어와 보았자 잠깐입니다. 그것은 진정한 인품이 아니요 뒷발로 밟아 잡은 쥐새끼와 같습니다.

다시 말하면 인격이 완벽해야 인품이 지탱되고 제 할 바의 불을 밝힌다거나 오래 사용한다든가 하는 것처럼 인품은 인격이 아니면 피어나지 못하는 꽃이요 발아하지 못하는 씨앗입니다. 인격이 튼튼해야 인품이 견뎌 냅니다.


세 번쩹니다. 위의 표에서 보면 이번에는 인격과 인품을 구성하는 3요소에 대하여 말할 차례입니다. 그러나 여기서는 이제 말한 이 3요소는 생략합니다. 향후 방문을 열고 그때에 말씀드릴 예정이기 때문입니다.

그러면 이제 인격과 인품의 구체적인 요소에 관하여 첫째가 되는 '외양(外樣)'으로부터 시작하겠습니다.

외양이란 여러분이 잘 아시는 바와 같이 그 사람의 생김새가 첫째입니다. 이것은 관상이나 인상이라고도 하는 것으로 곱상하다거나 험상궂다거나 하는 그야말로 태생에 해당하는 것입니다.

태생은 아까 말씀드렸던 단어로서 '품부'라고 하는 한문으로 명확해지는데 품부란 '태생으로 받은 것'이라고 하는 뜻입니다.

인간이 태어나면서 애초에 부모님의 얼굴을 닮는 것과 같은 것이 품부입니다.

노랑머리에 파란 눈을 가졌다거나 갈색머리에 검은 눈동자를 가졌다거나 백인종이나 황인종, 흑인종과 같은 것은 요지부동의 품부입니다.

그렇게 되면 그 사람의 인격이나 인품을 구성하여 그의 품위가 되는 것은 우리가 아는 것처럼 각각의 품부에 적용되는 문화와 풍속에 따라서 인격과 인품이 확정되므로 이것은 불가항력에 가까운 것이라고 해도 실언이 아닙니다.

그러나 인상도 바뀐다는 것이 '품위학 콘체르토'의 이념이라는 것이 중요합니다. 생각이 바뀌고 생활습관이 바뀌면 험상궂은 사람도 온화한 인상으로 바뀐다고 하는 것이 외양의 심연입니다. 하지만 기회가 오면 그때 논하기로 하고 우선 외양에 대하여 간단하게 말씀드리겠습니다.

외양은 단순 생김새의 문제만이 아니라는 말씀입니다. 타고난 머리칼이야 어쩔 수 없는 것이지만 외양은 '품위학 콘체르토'적으로 고정되어 어쩔 수 없는 것만도 아니라고 하는 말씀입니다.

가령 갈색머리에 노랑염색을 하면 외양은 전연 달라집니다. 쌍꺼풀 수술을 하면 눈모양도 달라집니다. 코도 세우고 턱도 깎아 밀어내고 주름살도 수술하는 세월을 살다 보니 품위를 논한다는 것이 외양에서 너무나 할 말이 많아진 것입니다.

결론은 이것입니다.『외양이 품위를 결정한다.』그렇습니다. 우리는 사람을 말할 때 제일 먼저 하는 말이 "생긴 꼬락서니 하고는……"

이라고 합니다. 외양문제입니다.

외양은 가장 간단하게 그의 품위에 재빠른 등급을 알려 주는 품위 제1의 조건이라고 보아 틀림이 없습니다. 그러니 우리는 우리의 품위를 내가 원하는 적정의 선에 맞추려고 한다면 외양 관리를 잘하고 외양에 신경을 곤두세울 필요가 있습니다.

그래서 세수를 하고 그래서 목욕을 하고 그래서 넥타이를 맵니다. 외양은 머리끝부터 발끝까지입니다. 머리칼 하나도 외양에서는 아주 중요합니다.

특히 이것은 여성들의 경우에는 너무나 복잡합니다. 그것이 바로 화장입니다. 화장같이 각자가 다른 것도 없을 겁니다. 그리고 옷차림입니다. 색깔과 무늬와 디자인과 소재와 장식까지…….

여기에 이를 다 일일이 쓸 이유도 없습니다. 구두가 어떻고 핸드백이 어떻고 얼굴 화장색깔과 심지어 목걸이에 귀고리까지의 컬러와 디자인과의 조화가 중요한 외양이 되어 품위를 재고 달아 보는 품위의 조건이며 구조가 되는 것이 '품위학 콘체르토'의 내용입니다. 차츰 말씀드리기로 하고 외양이야기 중에 한 가지만 더 하겠습니다.

타고난 외양은 노 터치하겠습니다. 그러나 가꾸는 외양에는 할 말이 많습니다.

『나이에 맞느냐, 직위에 맞느냐?』 내 머리 염색을 내가 원하는 색상으로 하는 것은 내 마음이요 자유입니다. 한복을 입을지 양복을 입을지도 내 맘대로입니다. 눈 쌍꺼풀 수술을 하고 말고도 아무 상관이 없습니다. 이래도 좋고 저래도 좋은 것이 외양이니까요. 그러나 딱 한 가지 중요한 것이 있습니다.

그것은 이 세상의 어느 누구도 품위를 높이기 위해서 변적(變的)인 외양에 신경을 곤두세운다는 것입니다. 다 보기 좋고 풍기는 이미지가 아름다운 인격과 인품에 보탠다고 해서 변적 외양에 신경을 곤두세운다는 것은 잘 압니다. 그래서 외양에 변화를 주는 것은 얼마나 바람직한 것이냐고 좋게 평가하겠습니다.

그런데 문제는, 그런데 한 가지 정말 중요한 문제가 있습니다. 이것은 얼마나 중요한지 너무너무라고 하는 글자를 열 번을 써도 강조가 부족할 정도입니다. 바로『제대로 잘 어울려야 한다』는 말씀입니다.

제가 노랑머리를 좋아할 이유는 없습니다. 그러나 노랗게 염색을 해도 된다고 생각하는 경우는 젊은 아이들의 경우입니다. 그건 저도 한때라고 크게 탓하거나 싫어하지 않습니다.

그러나 내일모레가 환갑인 저와 같은 사람이 노란색으로 염색을 한다는 것은 제대로 잘 어울린 선택이 아닙니다. 상견례를 가는 장모 자리는 미니스커트가 제아무리 잘 어울려도 그것은 민망한 일이라서 예쁜 게 문제가 아닙니다. 보기 싫더라도 차라리 바지가 더 낫습니다.

그러니까 바로 이 부분이 어렵습니다. 기준을 어디다가 둘 거냐의 문제입니다. 내가 내 기준에 맞추는 것이야 기본입니다마는 통상이라 든가 일반이라든가 아니면 고상하게 격조라고 하는 정상급의 고상한 품위의 문제입니다.

그러나『고상이라면 이보다 더한 고상은 없다』이렇게 생각하고 품위에 한참이나 뒤떨어지는 패션이나 성형수술을 고집한다면 신개념정신문화연구시리즈 '품위학 콘체르토'에 더 열심을 내야 합니다.

그러나 이제 와서 이를 어떻게 바꿀까요? 안 된다고 마음먹으면 더구나 안 되는 일이기에 우선 신개념정신문화연구시리즈의 이 '품위학 콘체르토'에 열성을 가지고 동참해 보시라고만 말씀드리겠습니다. 그러니 외양에 대하여서만 해도 한 편의 연구로도 부족할 것이다 싶기에 일단 다음 연구 때로 미루고 이제 '말'이라고 하는 언어구사로 넘어가겠습니다.

네 번쨉니다. 바로 품위와 말의 관계입니다. 품위에서뿐만이 아닙니다. 말은 인생 전체를 좌지우지하는 아주 중요하기가 이루 말할 수 없을 정도입니다.

그래서 말에 대하여는 대화학에서 이미 21장에 걸쳐 완성했으니까 읽어 보세요.

말에 관한 것은 대화학을 보셨을 터이니 더 말할 필요가 없습니다. 다만 딱 한 말씀 드릴 것은 당신의 인격과 인품에 맞도록 알맞은 말을 하여야 한다고 하는 것입니다.

어른이 애기들 같은 응석의 콧소리를 하지는 않지요? 남자가 여자같이 간살맞은 말은 안 쓰지요? 말보다 더 그럴듯하게 품위를 높이는 것은 없습니다. 네 가지 중에 외양은 단순하지만 말은 깊습니다.『말이 곧 인격이요 인품이며 품위입니다』이 한 말씀만 짚어 드립니다.

다음은 위의 표에서『실천하는 외양』이라고 말한 것에 대한 말씀입니다.

외양에는 고정된 외양과 움직이는 외양이 있다는 말씀입니다. 눈이 아무리 예뻐도 흘겨서 떠 버리면 보기 싫습니다. 키가 아무리 커도 구부정하게 걸어 다니면 크나 마나입니다.

건강한 다리를 가지고 질질 끌면서 걸어 다닌다면 '품위학 콘체르토'에는 생각할 것이 많아집니다. 양복으로 정장을 하고 한복처럼 널브러지게 앉아 버리면 양복의 멋은 달라집니다.

바로 『품부의 외양』과 『변적(變的)인 외양』과 『정적인 외양』과 『동적인 외양』이 있다는 말씀입니다. 『품부의 외양』이란 태생입니다. 우리는 황인종이라고 하는 것과 같은 것입니다.

다음은 『변적인 외양』입니다. 화장을 하고 수술을 하는 것입니다. 『정적인 외양』이란 생긴 대로 다듬기만 하는 경우입니다. 끝으로 『동적인 외양』입니다. 바로 이것이 실천하는 외양이요 움직이는 외양입니다.

손님으로 가서 재빨리 최상석에 털썩 주저앉아서 다리를 쭉 뻗고 앉는다고 하는 것은 실천하는 외양문제입니다. 비스듬하게 반은 드러눕는 앉음새도 외양의 문제입니다. 흔들의자를 삐딱하게 놓고 앉아서 계속 돌리는 것도 점잖지 못해서 품위에는 하자입니다.

특히 요즘은 오나가나 쉽게 인터넷이 눈에 뜨이는데 움직이는 외양에 문제가 있는 사람은 덥석덥석 남의 마우스에 손을 대는 경우도 혹 보게 되는데 품위와는 거리가 먼 이야깁니다.

이처럼 움직이는 외양에 대하여도 너무 많겠다 싶군요. 그러면 다음에 또 새 연구실로 방을 만들어야지 어쩌겠습니까?

손을 까불락거린다든지 다리를 흔든다든지, 남의 물건은 함부로 만진다든지, 부산하게 들락거린다든지 아니면 소리를 지르면서 전화를 받는 것이라든지…… 외양은 동적인 외양이 품부보다 중요하고 정적이고 변적인 외양보다 더 쉽게 드러납니다.

특히 하자가 있을 때는 적나라하게 노출되어서 단번에 "그 친구 못 쓰겠다"는 품위 손상으로 치명상을 입게 됩니다.

끝으로 외양과 결실의 문제가 있는데 차차 말씀드리기로 하고 우선 결실되는 결과에서 맺혀지는 외양으로 인한 품위의 열매를 거둘 수 있어야 한다는 말씀만 드리겠습니다.

제2장을 마쳤습니다. 왜 품위가 소중할까요? 그렇게 함으로써 인생을 행복하게 살아가게 된다고 하는 것 때문입니다.

# 동물성(動物性)과 인간성(人間性)

# 인간의 양면성

인간의 품위를 논한다고 하면 인간의 근본이 되는 성정과 근본이 되는 성정의 실질 형질을 알아야 하기에 그러려면 먼저 인간성의 고유 실체를 알아야 할 필요가 있습니다.

이것을 줄여서 '인간성'이라고 하기 때문에 먼저 인간성 탐색에 들어가야 합니다. 그러므로 이제 인간성이라고 하는 어려운 문제를 논하게 되었습니다.

그러나 동물 가운데 유일하게 인간만이 인간을 논하고 인간성을 말한다고 하는 것은 소중합니다. 하지만 인간이 인간성에 대하여 논한다고 하는 데는 잘못하면 "네가 뭐냐?"라고 하는 반발을 자초할 수도 있어서 이 문제는 아무나 해도 되는 논제는 아닙니다. 하지만 수많은 인류학자가 인간성을 말했으며 '흄'이라고 하는 사람은 『인간성론』으로도 유명합니다.

그렇지만 신개념정신문화연구시리즈에서조차 인간성을 논한다고 하는 것은 무리라고 할 것입니다. 신개념정신문화연구시리즈가 인간성을 논하기에는 아직 학문의 뿌리와 기초가 약하다는 것을 알기 때문입니다.

하지만 신개념정신문화연구시리즈는 21회에 걸친 인성연구 분야이기 때문에 다소 부족해도 인간성에 관하여 침묵할 수 없다는 것이 사명입니다. 하여 부족할지라도 이제『인간성 표㉯』를 만들고 지금부터 이 시간의 연구를 시작하겠습니다.

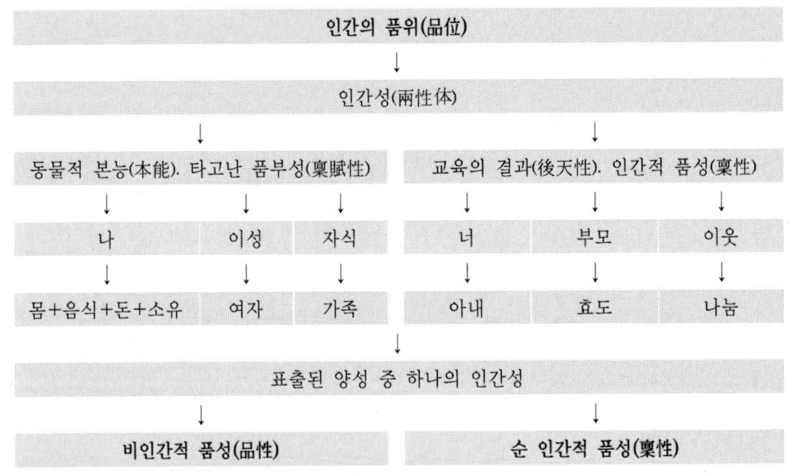


첫 번쨉니다. 인간의 품위를 결정하는 인간성은 두 가지를(兩性을) 가지고 있습니다.

첫째는 동물적 본능으로 이것은 타고난 품부성입니다. 인간이 동물이나 다름이 없다고 할 때는 원천으로 출생하면서 받아 가지고 이 세상에 태어나게 된 본성을 '품부(稟賦)'라고 하므로 '품부성'이라 하면 이것은 교육이 아니면 바뀌지 않는 것이지만 교육으로도 좀처럼 바뀌지 않는 경우도 많은 태생적인 '품성(品性)'입니다(『品性: 사람에게 사용치 않는 단어임』).

　　인간의 품위를 결정하는 두 번째에 해당하는 인간성은 인간이 교육을 받은 결과에서 얻어지는 인간적인 '품성'입니다(『稟性: '인간답다'고 할 적에 사용함. 인간성이 배어 있음』).

　　쉽게 말씀드리면 인간의 동물적 품성과 인간적 품성은 인간성이라는 단어로 표출되는 것인데 '동물성이냐? 인간성이냐?'라고 하는 둘 중 하나가 바로 인간성의 '실체'가 된다라고 하는 말씀입니다.
　　그러면 이와 같은 인간성이란 무엇일까요? 인간성이란 천하 만물 모두에게 존재하는 각개의 성(性) 가운데 인간만이 가진 인간의 성을 인간성이라 합니다.
　　만일 인간이 아닌 물체라고 한다면 그것은 물성(物性)이라고 할 것이며 나무로 말하면 그것은 목성(木性)이고 흙의 경우는 토성(土性)이라고 하게 되는데 이를 토질이니 목질이니 해서 질(質)이라고도 하지만 인간에게만은 인간질이라는 말을 하지 않습니다. 동물(유정명사)은 '성'이며 돌이나 나무와 흙(무정명사)과 같은 것에는 '질'이란 단어도 같이 씁니다.

　　앞에서도 말했지만 인간성은 어렵습니다. 그러나 어렵지 않게 누구나 알 수 있는 것은 『인간성이 됐다』라거나……『인간성이 틀렸다』고 하는 단순한 판단입니다. 선·악을 분별하고 호·불호를 감지하는 것처럼 아주 쉽게 감식하는 것이 인간성이지마는 사실 인간성이란 무엇이냐를 많이 생각하다가도 다들 지나친 감이 있습니다.
　　신개념정신문화연구시리즈는 풍족하고 부족하고를 떠나서 이제 인간성에 관하여 주창(主唱)해야 합니다. 이것은 학문적으로 어떤 하

자 유무를 지적받기에 앞서서 지적도 학문에서는 학문상 필요요소라
고 하는 뜻에서 이제 인간성을 해부하고 들어가 보아야 합니다.

　인간성은 양성(兩性)입니다. 호·불호를 가르고 선악을 가르듯 두
가지 성분의 종별입니다.
　하나는 보통 '본능'이라고 말하는 '품부성'입니다. 품부성에 대하여
는 이미 말씀드렸으므로 여기서는 간단하게『원래 타고난 것』,『물려
받은 것』, 백인종이냐, 황인종이냐와 같은 것이라고 하는 말씀까지만
드리고 생략합니다.
　다만 품부성에 대한 단고(短考)를 말씀드린다면 품부성은 인간성을
논함에 있어서 "그러면 못쓴다"라고 하는 좋지 못한 인간성에 해당하
는 부분이라는 말씀입니다.
　하지만 품부는 밑도 끝도 없이 못쓰는 것, 나쁜 것, 부정적인 것이
라고만 말하면 그 말은 잘못된 말입니다. 황인종의 후손이 황인종다
운 것은 몹쓸 것이 아니라 그것은 보존할 가치이기 때문입니다. 그러
니 품부성도 다시 두 가지로 갈라진다는 것을 알 수 있습니다.
　첫째는 유용하고 긍정적인 좋은 품부성이고 다음은 무용하고 못
됐고 나쁜 품부성입니다.
　이 품부성에서 '못됐다'고 하는 이 하나의 품부가 품부 전체를 더
럽히고 있기 때문에 품부성을 부정적이고 버릴 것, 아닌 것 이라고
지적을 받는 것인데 그 부분이 바로 '본능'이라고 말하는 동물과 같
은 본성으로 이것은 '동물성'에 해당합니다.
　인간성과 동물성이 다른 것은 자명합니다. 또 인간에게도 동물과
동질의 동물성이 있다는 말도 하나마나 잔소리입니다.

　그러나 아무리 잔소리라 할지라도 인간성을 논하려면 반드시 먼저 짚어야 할 것이 있는데 그것은 동물적인 인간성입니다.

　동물적인 인간성이란 무엇이냐? 한마디로 다른 건 알 것 없고 오직 나―, 그저 『나만 아는 것』이 동물적인 인간성이라고 해서는 부족할지라도 역시 『나만 아는 것』이 동물성이라고 해도 별 탈은 없겠습니다.

　문제는 이 동물적인 인간성이 반드시 동물에게만 있느냐 하면 그게 아니라 인간에게도 있다고 하는 사실입니다.

　아무리 인간적인 사람에게도 적든 많든 동물성이 있습니다. 그래서 자주 인간성이 잠몰하고 동물적인 인간성이 튀어나옵니다. 그러니까 개만도 못하다 하고 그래서 짐승 같은 놈이라고도 하는데 이것은 인간에게 있는 동물의 본능과 같은 것이 드러나기 때문에 드러나서 보이니까 보이는 대로 정확히 콕 찍어서 말한 경우입니다.

　그렇다면 먼저 동물성이라고까지 혹평한 인간의 동물적인 본능이란 무엇인지 생각해 보겠습니다.

　동물의 본능은 이미 ‘나’라고 하는 말씀을 드렸습니다. 그러니 나만 알고 남은 생각도 못 하는 사람은 인간은 인간이지만 본능적인 인간이며 동물적인 본능성도 가진 사람입니다.

　잠시 동물들을 생각해 보실까요? 개나 돼지를 생각해 보겠습니다.

　나밖에 모른다고 하는 것은 먹이다툼에서 확연합니다. 돼지가 양보를 한다는 것은 천이면 하나도 어렵습니다. 개가 양보를 한다는 것도 천에서 하나 정도입니다. 너 먹으라고 나누어 주고 나누어 준 것을 먹는 것은 동물의 세계에서는 만이라고 해야 고작 한둘도 보기 어려운 일입니다.

또 남의 것을 인정하지 않습니다. 개는 다른 개가 뼈다귀를 물고 있으면 그것을 빼앗기 위해 덤빕니다. 이것은 야생 동물의 세계에서는 목숨을 걸 정도입니다. 포악하고 악랄하여 동물의 왕국은 피가 튀고 흘러내립니다. 약하면 죽여 버립니다. 내가 잡은 것이나 네가 잡은 것에 대하여 인정을 하지 않습니다.

그러나 사람은 네 것, 내 것을 가리고 너의 소유와 나의 소유를 가리는 데 반해 동물은 네 것, 내 것의 개념이 내가 너보다 힘이 강하냐 약하냐고 하는 단순논리 말고는 존재치 아니합니다.

그래서 사슴은 사자의 먹이가 되나 사슴은 사자가 잡은 얼룩말의 고기를 빼앗아 먹지 못합니다. 단순합니다. 『먹을 게 있네 웬 고기야? 먹어야지─』 이것이 동물성입니다. 『비켜 봐 내가 먹을 거야』 이것이 동물성입니다.

이때 『네가 이걸 왜 먹니?』라고 하는 대항은 동물적인 교육에 의한 인간적인 인간성과는 관계없는 순수한 인간성의 논리입니다.

나밖에 모릅니다. 내 배만 채우면 그만입니다. "사람이 그러면 쓰나?" 이 말을 "사자가 그러면 쓰나?"라고 한다면 동물적인 인간성과 인간다운 교육받은 인간성을 이해하지 못하는 무지의 소치입니다.

나만 안다는 것─이것은 생존의 근본이 되는 법칙과도 같은 것이 동물의 세계입니다. 배고프다─먹자─단지 이것만 해결하겠다고 거기에 목숨을 거는 것이 동물의 세계입니다.

그래서 동물성의 지배를 받는 동물에게 인간답게 살아야 한다고 하는 말과 같이 사자답게 살아야 한다는 말이 오히려 더더욱 포악하고 짐승스럽게 살라는 말이 됩니다.

두 번쨉니다. 동물도 그렇지만 인간도 먹어야 살기 때문에 본능을 쫓아가면 먼저 내가 먹어야 합니다. 그러나 사람은 참습니다. 곧 죽게 될지라도 어느 정도까지 참는 것이 사람입니다.

웃어른이 오셔서 수저를 드시면 그때 자신도 수저를 드는 것도, 참는 것입니다. 그러나 동물에게는 그런 게 없습니다. 있으면 안 된다고 보아야 할 만큼 동물의 세계는 음식이 첫째입니다.

이것은 내가 첫째라고 하는 것과 같은 것으로 먹는 것에 대하여 인간과 다른 것이 동물성입니다.

그런데 이와 같은 오직 본능적인 사람도 있습니다. 이것이 인품으로 연결되는 것이고요. 그러니까 혼자만 먹는 사람은 불편을 느낍니다. 자꾸 같이 한 숟갈 떠 보라고 두 번, 세 번 수저를 내밉니다. 이것이 품부성의 양질에 해당됩니다. 이와 같은 양질이 없으면 동물적인 악질이 지배해서 사람의 인격을 떨어트립니다.


먹는 음식에 이어서 살아가는 데 절대적 필요요소인 돈도 그렇습니다. 본성에서는 돈이라면 사람도 죽이고 뺏고 싶을 정도로 도둑질이고 사기꾼이고 부정이고 비리를 생각지 아니합니다.

무조건 챙기고 보자는 본능 때문에 허위 전입신고를 하고 위장전입을 해서 불법 농지원부를 만들기도 해서 돈을 챙겨댑니다. 본능이 그렇게 하는 것입니다.

돈이 된다고 하니까, 돈 준다고 하니까, 그래서 그러면 안 되는 공무원의 신분을 자기가 속여 버립니다. 남이 속이는 것도 아니고 자기가 자기를 속인다는 것은 탄로 나지 않을 거라고, 덮일 거라고 아닌 척하고 받는 대가성 뇌물도 여기에 해당됩니다.

당연 돈이 좋고말고요. 이 세상은 돈이면 다 내 것이니까 돈이면 그만이지요. 문제는 이때에 동물과 다름없음에도 불구하고 자기를 동물 값으로 자기가 깎아 버리는 부정행위에 뛰어드는 것입니다.

누가 하잔다고 한 게 아닙니다. 하잔다고 다 한다면 하자고 했으니까 자기가 자기의 다리를 자를 사람이 있을까요? 자기 얼굴을 칼로 그어 버리는 사람이 있을까요? 하잔다고 한 것이 아니라 본능을 쫓아서 뛰어든 불나비인 것입니다.

돈을 조심해야 인간성이 유지되고 품위가 지켜집니다. 돈을 밝히면 인간성에서 동물성으로 추락하는데 여기서 말하는 돈이란 내가 정당하게 일한 대가가 아닌 부당하게 국가와 자신을 속인 죄의 대가입니다.

그럼 과연 죄의 대가가 돈일까요? 돈이 아니라 죄라는 것은 본능에 빠지지 않으면 알 만한 일입니다. 그러면서도 겉으로는 그러면 못쓴다는 말을 독판하는 사람은 결국 자기가 자기를 속이는 것이라는 결론입니다.


또 동물적인 본능에는 이런 게 있습니다. 여자라면 사족을 못 쓰는 호색성입니다. 열 여자 싫다 할 남자가 있느냐고 하는 말은 제 경우는 절대 아닙니다.

열 여자를 어디다 쓰며 그게 뭐가 좋으냐? 이렇게 말할 수 있다면 신사요 품위입니다. 그러나 열 여자를 거느리는 사람이 멋쟁이요 신사 중에 신사인 걸로 착각하는 세월입니다.

그런데 여자라 하면 아내도 여자인데 동물적인 본능 쪽의 여자라 함은 여기서 아내는 제외되었습니다.

아내는 후천성의 교육에 의한 온전한 인간성에서만 나타납니다. 동물적인 본능에는 아내가 숨겨집니다. 아내는 관심의 대상도 아니며, 아내는 여자도 아닙니다. 남의 여자가 더 예쁘고 남의 여자가 보고 싶고 만나고 싶고 품고 싶은 대상이지 아내는 거기서 빠졌습니다. 이게 동물적인 인간의 본능입니다.

그래서 동물과 인간의 그것(성관계)을 구별할 수도 없습니다. 고고한 사랑이 아니라 더러운 불륜으로 빠져 버립니다. 불륜이 무엇이냐 하면 똥통을 불륜이라고 합니다. 거기 빠지면서 그걸 모르니까 동물과 같이 본능이 하라고 하는 대로 하는 것이 동물적 인간성의 본질입니다. 여자 좋아하지 마세요. 아내를 좋아해야 그것이 인간다운 멋이며 그것이 신사다운 매력입니다.

여기까지를 다 지나서 이제야 자식을 생각합니다. 순위상 꼴찌가 자식입니다. 아내나 부모는 순위에 들지도 못했으니까요. 그래도 자식은 생각합니다. "애들 때문에"라든가 "애들을 생각해서"라고 말합니다. 이것도 역시 동물성 본능입니다.

동물들은 대개 아내도 모르고 남편도 모릅니다. 부모요? 그건 있는 것조차도 모르고 부모가 자기를 낳고 길렀다고 하는 말은 동물에게는 별별 희한한 소리일 뿐입니다.

부모가 언제 나를 낳았느냐고 하고도 남습니다. 이것이 동물성입니다. 부모도 모르고 부부도 모르고, 그런데도 이상하게도 자식은 압니다. 그래서 동물들도 자식은 먹이고 입히고 자식은 보살핍니다.

공부도 시킨대요. 하늘을 나르기 교육이랑 먹이잡이 교육이랑 조심해야 되고 가지 않을 곳도 가르쳐 준대요. 바로 이런 정도라면 이 또한 동물성 한계입니다.

곧 인간에게도 이런 동물성이 있습니다. 부모는 기억 속으로 점점 아주 멀리멀리 사라져 갑니다. 그런데 제 자식은 갈수록 귀하게 키웁니다.

자식이라면 맥을 못 추는 아이들의 천국이 된 우리나라는 이제 어린이날을 어른의 날이라고 딱 그날을 바꿔야 될 지경이에요. 새끼만 알고 남편도 모르고 부모도 모르는 갈수록 동물성이 확대되는 세월을 삽니다. 조류독감은 아무것도 아닙니다. 인간의 본성이 본능에 패하여 동물화되어 가고 있는데 조류독감이 무슨 대수랍니까?

세 번째입니다. 양성의 인간성에는 부모의 역할이 영향으로 작용하여 품위를 이루는 교육으로 작용되는 후천성의 교육이 있습니다.

알고 보면 동물이 동물성의 범주를 벗어나지 못하는 이유는 그 책임 전부가 부모에게 있습니다.

기대할 수도 없지만 동물은 부모가 자식에게 동물성 이상의 인격(동물격)을 교육하지 않는다고 하는 점입니다. 그러므로 인격은 교육에 의해서만 양질의 인간성으로 자라나게 된다는 것을 알 수 있습니다.

인간만이 교육을 시키는 것은 아닙니다. 동물도 새끼(자식)에게 나름대로의 교육을 시킵니다. 그러나 시켜 보았자 그것은 동물성의 한계 이내입니다. 그러나 인간은 동물이면서도 동물성의 한계를 뛰어넘는 인간성의 교육영역까지의 고도로 발달된 교육을 시킵니다.

그렇지만 이때의 교육은 인간에게 유익할 뿐 동물성을 죽이거나 줄임으로 인하여 손해가 되는 역교육이 아닙니다. 받을수록 사는 것이 편하고 받을수록 먹는 것이 편하고 풍성하도록 하는 그야말로 인간이 인간다운 교육을 시킨다고 하는 것입니다.

하지만 인간은 교육이라면 딱 질색을 하는 못된 본능이 있습니다. 그것이 자신에게 유익하여도 교육은 거부하려 하는 나쁜 속성 말입니다.

교육 좋아하는 사람이 있지만 대개는 자기 멋대로를 좋아해서 바로 동물이 가진 동물성과 같은 본능을 좇으려 한다는 것입니다.

그래서 교육은 그냥 시키는 게 아니라 교육학을 별도로 연구해서 인간이 본능적으로 거부하는 이 교육을 시키고 받기에 재미있고 기쁨으로 참여하게 할 수 있는 각종 교육 자료를 교재로 만들어서 효과적이며 자발적 참여에 어려움이 없는 교육발전을 위하여 연구와 노력을 하고 있습니다. 바로 또 이것이 동물과 다른 인간만의 인간성입니다.

그러므로 인간은 교육을 기뻐할 때 보다 양질의 인간성으로 올라섭니다. 교육 싫어하는 사람은 나대로 사는 사람이며 무조건 동물성 버리기를 거부하는 사람입니다.

저의 경우지만 이와 관련하여 말씀드려 볼까요? 어린아이라도 내게 무언가를 알려 주려고 하면 귀가 쫑긋합니다.

뭘까? 무엇을 가르쳐 주려고 하는가? 내가 모르는 것을 아는 게 있을까? 그러면 참 신비로운 일입니다. 어린애들이 더 스승답게도 이러저러한 거 아시느냐고 먼저 묻고 모른다면 가르쳐 줄 의사를 나타냅니다. 알면서도 잘 모른다고 해 보실래요? "그게요, 있잖아요" 하면서 열심히 설명합니다.

그러나 교육 싫어하고 거부하는 사람은 애들에게 꽉 핀잔을 주어 버립니다. "그걸 모르는 사람이 어디 있니?"라고요.

신개념정신문화연구시리즈도 그렇습니다. 다 안다는 사람도 만납니다. 인간성에 대해서라면 더 잘 안다는 사람이 많습니다. 말해 보라면 단 두 마디도 다 못 하고 말이 막히면서도 저도 다 잘 안대요. 잘 알긴 개뿔을 잘 아느냐는 말이 있습니다. 왜 그랬을까요?

아니까 안다는 것이 아니고 교육이라면 저 죽일 줄 알고 방어막을 치는 것입니다. 방어막이란 무엇일까요? 본능이 제 권세를 잃을까 봐서 동물성으로 그냥 살라고 선수를 치는 것입니다.

어쨌든 신개념정신문화연구시리즈는 21회까지 가게 될 인성 연구 분야입니다. 21회에 걸쳐 인성을 연구하며 인간성을 논할 뿐만 아니라 인간성의 실체를 파헤치는 중입니다.


자―그렇다면 이제 인간성은 어디서 나올까요? 어떻게 만들어질까요? 씨앗은 무엇이며 성장과정은 어떤 것일까요? 교육의 효과는 어떻게 나타날까요?

이에 대한 첫 번째의 대답은 나도 나지만 먼저는 아니라도 동시에, 아니면 이어서 곧장 나 아닌 너를 생각한다고 하는 점입니다.

나만 알면 동물입니다. 이런 사람은 더러운 인간성을 가졌다고 해도 쌉니다.

나도 알고 남도 알아야 합니다. 나만 알고 남은 모르면 사람은 사람이지만 사람대접 받을 자격이 없는 사람입니다. 왜냐하면 동물과 다름이 없으니까 당연할 수밖에요. 그런데 또 이건 반대입니다.

사람대접은 자기가 더 받으려고 대드니까요. 이것도 동물적이지 인간적은 아닙니다. 그러나 여기에는 선이 있습니다. 나보다 남은 낮게 생각하고 나보다 먼저 남을 생각한다는 것은 성인 성자입니다. 어디까지냐? 바로 『품위에 맞아야 한다』라고 하는 것입니다.

어린아이의 수준이면 거기에 맞추고 어른의 수준이면 어른에 맞아야 하고 지도자는 지도자에 맞고 걸인은 또 걸인의 키가 있습니다.

나에서 너를 안다는 것은 교육의 열매입니다. 전에는 이러하였습니다. 외동아들은 버르장머리가 없다고 했습니다. 저만 안다는 뜻입니다.

물론 전에는 자식을 많이도 낳았습니다. 그때는 산아제한의 묘방이 없었으니까요. 그런데도 더 낳지를 못하는 경우는 외아들이고 외딸일 수밖에 없습니다. 외동이는 먹을 게 귀하던 그 시절에도 항상 먹을 게 많았습니다. 맛있는 것을 독점했습니다.

독점이라고 하는 것-혼자라고 하는 것-이것은 그것도 내 것이고 저것도 내 것입니다. 몽땅 내 것입니다. 그러다 보니 네 것은 모릅니다. 다 내 것인데 그중에서 절반이 너한테로 가게 될 경우 동물성으로 변합니다. 왜 주느냐는 이야깁니다.

그래서 사회가 중요하고 그래서 사회성이 중요하고 그래서 형제간 많은 집안 아이들은 내 것은 하나지만 네 것도 하나라고 하는 것이 교육이 되어서 네 개가 생기면 한 개씩이라고 인식하지만 외동이는 열 개라도 자칫 다 나 혼자의 것으로 굳은 것입니다.

너를 안다는 것은 환경과 교육이며 그것의 첫째 책임자는 교장이고 교감이고 담임선생님인데 바로 부모와 형제입니다.

교육은 동물과 인간을 가늠하는 척도입니다. 만일 교육이 없다면 인간도 동물처럼 살아갈 게 뻔합니다. 동물처럼 산다면 어떨까요? 동물은 사는 것에 행복이 없습니다. 살아가기가 힘겹습니다. 나보다 힘이 센 자에게 모든 것을 빼앗깁니다.

아내도 빼앗기고 먹을 것도 빼앗깁니다. 세상을 두려워해야 합니다. 아무도 도와주지 아니합니다. 항상 두려움에 떨어야 하고 긴장하면서 마음 놓고 잠을 잘 수도 없습니다.

늙고 병들어도 아무도 돌보아 주지 않습니다. 자녀들이 있으나 마나입니다. 젊어서 병이 들어도 병을 고칠 수도 없습니다. 그래서 인간이 인간성을 갖추고 인간답게 산다고 하는 것을 귀찮다고 거부해도 되는 행복과 무관한 것이 아닙니다.

이제 제3장 동물적인 인간성을 마치고 다음 제4장에서 인간다운 인간성을 탐구하여 보겠습니다.

# 풍위의 등급

# ＃ 하등급과 막등급 인간성

품위에는 등급이 있습니다. 아래의 표를 보시면 '최상위'에서부터 '쌍등급'까지 1~8등급까지가 나타납니다. 신개념정신문화연구시리즈에서 제가 처음으로 인생 품위의 등급을 만든 것인데 제1장에서 언급한 바와 같이 바람직하지 못한 인간의 등급을 매겨 본 경우입니다.

뭐라고 변명을 해도 인간이 인간의 등급을 놓는다고 하는 것은 인권을 침해하는 위험한 일 맞습니다. 그러나 사회 정의에 반하는 것인 줄 잘 안다고 이미 말씀드려 놓고 인간의 등급을 만든 이유가 있습니다. 앞에서도 말씀드린 것처럼 인생을 논하고 인생의 행복을 찾아가기 위한 21회 인성연구 분야의 '품위학 콘체르토'를 논하는 학문연구의 목적임을 양해하시기 바랍니다.

뿐만 아니라 그래서 경거망동하지 않고 빗나가지 않도록 선한 목적대로 신중하게 사용하겠습니다. 그러면 이제 먼저 문제의 다음 『품위 등급 표㉯』를 보시겠습니다.

| 구분 | 최상위<br>(1등급) | 우등급<br>(2등급) | 상등급<br>(3등급) | 중등급<br>(4등급) | 하등급<br>(5등급) | 무등급<br>(6등급) | 막등급<br>(7등급) | 쌍등급<br>(8등급) |
|---|---|---|---|---|---|---|---|---|
| 칭 | 품위 | 인품 | 인격 | 매너 | 꾼 | 질 | 랄 | 쌍스러움 |
| 점수 | 90~100 | 80~90 | 50~80 | 40~50 | -5 | -50 | -90 | -100 |

첫 번쨉니다. 맨 위 칸의 구분도 아실 테고 맨 아래 칸의 점수도 잘 아실 것이고, 그래서 두 번째 칸의 '급'에 대한 말씀을 중점적으로 드리겠습니다.

우리가 '품위학 콘체르토'란 과목명을 정하고 품위, 품위 하는데 품위는 아무한테나 쓰는 말이 아닙니다. 애들한테 품위라는 단어는 쓸 말이 아닙니다. 강도에게도 품위 있게 살라고 하는 말은 격에 맞는 말이 아닙니다.

그러니 일단 품위라는 말을 사용해야 되는 경우는 여간한 조건을 구비해서는 해당이 안 되는 말입니다. 그렇다면 어떤 사람이 어떤 조건을 갖추면 그때 품위라는 말을 사용하면 되겠습니까? 이 문제의 정답은 지금 시작해서는 안 될 일입니다. 본 '품위학 콘체르토'가 마감될 때 그제야 품위에 대하여 정답이 나올 것입니다.

다만 지금은 간단하게 이런 사람에게 품위라는 단어를 쓰면 된다고 하는 요약만 말씀드리겠습니다. 『품위를 지녔고』, 『품위가 풍기고』, 『품위가 넘치는 사람』에게 품위라는 단어를 쓴다는 말씀입니다.

무슨 말인지 못 알아들을 말이라고 하실지도 모르겠습니다. 하지만 알아듣고 아니고는 별개로 하고 하던 말씀을 계속하겠습니다.

최상위 1등급에 해당되는 사람은 『점잖음+넉넉함+세련됨+고상+고고+고매+우아+포용』을 갖추었으되 뿐만 아니라 『두루 인생 다

방면에 학식을 갖춘 사람』이어야 합니다. 이런 사람에게 품위라는 칭호를 작위(爵位)처럼 내려 주는 영광스러운 칭호가 품위입니다. 제가 혼자 자주 쓰는 말을 빌리면 『인생 9단』의 인품을 갖춘 사람입니다.

다음은 쉽습니다. 인생 제2등급의 우등급의 칭호는 인품이라고 해야 합니다.

아무에게나 품위가 있다고는 하지는 않습니다. 그러나 때로는 중등급인 4등급까지에도 품위라는 말이 오르내리기는 하는데 제한적으로 사용됩니다.

"사람이 품위 없게 그게 무슨 짓이야"라고 할 때나, "당신도 품위 좀 생각해"라고 할 때나, "사위 보고 손자까지 보았으면 이제 좀 품위를 찾아야 하잖아?" 이렇게 말할 때나 쓰는 말인데 체신이란 말을 쓰기도 합니다. 아무튼 품위라는 말에는 이제 드린 말씀보다 몇 곱절의 의미가 있습니다. 존경받는 사람만이 듣는 칭호입니다.

2등급이나 3등급은 제가 붙인 칭호로 '인품'이나 '인격'이라고 하는데 이런 분들은 품위라고 하기에는 약간 부족하기 때문에 품위라고 하지 않습니다.

"인품이 훌륭하다"라고 하거나 "인격이 좋은 분이다"라고 하는데 품위에서 말한 단어 가운데 한두 가지 대 여섯 가지가 충족되지 않으면 품위라고 하지 않습니다.

그런데 여기서 한 가지는 짚고 넘어갈 필요가 있습니다. 품위라는 칭호가 사회적 지위와 밀접하게 연관되는 문제입니다. 아무리 인품이 훌륭해도 사회적 지위가 따라주지 않으면 품위라는 칭호를 꺼려하는데 그러면 안 된다고 하고도 싶지만 막을 방법도 없지 싶습니다.

　두 번쨉니다. 인격이나 인품으로 칭하기에도 미치지 못하는 중등급에 속하는 사람은 적당한 말이 떠오르지 않아서 매너라고 정했습니다.

　"매너 좋다", "사람 괜찮다"라고 하는 칭호를 붙여서 편한 사람은 보통의 사람들입니다.

　품위는 너무 높아서 저도 이런 연구를 하게 되므로 생각에 생각을 거듭해도 저 자신도 한참을 올려다봐야 할 것으로 이상으로 바라만 보는 경지라고 생각됩니다. 다만 매너 나쁘다는 말만 안 듣고 매너 좋다는 말만 들으면 희망은 있다는 것으로 위안을 받으면서 이런 생각을 해 봅니다. 누군가를 보살피고 도울 수만 있다면…… 하는 것입니다. 뭐니 뭐니 해도 누군가를 돕는 것 이상의 품위는 없겠다 싶은 것입니다.

　이번에는 하등급에서 칭하는 '꾼'입니다. 사람을 등급으로 표시하면서 이 꾼이라는 단어가 애를 먹일 것입니다. 꾼이라는 단어는 우리 고유의 아름다운 말로서 일꾼이나 품꾼이나 소리꾼과 같이 성실하게 사는 사람들을 부를 때 쓰는 칭호이기 때문입니다.

　그래서 꾼이 어떻게 하등급이 될 수가 있느냐고 하면 제가 코너에 몰려 버립니다. 그래서 미리 말씀을 드리는데 꾼은 중등급은 물론이고 꾼 중에 1등급도 있고 우등급도 있다는 것을 미리 말씀드리고 꾼이란 어떤 사람인가를 말씀드리겠습니다.

　여기서 하등급의 빵점 인생이란 술주정꾼이나 노름꾼과 같은 사람을 가르칩니다.

　춤꾼이나 사냥꾼도 꾼을 꾼이지만 당연 같은 꾼은 아닙니다. 잘못하다가는 꾼님들께 얻어맞을까 싶은 꾼은 이제 꾼이라는 비하성의 호칭 말고 시대에 맞는 좋은 이름으로 많이 바뀌어 가고 있습니다.

문제는 지금부터입니다. 품위하고는 너무나 거리가 먼 몹쓸 인간 시리즈가 펼쳐질 판입니다. 하등급도 못 되는 아예 무등급의 인생들은 '질'이라고 정했습니다. '질'이란 무엇일까요? 쉽게 말해서 빵점짜리 인생들입니다.

쌈박질, 이간질, 곁눈질, 도둑질, 계집질, 서방질, 강도질…… 질도 참 많습니다. 이것은 질이라고 하지만 '짓'이라는 말로도 사용합니다. "그런 짓거리 좀 작작 하거라." 이게 질입니다.

이 지경에 오면 인간성이 튀어나옵니다. "그 인간 아주 인간성이 못돼 먹었다니까―." 품위는 고사하고 저질이다 악질이다 인간성 더럽다, 별별 욕을 다 퍼붓고도 속이 안 풀려서 부들부들 떠는 사람을 보셨습니까? 남편과 간통한 옆집 여편네한테 이렇게 하더군요.


그러니까 신개념정신문화연구시리즈의 '품위학 콘체르토'는 품위만 말해서는 안 됩니다. 품위와는 상관도 없이 먼 온갖 짓거리들을 나무라고 깨닫게 하는 것이 보다 중요한 사명이라고 해도 됩니다. 어떻게 하든 스스로를 돌아보고 생각해 보고 각성해서 한 계단씩 계단을 올라가게 한다면 그것이 '품위학 콘체르토'의 알짜배기가 아닐까요? 그래서 인생에게 등급까지 매겼습니다.

스스로 나의 등급을 매겨 보고 거울처럼 비쳐 보고 내가 빵점도 못 받는 인생성적표를 들고 산다는 것으로 인하여 스스로 자기 자신에게 부끄러움을 가질 수 있다면 21회까지 갈 인성연구분야는 제대로 가는 것입니다.

마지막으로 '랄'이라고 한 것은 감을 잡으셨습니까? '개지랄'이라고 들어보셨지요? 지랄 염병한다는 말도 들어보셨습니까? 또 지랄병이 난다고 할 때 쓰는 멀쩡한 짓거리가 '랄'입니다.

일단 '랄' 소리를 들으면 이건 엄청 어렵습니다. 그러나 처방이 없는 것은 아닙니다. 염병도 낫고 지랄병도 나을 수가 있으니까요.

세 번쨉니다. 고귀한 인생을 논하면서 하도 심한 말씀을 드려서 잠시 칭호에 대한 부드러운 말씀을 드리겠습니다. 그러나 과연 부드럽기만 할 건지…… 또 아닐 수도 있을망정 또 다르게 말씀드릴 구분이 있습니다. 그러면 여기서 다시 『품위 구분 표㉔』를 만들어 보겠습니다.

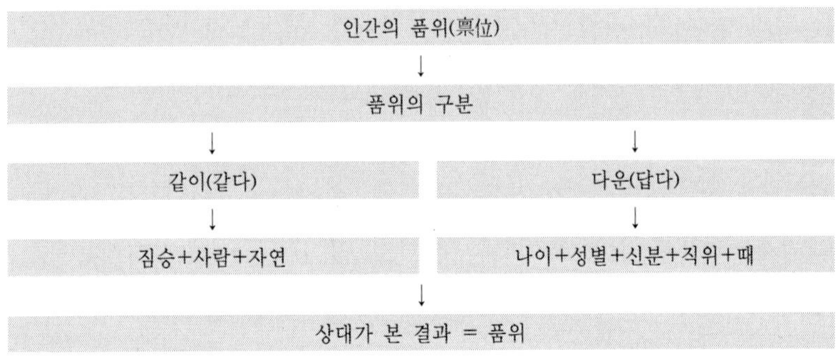


'품위학 콘체르토'를 시작하면서 첫 입을 뗀 말씀을 여기에 옮겨 보겠습니다. 상대가 나를 어떻게 보느냐? 이것이 품위입니다. 내가 상대에게 나답게 보이려면 어떻게 할 것이냐? 이것이 '품위학 콘체르토'입니다.

그래 놓고 위의 표를 보시니까 얼른 이해가 가십니까?

상대는 보통 위 표의 둘 중에 하나로 나를 봅니다.

첫째는 『뭣 같다』이고 둘째는 『뭣』입니다.


같고하고, 다운 것하고는 하늘과 땅차이입니다. 첫째에 해당하는 '뭣 같게' 본다는 것은 개같이 본다고 하는 아주 나쁜 경우입니다. 그러나 두 번째의 경우처럼 사람답게 보였다고 하면 그런대로 정2품 우등급에 해당합니다.


사람은 사람인데 사람취급을 못 받는다면 인생은 병 추거리라고 봐도 됩니다. 주로 짐승에 비유해서 사람을 평가하는데 한번 들어 보시겠습니까?

소같이 일만 한다? 그런대로 괜찮은 것 같지만 미련하다는 비난입니다. 왜 그럴까요? 일단 사람에게 짐승을 들이대면 이건 문제가 있는 것입니다. "여우같이 또 그 지랄을 하는구면." "쥐새끼 같은 놈." "곰 같은 녀석." "돼지같이 처먹기는……." 생각해 보면 기함을 할 일입니다. 품위나 인격은 고사하고 인간성이 말살된 경우입니다.

그래도 "토끼 같은 자식"이란 말이나 "양같이 순한"이란 말은 같은 짐승에 비유했어도 들어줄 만합니다. 그러나 "늑대 같은 놈", "독사보다 더 독한 놈"이라고 하면 정나미가 똑 떨어집니다.

문제는 이런 평가를 받는 사람들이 있습니다. 나냐 너냐를 막론하고 이것은 돌아보고 치료해야 합니다.

사람이 사람취급을 받더라도 인격이 말살되는 평가도 있습니다. "거지같은 놈"이라고 하면 거지도 사람이지만 이 경우도 짐승취급이

나 별반 나을게 없습니다. "미친놈같이 날뛴다"고 하는 말도 사람이면 들어서는 안 될 나쁜 평가입니다.

"날강도 같다", "병신 같다", "숙맥 같다", "바보 천치 같다"…… 일단 상대가 나를 보는데 이렇게 뭣 같다고 하는 평가는 문제가 많다는 것이어서 이건 심각하게 생각해 보아야 할 '품위학 콘체르토'도 '품위학 콘체르토'지만 생각학의 문제라고 할 수 있습니다.

차라리 목석같다느니 돌 같다고 하는 자연으로 비하하는 게 좀 낫습니다. 그러나 독버섯 같은 존재라고 한다면 이건 또 그게 그겁니다.

네 번쨉니다. '답다'는 말을 들어야 합니다.『'답다'가 자라나면 품위』가 됩니다. 그러나 '답기'는 어렵습니다.

이 어려운 '답기'를 기르려면 부단히 인격도야에 힘쓰고 꾸준하게 학습에 전념하고 항상 예의를 지켜 반듯한 교양으로 생각을 채워야 하는 정신교육에 관심을 가져야 합니다. 그러면 이제 '답다'는 것이란 무엇인지 생각해 보겠습니다.

아이는 아이다워야 하고 어른은 어른다워야 한다는 나이가 기본입니다. 나이가 들어도 아이다운 채로 있으면 그것은 '같다'는 쪽으로 보내야 합니다. 나이에 맞지 않는 생각을 한다는 것은 답지 못하고와 같은 짓입니다.

그래서 나이가 60이나 된다면 이제 부부관계가 어떻고 성생활이 어쩌고 하는 것은 '같은'과 같은 짓입니다.

그러나 그런 걸 자랑이라고 TV에서까지 그런 말이 나오니 부끄러운 일입니다. 세상에는 말도 못 합니다. 70 노인도 어쩐다 저쩐다 하니까 품위하고는 거리가 너무 먼 이야깁니다.

특히 '답다'는 문제에는 성별이 중요합니다. 여자는 여자답고 남자는 남자다운 이 거룩한 성역이 많이 무너지고 있습니다. 신개념정신문화연구시리즈는 절대로 그래서는 안 된다고 그런 것 막으러 다녀야 하는 사명도 있습니다.

그러나 남존여비의 인권문제에는 개혁적입니다. 요컨대 남자 같은 여자나 여자 같은 남자는 하나님이 보실 때도 안 됩니다. 그러면 어떻게 하는 것이 성별에 맞는 '다운' 것일까요? 숙제로 드리고 이번에는 신분과 지위에 맞아야 한다고 엮어서 말씀드리겠습니다.

사장은 사장다워야 되겠지요? 어떡하라는 말이냐고 하면 지금은 말 못 합니다. 이제 차차 말씀드리게 될 거니까요. 아내다워야 하고 주부다워야 하고 엄마답고 아빠다운 것이 중요합니다.

며느리답고 시아버지답고 장모답고 장인다워야 합니다. 시어머니다운 것이 빠졌군요. 시어머니다운 것은 잔소리하고 구박하는 옛날 방식을 말하는 것은 있을 수 없습니다. 이것은 21회까지 갈 인성연구 분야 시부모학이고 며느리학에 가 보시면 힌트를 많이 얻으실 것 같습니다. 부모학이고 자녀학이고 다 있으니까요.

끝으로 때에 맞는 것입니다. 비올 때나 눈이 올 때가 있는 것처럼 무조건 '답기만' 하면 안 됩니다. 이럴 때와 저럴 때의 아버지다움이 다르고 자식다운 것이 다릅니다.

# 근대의 인품교육

# 전통 인성교육을 본다

　　　　　　　　　　　　　품위에도 원리가 있습니다. 그
원리는 어려서 밥상머리 교육이 기초가 되었음을 알 수가 있습니다.
　품위의 원리를 알면 나이나 성별에 관계없이 '인간다운'이나 '학생
다운', 아니면 '그 아버지의 아들답다'는 말로 품위나 다름없는 칭호
를 붙여 줄 수가 있습니다.
　물론 품위는 막등급이나 무등급, 또는 어린아이에게는 기대도 하
면 안 된다는 말씀을 드린 적은 있습니다. 하지만 품위에도 원리가
있기 때문에 품위의 원리를 따르면 어린아이도 어린아이다울 경우
이때는 품위 있다고 하는 대신 '누구 아들답다'는 말이 품위와 동격
입니다.

　예로부터 우리 민족은 밥상머리 교육사상이 있어서 품위를 소중한
인격으로 중시해 왔습니다. 그러나 아무리 21회까지 갈 인성연구분야
라 하여도 이 역시 이제 와서 양반이나 상놈 어쩌고 한다는 것은 지
탄받을 소리라는 것은 잘 압니다.

하지만 이 시간에 잠깐 양반이야기를 하려고 하는 데는 생각이 있으니 불편해도 잠시만 들어주셨으면 하는 양해의 말씀을 드리고 근대의 품위에 해당하는 인품교육에 대하여 꼭 하고 싶은 말이 있으니 들어주시기 바랍니다.

사람을 직업이나 학문으로 평가하는 것은 반인륜이며 인권의 문제라는 말씀은 아셨을 것입니다. 그래서 이제 말문을 여는 것에도 조심은 됩니다.

하지만 신개념정신문화연구시리즈에서 제가 혹 양반사상을 찬양하는 듯한 어조로 품위를 논하는 것으로 비쳐지게라도 된다거나, 어쩌면 뭔지 모를 실언을 하게 되더라도 단지 의도하는 바의 목적이 우리들의 격조를 높이고 품위 있는 인생구현이라는 교훈과 학문연구를 위한 비유상의 실수라는 점은 감안하시고 너무 심하게는 꾸짖지 말아 주시기 바랍니다.

더불어 한 말씀 더 드릴 것은 신개념정신문화연구시리즈는 결단코 버려야 할 구태를 고집할 만큼 옹졸한 외고집도 아니며 더더구나 논조의 골조는 결코 인권침해나 인륜을 도외시한 양반주의 같은 사상을 무조건적으로 좋다고 실수를 범하는 일도 없을 것이라고 하는 다짐을 드리고서 근대의 품위를 연구하기 위한 사례로 이제 마음 놓고 양반과 상놈의 세월에 대하여 학문적으로 본받았으면 하는 측면의 말씀들을 펼치기로 하겠습니다.

첫 번쨉니다. 반·상 사상의 복구는 안 된다는 것을 인정하면서도, 그와 같은 인간차등의 사상은 당연히 없어진 것이 너무나 잘된 것이라고 인정하면서도, 저는 양반사상의 중심골격은 곧 품위의 가치를 존중한 참으로 소중한 요소 또한 상당히 들어 있다고 생각합니다.

그러나 우리는 '대폐(大弊)'를 버리기 위해 '소치(小値)'는 생각지도 않고 송두리째 내던지고 말았다는 아쉬움이 있습니다.


예를 들면 기와집을 짓기 위해 초가집을 허물면서 초가집 속에 들어 있는 서 돈짜리 금반지는 꺼내 왔었어야 좋았을 건데 이건 생각지도 못하고 그냥 허물어 버린 격입니다.

양반 사상의 근본은 현대인의 눈으로 볼 때는 불순물이 가득하지만 소량이나마 '품위학 콘체르토'에서는 높일 만한 충분한 가치가 있는 것이 다수 있었습니다. 그것은 바로 지나치리만큼 품위를 존귀하게 여겼다고 하는 부분입니다.


이를 증거하는 옛말 중에 '양반은 물에 빠져도 개구리헤엄은 안 친다'라고 하는 대표적인 말이 있습니다. 이것은 체통과 체면을 목숨보다 더 값지게 여겼던 바로 양반사회를 이루고 살았던 우리 선조들의 품위존중을 드러내 주는 말이기도 합니다. 물론 현대에서는 맞는 말이 아닙니다. 진짜 물에 빠졌으면 개구리가 아니라 개헤엄이라도 쳐서 살아 나와야 하는 것이 맞습니다.


그러니까 말만 그랬지 실제로 당시의 양반이 진짜 물에 빠져 가지고도 개구리흉내를 낸다면 살아나오는 데도 짐승흉내를 낼 바에야 차라리 죽는다 하고 정말 죽어 버렸는지는 모를 일입니다.

허나 이 말에서 분명히 알 수 있는 것은 사람은 체통을 생명하고도 바꿀 수 있는 사람이라야 그것이 온전한 인간다운 사람이라는 강렬한 품위존중의 양반사상이 짙게 배어 있다고 하는 사실 하나만큼은 분명한 일입니다.

그래서 신개념정신문화연구시리즈의 '품위학 콘체르토'가 말을 하다 보면 자칫 개구리헤엄적인(!) 억지 논리를 펴게 될지도 모릅니다.

그러면 이는 사람의 등급을 정하고 양반주의를 긍정적으로 보기도 하는 것이 되어 이건 무리하다고 생각될 수도 있다 하겠습니다. 하지만 양반님네 들이 왜 상것들—상것들—하고 인간취급을 하지 않았을까는 생각해 볼 만한 일입니다.

상것들은 생각이 상스럽고 말과 행동이 상스러운데 도무지 자신이 그렇게 상스럽다는 사실 자체마저도 깨닫지조차 못한다고 하였다고 한다면, 그렇다면 그것은 현대에도 역시 말투만 상것들이라고 하지 않을 뿐이지 "저건 인간도 아니야"라고 해서 상것이라는 표현을 돌려 붙이는 것이 같은 기조라고 보아야 합니다.

한마디로 말하면 부정적인 양반주의의 폐해가 열 개였다고 한다면, 그중에는 '품위학 콘체르토'의 눈으로 볼 때 금과옥조에 해당하는 한두 가지는 있었다고 하는 것이 또렷하게 보인다고 하는 것입니다. 그게 바로 "인간은 인간답게 살아야 한다"라고 하는 품위의 기본논제입니다.

양반집 자제는 먼저 학문과 인격도야에 온 힘을 다 써야 한다는 것이 있었습니다. 옷차림 매무새도 다르고 걸음걸이도 달라야 하고, 천한 것들에게 품위를 잃으면 절대로 안 되는 것이 삶의 근본이었습니다. 말을 하여도 말투도 달랐습니다. 밥상에서의 예절도 상것들하고는 원천적으로 달랐습니다. 이런 것을 양반의 법도라고 해서 어릴 적부터 가르치고 배우는 것 자체도 달랐습니다. 막등급이나 무등급들이 하는 짓거리나 질들은 양반가에서는 죽는 것만도 못한 수치로 알았습니다.

한마디로 말해서 아주 힘들고 괴롭게 살았던 사람들이 양반님네들이었다고 보면 정확합니다. 그래서 선비는 저녁때 끼니꺼리가 없어도 글공부에만 전념했으며 나물 먹고도 이를 쑤셨으니 이것도 나중에는 폐해로 나타났습니다.

다시 말하면 율법(양반)이 인간을 위해 존재하는 것이 아니라 인간이 율법(양반)을 위해 존재하는 율법(양반)주의에 옥죄어 살아야 했던 것이 양반주의의 폐해가 되어 그 결과 결국 그와 같은 사조가 뿌리째 뽑혀 버리고 말게 된 것입니다.


두 번쨉니다. 그럼에도 불구하고 불태워 없어진 초가집 속 어딘가에는 찾지 못하는 서 돈짜리 금반지는 있다는 것입니다. 아예 찾을 필요도 없다고 찾지를 않아서 그렇지 분명히 보배로운 가치 하나는 있다는 것입니다. 그중에는 신개념정신문화연구시리즈가 헤집고 찾아내어 '여기 있습니다' 하고 세상에 내어놓고 신개념정신문화연구시리즈를 사랑하시는 모든 분들의 가운데 손가락에 모두 하나씩 끼워 드리고 싶은 아쉬움이 담긴 애타는 심정도 있습니다.

한 개 가지고 어떻게 모두에게 주느냐고요? 초가집을 한 채만 헤치는 게 아니니까요. 천 개고 만 개고 파헤치고 그래서 현대에서 사라져 버린 고귀한 품위적 요소들을 찾아내면 얼마나 좋겠습니까?

옛날의 망상이 아닌 현대의 실상으로 정말 고귀한 보석들이 참 아깝게도 모두가 다 사라졌습니다.

이것은 고속도로가 뚫렸으니까 옛날 좁은 길은 더 이상 다닐 필요가 없는 것과는 근본이 다른 소중한 것입니다. 생각해 보십시오. 고속도로보다 더 빠른 광케이블의 첨단 전자시대를 사는 우리의 현대에 고스란히 잘만 되살아나는 옛것이 얼마나 많습니까?

"우리 것이 좋은 것이야"라는 익숙한 광고가 아니라도 '신토불이'라고 야단이지 않습니까? 이는 I·T시대에 걸맞은 새로운 음식이 없어서는 아니지 않은가요? 음식은 온고지신(溫故知新)으로 되살아났습니다.

그러나 정신문화는 파묻힌 채 그대로 있습니다. 먹어 보니까 옛것, 우리 것이 좋다는 것을 이제 모르는 사람이 없다는 것과 같이, 알고 보니까 우리 것이 이렇게 소중하더라고 하는 것이 정신문화 쪽에도 태동을 해야 합니다. 바로 이 미태동의 정신문화가 품위라고 하는 학문분야입니다.

버려야 할 것들에는 미련도 아쉬움도 없습니다. 그러나 온고지신으로 오늘에 부활시켜 유익할 것들 중에는 신토불이에 못지않은 소중한 정신문화가 산적하다는 것은 알 수 있습니다.

그것은 나를 나답게 목숨처럼 지켰던 아주 사소한 품위의 요소들입니다. 이 중에는 금반지 서 돈은커녕 반의반 돈도 못 되는 것들도 있겠지마는 알고 보면 이런 것들이 모이고 쌓여서 품위를 이룬다고 하는 소중한 품위의 분자들입니다.

이와 같은 분자들의 첫째는 '다소곳함'이라고 하는 것이 있습니다.

다소곳함이란 예절이 깊게 몸에 배어든 자태를 일컫습니다. 표현이 제대로 되었는가 모를 이 다소곳함이란 남자가 여자에게만 기대하는 그런 것을 말하는 것은 아닙니다. 예의 바름이 온몸에 가득 밴 단정한 태도입니다.

지금은 사라졌지만 제가 어렸을 때는 가르침을 받고 행하는 품위는 달랐습니다.

동네 큰 마당에서 뛰어놀다가도 어른이 지나가시면 모두가 다 어른 앞으로 다가왔습니다. 그리고 한 사람도 빠짐없이 모두 고개를 숙이고 인사를 했습니다.

그때의 인사는 "진지 잡수셨어요?"라고 하는 것이었지요? 그리고 어른이 떠나가실 때까지 하던 놀이를 중단했습니다. 당연 먼 데 있는 아이는 그 자리에 차렷 자세로 서 있거나 멀어도 달려왔습니다.

어른이 지나가시는데 하던 대로 공을 던지고 쳐다도 안 보고 그냥 노는 것은 그때로서는 상것들이나 하는 짓이요 실상 상것들도 그랬다가는 혼쭐이 났기 때문에 모두가 부동자세로 서 있어야 했습니다.

소 닭 보듯 한다는 것은 그때는 있을 수 없는 일이었습니다. 당연 내 아들, 네 아들의 문제가 아니었습니다. 그때의 어른들은 남의 자식일망정 어른이 지나가는데도 팽이채를 휘두른다는 것은 상상도 못 하는 일이고 야단을 맞을 일이었습니다. 그래서 팽이싸움을 하다가도 무조건 팽팽 돌아가는 팽이를 손으로 잡아 들었습니다. 어른이 가신 다음에 다시 시작해야 합니다.

세 번쨉니다. 이런 식으로부터 시작하여 예가 몸과 마음에 배어들게 가르치고 배웠습니다. 그중에서 이번에는 밥상에 대한 기억입니다.

'밥상'이라 하면 현대그룹의 신화를 이룩한 고 정주영회장가(家)의 밥상이 먼저 떠오르는군요. 아들이 9형제였다든가 하고 그러면 며느리가 아홉이지요? 거기에 딸린 손자 손녀들은 몇 명인지 모르지만 그렇게 모이면 한 50명 정도 될까요?

그러나 정주영 회장 댁은 한 사람도 빠짐없이 전 가족 한 식구가 아침밥은 되도록 꼭 한자리에서 같이 먹었다고 하는 것은 유명한 이야깁니다. 그런데 정 회장님이 아침을 새벽 5시에 드시니까 이유 없이 어린 손자도 새벽 5시면 졸리고, 그렇지 않고가 없이 모두 밥상에 모여 앉아야 했고 같이 먹고 그때부터 하루를 시작했다고 하는 현대 신화의 핵심이 되는 유명한 그 밥상이 먼저 떠오릅니다.

제가 아직 어리던 그때는 보릿고개시절이었기에 먹을 것이 턱없이 부족하던 시절 탓인지 밥상머리에는 일단 아이들이 먼저 와서 미리 기다렸습니다.

밥상머리에 어른보다 나중에 와서 앉는 어린이는 이 역시도 야단감입니다. 먼 데 있는 경우는 다르지만 집 안에 있으면서 어른보다 밥상에 나중에 와서 밥 먹으라고 불러야 하는 경우는 열에 한 번도 없을 정도로 밥상에는 반드시 어른보다 나중에 와서는 안 되는 것도 중요한 가르침이었습니다.

그래서 밥상에 제일 늦게 오시는 분은 항상 아버지였습니다. 또 특별한 일이 있어도 밥상보다 중요한 건 없다 하셔서 밥상을 차려 놓고 밥상이 사람을 기다리게 한다는 것은 인간이 밥에 대한 예의가 아니라고 가르쳤으며 그러면 그게 복 받는 짓이 아니라고 엄히 가르쳐 주셨습니다.

그러나 아버지는 달랐습니다. 대개 아버지는 늘 조금씩 늦게 와서 앉으십니다. 그때는 형제가 많았기 때문에 밥상은 주로 두 개였습니다. 그러니까 3남 4녀나 4남 3녀의 자식들은 밥상에 둘러앉아서 아버지를 기다립니다. 혹은 아버지를 마중하러 대표로 한두 명은 대문간까지 나가기도 합니다.

바로 이때 만일 밥상머리에서 장난이라도 쳤다가는 영락없이 호되게 야단을 맞았습니다. 그것도 당연 아주 몹쓸 짓거리고 복 나가는 짓이라고 해서 "밥상머리에서 그게 뭔 짓이야?" 하고 야단을 치셨습니다.

그러니까 이때처럼 얌전을 떨어야 할 때도 드문 일이었습니다. 거룩하고 경건할 정도로 그렇게 기다린 아버지가 들어오시고 밥상에 앉으셔도 손도 꼼짝 않아야 합니다. 아버지가 수저를 드셔야 그다음에 수저를 들게 되는 것이 받은 가르침이기 때문입니다.

이때 실수로 아버지가 수저를 드신 줄 알고 수저에 먼저 손을 대는 녀석이 있으면 옆에서 형제들이 툭 칩니다. 그러면 기겁을 하고 얼른 손을 떼고 기다립니다. 아버지가 수저를 드시면 그때 일제히 수저에 손이 갑니다.


여기까지만 생각해 본다면 현대에는 상상이 잘 안 가는 게 있습니다. 왜 먼저 와서 기다려야 하느냐의 문제만 해도 부모님께서 그 많은 자식 중에 하나라도 밥을 못 먹을까 봐 걱정하지 않게 하려고 하는 것이며, 수저를 나중에 들어야 하는 것은 품위의 원리에 관한 것임을 알 수 있습니다.

나보다 남을 먼저 생각하고 어른을 공경함에 있어서 먹는 음식에서 동물적이지 않아야 한다고 하는 '품위학 콘체르토'적인 원리입니다.

밥상도 두 개가 달랐습니다. 아버지의 밥상에는 그 집안에서 막내가 같이 앉았습니다. 물론 할아버지가 계시면 당연 할아버지와 아버지가 겸상으로 앉으시는데 그때는 평균수명이 낮아서 할아버지가 계신 집은 많지 않았지만 그래도 나중에 보면 막내는 그쪽 상으로 옮겨 갔는데 그 이유는 반찬을 먹는 일에서 형들보다 불리하니까 아버지가 챙겨 주기 위해서였습니다.

또 아버지의 밥상에는 아이들의 밥상에 없는 반찬이 꼭 한두 가지가 고정 배치되는 것이 그때의 식탁이었습니다. 그리고 그것은 꼭 그래야 하는 것으로 알고 있었습니다.

자—여기까지 생각해 오면서 또 느끼는 것은 "밥상머리에서 예(禮) 난다"라고 하는 옛말입니다.

이 말은 『밥상머리 교육』이라고 해서 저와 같은 세대에게는 친숙한 말인데 지금의 40대 이전은 듣지도 못한 말일지도 모른다 싶은…… 밥상은 인간과 동물의 차이가 가장 극명한 교육의 현장이 된다고 하는 것에서 신개념정신문화연구시리즈의 뜻과도 같은 것입니다.

밥은 흘려서도 안 되고 뒤적여서도 안 되고, 속을 파먹어도 안 되고 흘렸다고 버려서도 안 되고, 밥그릇이 지저분해서도 안 되고 매번 수저를 뜰 때 마다 밥그릇이 깔끔하게 정돈이 잘된 상태로 먹어야 하되,

앉음 앉음새가 반듯해야 하고, 반찬그릇에 동시에 손이 가도 안 되고 반찬 때문에 손이 엇갈려서도 안 되고,

특히 밥 먹다가 말을 해서도 안 되는 것이랑 주의사항과 지적사항이 하도 많아서 까딱하면 야단맞을 일들이 열 가지도 넘었습니다.

그러면 이때 어떤 말로 야단을 치셨을까요? "복 나간다"라고 하는 말입니다.


여기서 잠깐 "복 나간다"라는 말을 생각하실까요? '품위학 콘체르토'에서도 차차 복 나가는 것에 대하여 장을 열고 말씀드릴 계획이기도 한 이 복 나간다는 말은 생각학의 문제이기도 합니다.

생각을 잘못하고 말을 잘못하고 예절을 지키지 못하면 밥상머리교육 제1조인 정말 복이 나간다고 하는 말씀입니다. 밥그릇에 밥을 더덕더덕 묻히고 수저를 놓으면 다시 불러다 앉혔습니다. 쌀 한 톨 남기지 말고 깨끗하게 다시 먹으라는 말입니다. 그러지 않으면 들어오던 복도 나가 버린다는 것입니다.

그러니까 밥 먹다가 수도 없이 많은 복이 기어 나간 격입니다. 복 나갈 이유가 제일 많은 게 밥상이라는 이야깁니다.

그래서 신개념정신문화연구시리즈에는 '밥상학'이라는 과목이 계획되어 있는데 그때는 이제 말한 범위보다 확대하여 현대의 밥상학까지 생각하고 있으며 아무튼 밥상은 참 맛있어서 좋지만 여기가 곧 인생교육장이었던 것이 금반지 한 냥보다 더 귀하다 싶습니다.


지금 생각해 보면 그때는 TV가 없어서 그래도 천만다행이었습니다. 하기야 있었다 해도 TV는 100% 껐을 거라고 생각됩니다. 지금처럼 밥 먹으면서 TV를 보는 것은 그때 사조로는 밥에 대한 모욕이며 진짜 복을 떨어내는 짓으로 생각하여 철저히 껐을 겁니다.

그러나 TV가 없던 덕에 밥 먹다가 TV 볼 일이 없어서 야단맞을 일이 한 가지는 줄었다고나 할까요.

그러나 어찌 여기에 다 쓰겠습니까? 아버지와 한 상에서 밥을 먹게 될 때는 어머니가 담임선생님이었습니다. 어디라고 아버지가 아직 손 대시지 않은 반찬에 먼저 어찌 수저를 담그느냐고 하는 것이 기본이었습니다.

특히 생선이라도 올려놓으시면 절대로 먼저 건드렸다가는 어머니는 고사하고 형들한테도 야단을 맞습니다. 그래도 아버지는 무정하게도 잠잠하시고 태연히 가장 살이 두꺼운 가운데 토막을 매정하게도 뚝 잘라서 당신이 드셨는데 그 이유는 꼭 본인이 제일 맛있는 것을 먹자는 목적이 아니라 자식을 그렇게 키워야 사람이 되니까 시침을 딱 떼고…….

그래야 아이들을 사람답게 키운다고 하는 교육문제로 그렇게 하신 것이었습니다.

인정과 사랑에 치우쳐서 "됐다 먹어라 먹어" 해서 자식을 잡으면 안 된다고 하는 것이 위로부터 받아 몸에 밴 교육방침이었기 때문입니다.

아버지가 수저를 대지 않은 계란찜이라도 올라오는 날에는 또 애간장만 녹습니다. 빨리 아버지가 떠드셔야 저것을 먹어 볼 건데 하고 콩닥콩닥 가슴이 뛰고 눈이 그 반찬에서 빠져나오지를 않습니다.

현대를 사는 요즘의 밥상하고 비교하는 것은 여러분의 몫이고 저는 말씀만 드리겠습니다.

생선에 손을 댈 때는 어디를 대느냐고 하는 것이 또 중요한 교육이었습니다. 저희는 딸은 없고 남자만 4형제가 컸는데 생일날이나 혹 장날 다음 날이나 저녁에는 가끔 동태라든가 꽁치와 같은 생선이 밥상에 올라왔습니다.

그러면 형제간에 동태 몸뚱이 부위 싸움한다고 어머니가 아예 갈라서 떠 주셨습니다. 아버지께 떠 드리는 것은 아예 정해져 있었습니다. 당연 제일 크게 썬 것이고 누가 봐도 가장 맛있는 부위입니다. 제일 푸짐하게 뜨셔서 이건 아버지 것이라고 알고도 남았습니다.

그때는 또 많은 게 최고였으니 많이도 떠 주십니다. 그러고는 차례대로 떠 주셔서 누가 봐도 이건 누구누구 거라는 구분이 잘 되었습니다.

보기에 제일 맛있게 보이는 순서에 따라, 아버지로 큰형님으로 작은형님으로 내려가는데 그러다가 막내한테로 순서가 확 바뀝니다. 애기니까 다르게 주는 바람에 저는 셋째라서 국물만 헐렁하고 반드시 꼬리부분에 들어 있는 것이었습니다. 그래서 바뀌면 누구든지 "이게 '광노' 건데……?" 하고 바꾸어 갔습니다.

네 번쨉니다. 품위와 격을 같이하는 언행심사는 근대가정의 밥상예절이 잃어버린 금반지와 다름이 없습니다.

지금 우리가 사는 이 홍진빌라(초고작성당시)를 오르내리면서 아래층 엄마는 한 번도 인사를 안 하니까 아이들도 인사하는 법이 없는데 위층 젊은 아주머니는 볼 때마다 인사를 하니까 그 집 꼬마들도 인사를 잘합니다. 물론 계단을 비켜서 멈춰 주는 정도까지는 생각할 수 없는 실정입니다.

그러나 근대(그때)에는 나보다 어른을 만나면 인사만 하는 게 아니었습니다. 길이 넓건 좁건 반드시 길 옆으로 비켜서서 지나가신 다음에야 움직이는 것은 보다 더 다소곳한 아낙네들의 표준이 되는 자태였습니다.

또 이런 것도 있었습니다. 이웃에서 제사를 지냈다거나 어디서 먹을 것이 생겨서 들어오는 고기나 떡과 같은 음식이 있을 때입니다. 이런 풍속은 혹 지금도 있기는 한데 지금과는 다른 것이 그때였습니다.

무엇이 생기면 절대로 아이들이 먼저 손을 대면 안 된다는 엄한 불문율입니다. 아버지가 오시면 보여 드리고 먹어야 한다는 것입니다.

그래서 그런 날에는 바깥에를 나가기가 싫었습니다. 언제 아버지가 오시려는가? 꼬박꼬박 아버지를 기다리는 것은 오셔야 그 떡을 먹을 수 있기 때문입니다.

하지만 아버지가 오셨다고 해도 아버지라고 해서 이 떡을 바로 받으시는 것도 아니었습니다. 아버지가 오시면 그제야 그것을 들고 뒤란(집 뒤)으로 가지고 갔습니다.

뒤란에는 터주라고 해서 깔끔한 돌단 위에 적당한 항아리 한 개를 모셔 놓은 것이 있는데 그 속은 비어 있기도 하지만 어떤 때는 쌀이나 곡식이 들어가 있기도 하였습니다.

이웃에서 들어온 것이 떡이라고 하면 그 떡은 뒤란의 터주로 갑니다. 터주항아리 위에 떡을 올려놓고 잠깐이 지나면 이번에는 그 떡을 가지고 조상의 혼을 모신 '제청'(3년 상 나가기 이전에 차려 놓은 천으로 만든 분향소)으로 옮겨 옵니다.

이번에는 제청으로 가져가서 돌아가신 할아버지께 보여 드리는 순서입니다. 그리고 그런 다음에야 아버지가 손을 대시면 어머니가 손으로 떡을 척척 갈라서 형제들에게 나누어 주면 그때 몫몫대로 받아서 먹었습니다.

지금 들으면 이런 이야기는 어처구니없는 우스운 이야기로 들릴지도 모릅니다. 그러나 저와 같은 크리스천의 경우에는 먼저 십일조를 떼어 하나님께 바친 다음에 받은 월급을 풀어 쓴다는 것이나, 첫 열매로 하나님께 감사의 제사를 드리는 추수감사절이나 맥추감사절과 똑같은 감사요 그중에서 부모님은 돌아가셨지마는 조상에게도 살아가는 오늘을 감사하는 것이 추가된 형태라고 보면 역시 금반지 감이라는 아쉬움입니다.

이런 것이 근대 품위교육의 본보기였습니다. 그와 같은 요소들이 어쩌면 제가 이 '품위학 콘체르토'를 과목으로 정한 근본의 핵심이 되었다고도 생각합니다. 물론 그렇다고 해서 이제 다시 그런 옛날로 돌아가자는 말은 아닙니다.

시내 거리를 다니노라면 물결처럼 밀려오는 사람들 중에 일일이 어른을 챙기고 예를 차려서 멈추고 어쩌고 그런다는 것은 현실하고는 거리가 너무 먼 이야기로서 그저 이야기일 뿐이라는 것을 잘 압니다.

단지 품위는 사소한 것들이 모여서 품위를 나타낸다고 하는 것입니다.

스승의 그림자도 밟지 않는다는 예의도덕이 어른의 그림자도 밟아서는 안 되는 교훈 속에 자라 온 것이 지금의 60대요 70대의 어른들이라는 것이 못내 마음에 걸린다는 것입니다.

그렇게 자란 우리 기성세대는 자식들을 어떻게 길렀으며 아내들에게 어떻게 했기에 황혼이혼이 최고조에 도달했을까? 깊은 생각에 잠기면서 앞으로 문을 열 '세대학'을 구상 중입니다.

세대학에서는 이 문제의 심층을 누비게 될 것이며 세대학은 또한 광복독립운동세대와 전후세대와 새마을 운동세대를 거쳐 보릿고개를 넘어온 현대의 기성세대를 따라 차세대와 차차세대로 세대별 세대의 인간과 인생을 논하게 될 것인데 순서상 아직 멀었습니다. 다음에서야 '정체학'을 맞이하게 될 것이니까요.

하다 보면 시간이 훌쩍 지나갑니다. 근대의 품위라는 제명에서 구두 뒤꿈치도 닦지 못하고 다음 제명으로 연구가 넘어갑니다. 동기만 부여했으며 도전의식만을 일깨운 셈입니다.

우리가 근대와 고대와 현대의 품위를 논하는 것은 오늘을 사는 현대의 품위를 다각도로 살피자고 하는 뜻입니다. 모쪼록 인간된 인간의 품위로 우리의 삶의 격이 보다 높고 귀한 가치로 펼쳐지기를 기원합니다.

# 풍위의 조건

# 학생답고 스승다운 삶

총론에 해당하는 제1장 '개언'에서 드린 말씀과 같이 품위란 무엇이냐고 하면 그것은 『인간다운』 것입니다.

그러나 인간답다는 조건은 어렵습니다. 학생은 학생답고 아들은 아들답고 며느리는 며느리다우며 시부모는 시부모다운 것이 인간다운 것이며 스승은 스승답고 제자는 제자다운 것이라거나 의사는 의사다워야 한다는 것을 품위라고 합니다.

그렇다면 무엇이 학생답고 무엇이 아들다운 것이냐고 하는 욕구가 충족되어야 하므로 품위를 논하여 '이것이 품위입니다'라고 말한다는 것은 간단한 일이 아닙니다.

그래서 품위에는 품위가 갖추어야 마땅한 많은 조건들이 있는데 이번에는 품위의 조건이란 어떤 것인가를 생각해 보겠습니다.

첫 번쩹니다. 인간이 인간다우냐 그렇지 못하느냐로 갈라지는 분

기점은 품위 있는 인간이냐 천박한 인간이냐를 결정짓습니다.

이때 만일 짐승 같은 길로 들어서면 'ㅇㅇ 같다'는 말로 인격이란 말이 추락합니다. 그래서 '같다'가 아니라 '답다'는 말을 듣는 길로 들어서야 하는데 이때의 '답다'는 말은 그가 누구냐라고 하는 위치와 신분에 해당하는 '정체'와 동격을 이루고 있느냐고 하는 평가가 인품과 '답다'와 품위로 이어집니다.

한 예를 든다면 그가 의사라고 가정해 봅시다. 의사가 의사답다는 말이란 병을 잘 고치는 것이라고 하는 이 한 마디 말 가지고는 부족합니다.

당연 병을 잘 고친다 하면 그것이 최고의 의사라고 쉽게 생각할 수도 있습니다. 그러나 이것은 얼마나 대충 생각한 것이냐고 하는 것은 바로 공무원의 예를 들어 보면 잘 이해가 가는 말이 됩니다.

의사에게는 이 세상 모든 의사의 아버지라고 불리는 히포크라테스라고 하는 의사의 스승님이 계십니다.

이분은 지구촌 어느 나라를 막론하고 의사라는 직업을 가진 사람이라면 그저 선생님이나 스승과 같은 교수, 은사 정도가 아닙니다(의사 선생님들, 제 말이 맞지요?). 의사 선생님들에게 있어 그분은 아버지와 같은 분입니다. 그래서 의사가 되는 사람은 누구나 히포크라테스의 선서를 잘 아실 것입니다.

마찬가지로 공무원들에게는 공무원윤리강령이라고 하는 명령이지만 선서에 해당하는 맹세문이라고 해야 마땅한 선언이 있습니다. 그러니까 의사가 병만 잘 고치면 된다는 말을 공무원에게로 옮겨서 '공무원이면 공무만 잘 보면 된다'라고 하는 격입니다. 하지만 공무원의 윤리강령은 공무만 잘 보면 그만이라는 식으로 되어 있지 않습니다.

공무원윤리강령은 생략하고, 신개념정신문화연구시리즈의 '품위학 콘체르토'에서 명심할 만한 가치가 넉넉한 의사의 선서와 맹세문을 간단하게 들여다보겠습니다. 히포크라테스의 선서란 무엇일까요?

내가(의사가 되려고 하는 자) 이 맹세를 지키거든 나를 복되게 하시고 만일 지키지 않거든 내게 벌을 내려도 좋다고 하는 서슬이 시퍼런 이 무서운 맹세를 바치는 의사의 선서문에는…… 누구의 부탁을 받더라도 치사 약은 투여하지 않는다고 하는 것을 비롯해서, 낙태시술이나 방법은 알아도 가르치지 않을 것이며 치료를 위해 알게 된 모든 내용은 어느 누구에게도 말하지 않는다고 하는 것이랑 나를 가르쳐서 오늘날 내가 의사가 되게 하여 주신 분들을 아버지와 같이 생각하고 그분들이 어려우면 돈을 거저 주겠다고 하는 것, 그분들의 자녀들에게까지 그분에게 받고 갚지 못한 고마움을 돈이나 기술로 거저 가르쳐 주겠다고 하는 것과 같은 의술에 대한 숭고한 맹세문이 히포크라테스의 선서입니다.

뿐만 아니라 의사는 히포크라테스의 선서와는 별도로 의사의 마음가짐에 대하여 이 세상의 어느 직분보다도 숙연한 가르침을 받고 있습니다.

판사와 검사님들도 역시 걸맞은 가르침을 받을 것이나 의사가 받고 맹세하는 선서와는 성질이 다를 뿐만 아니라 중요한 것은 이 세상의 의사들은 사이비 무허가 의사가 아닌 정규 의학교육을 받은 사람들은 존경스럽게도 꼭―반드시―틀림없이―아주 철저하게 이 선서와 맹세를 지킨다고 하는 것입니다. 이것이 바로 의사들의 자존심이며 그래서 의사는 존경받아 마땅한 의사를 품위가 저절로 배어 나오고 있음을 보게 됩니다.

그중에는 치료비를 먼저 계산해 보지 말라는 것도 있습니다. 하지도 말고 치료하기 전에 먼저 가르쳐 주어서도 안 된다는 것도 있습니다.

그래서 치료비가 얼마나 드느냐고 미리 물어본 환자가 그 대답을 듣는 일은 없는 일입니다.

왜냐하면 환자가 치료비의 부담 때문에 치료를 받는 것에 심적 부담을 가지면 치료효과가 나빠질 뿐만 아니라 미리 알면 치료를 미룬다든가 하는 의술본래의 목적에 방해가 된다는 것입니다.

그러니까 나는 의사라는 직업으로 돈을 벌어야겠다고 한다면 그것은 의사가 하는 맹세를 위반하는 것이어서 자기 입으로 말한 대로 어떤 벌을 받아도 좋다고 하는 무서운 결과를 자초하는 것이 되기 때문에 의사도 모르고 환자는 치료비가 얼마인지에 대하여 절대로 나중에나 알 뿐 미리 아는 환자를 보셨습니까? 없습니다.

의사들은 이미 선서하고 맹세하였고 그것을 지키는 것이 몸에 밴 사람들입니다. 만일 의사가 이 맹세를 파기하는 마음이 생기는 날에는 자기가 의사의 옷을 벗는 날이며 그것은 스스로 의사이기를 포기한 것이라고 하는 보건복지부에서 발행한 의사자격증보다 더 효력이 있는 양심의사자격증을 불사르는 것이나 다름없다고 생각하는 의사의 목숨과도 같은 그 무엇이 바로 의사의 품위입니다.

이는 보수에 대하여 환자와 입씨름을 하지 말라고 하는 것과 같은 인간의 생명을 다루는 의사라는 직업의 긍지와 사명에 따르는 품위

중에 품위라고 할 것입니다.

그런데 가짜배기 의사는 선서고 뭐고를 저만큼도 모르고 의술이라고 하는 것을 경영으로 보고 돈으로 보아서 한때 아무리 의술이 훌륭하다 칭송해도 결국 그것은 의사의 기본이 되지 않은 의료 사기인 것을 보게 됩니다.

마찬가지로 공무원이건 판사건, 아니면 사장이고 부장이고 간에 인간에게는 의사들이 히포크라테스의 선서와 똑같은 그의 인격과 인품에 걸맞은 품위의 선서가 존재하고 있다는 것을 알아야 합니다(아래 '품위선언' 전문 참조).

두 번쨉니다. 품위의 조건을 '조건'이라고 하는 두 글자로 말하는 것은 부족합니다. 품위의 환경이라고 하거나 환경도 출생으로부터 성장과 성장에 따르는 성장환경으로 이어질 것이며 보다 중요한 것은 행사라고 하는 실천이 대두되기 때문입니다.

이런 문제를 이해하기에 좋은 『품위 표㉮』를 하나 만들어 보겠습니다.

| | 출생조건 | 성장조건 | 제작조건 | 기본조건 | 실천조건 | 상대조건 |
|---|---|---|---|---|---|---|
| 인간 | 모태<br>환경 | 교육<br>환경 | 생각<br>언어 | 지위<br>신분 | 행실<br>심사 | 호<br>불호 |
| 품위 | 출생조건<br>근본 | 성장조건<br>교육 | 제작조건<br>가·부 | 기본조건<br>통예 | 실천조건<br>득실 | 상대조건<br>품위 |

인간의 품위를 인체로 비유하여 견주어 본다면 위 표와 같이 생각해 볼 수가 있습니다.

첫째로 인체라고 할 때는 먼저 출생의 조건으로부터 시작합니다. 출생의 조건이란 모태가 건강하냐 아니냐고 하는 말입니다.

만일 모태가 건강하면 인체는 건강하게 태어나지만 모태가 병들면 태어난 인체도 병들 수밖에 없으므로 품위도 근본이 되는 모태격의 근본이 어떠하냐고 하는 것이 품위의 시작이 됩니다. 이때 모태의 조건이란 인체와는 달리 품위는 유아기의 교육환경이며 이것은 유아기를 책임진 부모의 몫입니다.

되는 대로 아이가 원하는 것이라면 아무런 제재나 분별이 없이 방치하듯이 내버려 둔다면 이것을 부모의 도리나 사랑으로 착각하는 결과가 되어 인간다운 품위가 지향하는 과녁과는 각도가 달라지고 맙니다(제5장: 근대의 품위교육 참조).

그러나 무엇이 인간다운 품위로 가는 방향인가에 대하여 바르게 조준한(기른) 화살은 품위라고 하는 과녁에 적중합니다.

인체도 그렇지만 품위도 역시 성장환경이 품위를 품위답게 성장시킵니다. 이 역시도 교육의 몫이 되어 부모가 해야 할 일입니다. 그러나 현대의 대부분 부모들은 품위보다 과보호와 삐뚤어진 애정을 사랑이라고 퍼붓는 우를 범하는 것이 현대가 '품위학 콘체르토'를 요구하는 원인이 되기도 합니다.

품위의 환경에 고도의 학문을 접목할 경우에는 공기와 물과 자연과 같은 것들이 총동원되는 것이 원리입니다.

품위가 공기와 무슨 상관이 있느냐? 흔히 이렇게 무시하기 쉬우나 품위는 부모라고 하는 몇몇 가족의 노력이나 주변 사람들의 말과 행동으로 온전해진다고 할 수만 없는 인간이 인간다움의 필수요소는 말로다 다 할 수가 없을 정도입니다.

지구촌 어디 어떤 지역에서 출생했느냐고 하는 것이 의술에서는 병의 근본이라는 사실도 의사들은 잘 아는 중요한 것에 해당됩니다.

어떤 바람이 어느 쪽에서 어디로 부느냐고 하는 것은 생명이 호흡에 의존하기 때문에 인체를 연구할 때는 그것이 기본보다 더 뿌리가 깊은 근본이 되고 있습니다.

바람에도 찬바람과 더운 바람이 있으며 바람 속에는 헤아릴 수 없이 많은 부유물들이 담겨서 운반되고 있습니다. 그것이 호흡작용에 따라 부단하게 우리의 몸속으로 드나들면서 병이 생기게도 하고 낫게도 하는데 그래서 지역에 따른 풍토병이 바람을 타고 들어와서 샤스나 조류독감 같은 것이 동남아 전 지역을 훑어 버려도 유럽이나 남미 쪽은 상관이 없기도 하는 것을 보게도 됩니다.

물도 마찬가지랍니다. 크게 호수에 고인 담수와 계곡을 흐르는 경수와 하늘에서 내리는 우수로 구분되는 물과 인체에 대한 것은 인체를 연구함에 있어서 역시 기본이 되는 필수입니다.

어떤 물을 마시면 어떤 결과가 오고 그래서 어떤 물이 어디에는 좋고 나쁘다고 하는 것은 물에 대한 연구를 한 학자들의 말을 들어 보면 우리가 생각지도 못하는 생명유지의 비밀이 숨어 있음에 놀라게 됩니다.

이와 같이 인간이 인간다운 품위를 간직하는 데도 단순 부모만이 아닌 수많은 요소요소들이 바람이나 물과 같이 품위를 튼튼하게 하거나 부실하게 만들어 주고 있습니다. 이런 예는 당대의 사상적 흐름과도 같습니다.

당대의 사상적 흐름이란 자주 민족역사의 변화와 흐름의 영향과도 밀접하게 관계되어 있습니다.

또 한 예를 든다면 일제치하에서의 품위를 논한다면 친일 쪽에 선 사람이 모범이 되는 품위냐…… 아니면 거지행색을 하고 독립운동을 하느라고 지하에서 헐벗고 고생하는 사람의 거지차림새가 더 질 좋은 품위이냐고 하는 난제에 부닥칩니다.

그래서 결국 품위라고 하는 이 거룩한 이름도 당대의 시대적 사상과 국가적 환경에 부딪히기 때문에 이때는 이것이 품위라고 자칫 오염된 품위가 정일품에 올라앉아 버리는 품위의 사상적 혼란에 처하게도 되는 것입니다.

다시 말하면 이는 품위의 가치가 시대에 따라 변하는 것이라고 오해할 수도 있겠으나 사실은 인간다운 품위란 시대를 이겨 내고 초월하는 의지가 있어야 한다고 하는 것이 아주 중요한 품위의 조건이 되기도 한다는 것입니다.

그러므로 어찌 보면 품위는 사상전에 봉착하기 일쑤라고 하는 말씀입니다.

해방 후 좌파와 우파로 갈라진 시절, 아니 거기까지 갈 것도 없이 더 가까운 근대의 군사정권시대의 누더기가 되었던 품위들, 현대로 말하면 개혁이니 386이니 하는 국가관에 대한 이견들이 우리의 품위에 얼마나 깊숙이 침투되어 있는가를 우리는 눈으로 보고 있습니다.

그러니 품위는 그런 것은 모른다고 하고 방안통소만 불어야 하는 것일까요? '난 정치에는 관심 없어' 하면서 모르는 척하는 것이 품위일까요?

유진오 박사님이 떠오릅니다. 저는 그렇게 귀한 분을 변두리 정보로밖에는 모르지마는 한 가지만은 안타깝습니다.

평생을 학자로 살아오셨고 대한민국 헌법기초위원이셨으므로 우리나라의 헌법은 거의 그분이 잡은 초안대로 확정된 것이라고 알고 있습니다.

그렇게 위대하다 할 정도의 학자 분께서 보다 못해(?) 정치에 참여하셨으나 대통령의 꿈은 이루지 못하셨습니다. 비슷한 경우가 너무 많으니 어찌 여기에 다 쓰겠습니까? 살아 계신 분은 빼고도 허다합니다.

고 정주영 회장님도 계셨습니다. 학자의 품위에서 경제대국건설의 재벌그룹총수의 품위에서 정치인으로 가셨던 그분들의 품위에는 손상이니 격상이니의 극단논리 말고도 품위의 환경과 조건이 변한 것입니다.

세월이 흐르고 보니 거지행색으로 자기들의 압제를 받던 독립운동을 하던 분들이 대한민국 최고의 훈장을 받는 품위의 고난 뒤에 온 영광도 우리는 보아 왔습니다. 이 모든 것이 품위의 정절이며 환경이고 조건이며 실천과도 유관합니다.


세 번쨉니다. 범위를 좁혀서 이번에는 학생의 품위에 대하여 생각해 보겠습니다. 물론 학생은 품위라는 단어 대신 '답다'는 말을 쓴다고 했으므로 학생다운 것이란 무엇이냐고 하는 것입니다.

현대의 학생에 관하여는 신개념정신문화연구시리즈가 하고 싶은 말이 많이 있습니다. 첫째로 배움의 열정은 우수하나 배움의 목표는 자못 하자투성이라고 하는 것입니다.

무엇이 하자인가라고 하는 것은 배우기는 배우지만 배운 그것이 인생을 살아가는 데 있어서 투자한 배움의 열정에 비하여 용도가 빈약하거나 어떤 경우에는 전무하다고 하는 사실입니다.

전공과는 무관한 인생을 사는 사람이 열에 일곱이요 여덟이라고 하는 것은 헛된 것이거나 관계도 없는 것에 열정을 쏟았다고 하는 반증입니다.

특히 이와 같은 괴리는 인문계를 전공한 사람들에게 두드러진데 전공이 뭐냐고 물으면 전공은 전연 딴판이라는 이야기를 쉽게 듣게 된다는 데서 알 수가 있습니다. 그러니까 배울 것은 배우지 못했고 배우지 않았어도 되었을 것은 배운 격입니다.

차라리 이렇게 살 줄 알았다면 처음부터 전공을 이 길로 왔었으면 좋았을 건데 하고 보니 그게 아니라 결국 엉뚱한 쪽의 업무가 인생의 직업이 되어 있는 셈입니다. 왜 이렇게 되었을까요? 이것은 어려운 문제입니다.

문교정책이 그래서 그렇다고는 하고 싶지 않습니다. 다만 결과는 전공 따로 직업 따로라고 하는 상당수의 사람들이 많다고 하는 것이며 그 말은 결국 학창시절에 다른 전공에 헛힘을 쏟은 게 아니냐고 하는 것입니다.

물론 그럴 수가 있습니다. 그쪽으로 가려다가 이쪽으로 올 수 있습니다. 다만 여기서 제가 지적하고 싶은 것은 학생은 학생다워야 한다고 하는 품위와 유관된 것에서 문제점을 발견하게 된다고 하는 것입니다.

이 말은 누구의 책임 여하는 차치하고 첫째가 학생의 책임입니다. 고등학교를 졸업할 시기에 올 때까지 나의 길을 정하지 못하였거나 정했다고 하여도 '제대로' 정하지를 못했다고 하는 지적입니다.

한마디로 말해서 인생이라 하면 학생들에게는 너무 무거우니까 장래의 희망이라 하기로 하고 학생의 때에 자기의 장래희망에 대하여 목표를 가지지 않았다고 하는 말씀입니다.

그러니까 학생이 학생답다는 것의 첫째에서 하자가 생긴 것입니다.

"너는 커서 뭐가 되고 싶니?" 아주 흔하게 듣던 이런 질문에 "몰라요"라거나 "아무거나" 될 거라고 하는 격입니다. 학생은 이렇게 되면 학생다움의 제1조가 하자입니다. 왜 이렇게 되었을까요? 제가 잘못 보는 것은 아닐까요?

학생의 때에 학생다워야 합니다. 그래야 가정과 국가의 소망이 있습니다.

『나는 무엇을 위하여 태어났으며 나는 무엇을 위하여 배우고 있다.』 『나는 누가 뭐래도 이 길을 간다.』 학생은 이로써 눈빛이 번뜩여야 합니다.

학생이 학생다움의 최고봉은 이와 같은 장래의 희망이며 목표요 비전입니다. 그런데 이게 없는 학생이 허다합니다. 그건 나중에 생각할 거랍니다.

지금 우선 당장은 기말고사요 연말고사고 수능시험이고 숙제가 문제랍니다. 숙제라고 하는 것―저는 숙제하지 말고 너의 길을 위하여 너의 필요함을 위한 네가 하고 싶은 공부를 하라고 하렵니다.

학생에 대하여는 이만하고서는 마치지 못합니다. 누가 이 일을 맡든지 이제 학생들에게 인생의 목표를 정하게 해야 합니다. 되는대로 차차 생각하게 방치해 두면 안 되는 것 중에 아주 중요한 것이 장래의 희망문제입니다.

신개념정신문화연구시리즈는 여기에 대하여 한 가지 제안을 하려고 합니다. 원론은 『하고 싶은 것을 하라』고 하는 제안입니다.

사람은 자기가 하고 싶은 게 있습니다. 하고 싶은 것은 학생 때 정해야 하는데 그 이유는 그래야 그 일을 위한 공부를 할 수 있기 때문입니다. 그러나 여기에는 이런 문제는 있습니다.

옛날의 아이들은 "커서 무엇이 될래?" 하고 물으면 대개가 대통령이라고 대답했습니다. 아니면 장군이라고도 했습니다. 좋습니다. 그런데 대통령이 된다는 말은 초등학교 6학년도 되기 전에 그게 아니라고 바뀌었습니다. 이 말은 정한 목표가 움직이고 변한다는 문제가 있다는 말입니다.

제 아들의 예를 들어 보실까요? 제 아들은 초등학교에 들어가기 전에는 슈퍼맨이 되고 싶다고 했었습니다. 그래서 빨간 보자기를 목에 두르고 슈퍼맨 흉내를 냈었습니다. 지금은 워싱턴DC에서 방송국기자가 되어 열심히 잘하고 있습니다.


그러니까 학생시절의 꿈은 대통령이니 슈퍼맨이니 하는 것과 같이 황당하고 실현가능성과는 딴판인 경우도 인정해 주어야 합니다. 문제는 끝까지 이렇게 황당한 꿈을 장래의 희망으로 키우고 노력하지는 못한다 하여도 나이가 들어 스무 살이 가까워 오면 되든 못 되든 나름대로 확정해야 마땅하다는 것입니다.

여기에는 여자라고 예외가 아닙니다. 여기에는 내신등급이 높고 낮음과도 상관없습니다. 답은 간단합니다. 부모나 선생님이 장래와 인생에 대하여 올바른 결정을 내리도록 도와주어야 된다는 것입니다. 어떻게 도와줄까요?

원리는 간단합니다. 내신도 중요하고 수능도 중요하다―전공은 더 중요하다―그런데 그보다 더 중요한 것은 그래서 무엇을 할 것이냐고 하는 것이다—이제는 이것을 정해야 한다—가다가 바뀔지라도 심사숙고해서 바뀌지 않을 것을 정하여라—다만 이 점을 명심하고 정해야 한다—하면 할수록 네가 재미있고 즐거울 것이며 그것을 위해 살다가 그것을 위해 죽어도 여한이 없는 제일 하고 싶은 것을 네 인생의 목표로 정하라—라고 하는 조언입니다.

마지막 부분만 사족을 달겠습니다. 가장하고 싶은 것을 장래의 희망으로 선택하라고 말한 부분에 대해서입니다.

사람은 무엇을 하든지 해야지 어차피 아무것도 안 하고는 살지 못합니다. 그것은 내가 좋든 싫든 반드시 할 수밖에 없는 것입니다. 그것이 직업이라고 하는 것인데 직업이 없는 사람도 무엇인가는 꼭 하기는 하게 되어 있습니다.

할 일이 없고 직업도 없다는 사람이 있으나 그런 사람은 놀기라도 하고 하다못해 객담이라도 하고 심지어는 노름이라도 하지 진짜 아무것도 안 하는 사람은 누워라도 있고 진종일 TV라도 보게 되어 있습니다.

요는 하기 싫은 걸 하는 사람이 있고 자기가 좋아서 하는 사람이 있습니다. 그런데 문제는 대개 직업을 가지고 거기에 종사하는 사람들 중에는 지금 자기가 하고 있는 일이나 직장이 자기의 적성이나 자기의 심성에 맞는다는 사람보다 맞지 않는다는 사람이 훨씬 더 많다고 하는 사실입니다.

이때에 '훨씬'이라는 말은 물론 어떤 조사된 근거를 바탕으로 한말은 아닙니다마는 일생 제가 만난 사람들은 절반도 넘는 사람이 그렇게 말하는 것을 들었습니다.

하기 싫은 것을 일이라고 한다는 것은 인생에서 가장 중요한 목적을 상실한 고통이나 똑같습니다. 하기 싫은 일을 한다는 것은 고역입니다.

그것은 죗값을 치르는 죄수와 같습니다. 그들은 하기 싫어도 교도소의 방침에 따라 죗값으로 노동을 해야 합니다. 얼마나 괴로운 일인가요?

저는 이 문제에 대하여는 아주 일찍 청소년기에 그 원리를 터득했습니다. 『인생이란 하고 싶은 것을 하고 살아야 사는 보람도 있고 능률도 오르고 그래야 행복한 것이다.』 그래서 여기에 인생을 거는 것이 사는 이유가 되고 가치가 된다는 것을 알았습니다.

그러나 이때 많은 사람들이 오판하는 것이 있습니다. 첫째는 그것이 돈을 얼마나 버느냐라고 하는 문제입니다. 그러고도 조건이 많습니다. 남이 알아주느냐든가 아니면 그게 힘깨나 쓰는 높은 자리인가? 또는 하는 일이 고되냐 편하냐라고 하는 것이랑 너무너무 따져 봅니다.

그리고 결정 내리기를 그건 힘들다거나 그건 성공하기가 너무 힘든 것이라고 하는 것과 같은 것입니다. 그래서 결국은 결과 때문에 가치와 보람을 내던져 버립니다. 한마디로 말해서 이상하게도 명예와 높은 소득과 남이 부러워하는 것이냐라고 하는, 제가 볼 때는 본질과 전연 거리가 먼 딴 문제로 세웠던 목표를 포기합니다.

이 말은 꼭 학생들에게 들려주고 싶은 말입니다. 헛되든 알차든 그것은 문제가 되지 않습니다. 성공하고 못 하고도 역시 중요하지 않습니다. 내가 좋으면 그것을 하는 것이 최고의 인생이라고 하는 말씀입니다.

무엇엔가 미친…… 갑자기 떠오르지를 않는군요. 그래서 사재를 다 털어 거기다 집어넣고 알거지가 된 사람도 있다 하고요.

물론 저도 신문에 칼럼을 쓰는 저의 직업이 있습니다. 그러나 저는 제 직업을 한 번도 직업이라고 말하거나 생각 자체를 직업이라고 해 본 바가 없습니다. 그것은 부업입니다.

이 일(집필)을 하려니까 밥을 먹어야 하기 때문에 잘 안 되고 힘들고 하기 싫어도 어쩔 수 없이 하고 있습니다. 만일 제게 그런 부업이 없다면 21회까지 갈 인성연구 분야라고 하는 이 본업을 받쳐 줄 기둥이 없는 것입니다. 그러니 그 일도 즐겁습니다. 왜냐하면 그로 인해 본업인 인성연구 분야가 그 위에 설 수 있기 때문입니다.


그러나 이런 예를 든 것이 학생들에게 저를 닮아야 한다는 뜻은 아닙니다. 단 하나, 하고 싶은 것을 하고 살겠다고 하는 인생의 목표를 찾으라는 뜻입니다.

그것은 학생의 장래를 정말 살맛 나게 해 줄 거라고 확신하기 때문입니다.

그것이 아무것이라도 관계없습니다. 남들이 알아주고 않고와도 무관합니다. 잘하고 못하고도 상관없습니다. 예를 들어 나도 문학가가 되고 싶다라고 한다면 글을 써서 찢어 버리면 무슨 상관이며 나 혼자 쓰고 나만 보면 무슨 상관입니까?

히포크라테스의 선서와 같은 것이 품위의 근본이듯이 글을 쓰는 목적이 한 방 날려서 돈을 벌겠다고 하는 것이라면 그것은 의사가 아닌 것과 같이 이미 글을 쓸 자격이 못 되는 사람이라고 단정해도 되는 것입니다.

글이나 그림이나 성악이고 기악이고 간에…… 최고가 된다는 것은 괴로운 것입니다. 목적에 욕심이 가득하면 그것은 전쟁과도 같은 것이 되어 이제는 즐거움이나 보람 대신 격렬한 전투에 휘말리는 투우사가 되고 맙니다. 목숨마저 위태롭게 된다는 것입니다.

분명한 인생의 목표를 세우고 보면 거기서 100등을 해도 괜찮습니다. 그걸로 밥을 못 먹겠으면 노동일이라도 하면서 밥을 먹고 한 포기의 분재를 기르듯 아침저녁 밤을 그 일에 투자하는 것입니다.

학생에게 목표가 뚜렷하면 그 가정과 국가는 희망이 있습니다. 다만 세운 목적이 나만 즐겁고 남은 불쾌한 것이 아니라 나도 좋고 모두가 좋은 것이어야 합니다. 만일 나만 좋고 누군가에게는 해가 되는 목표라고 한다면 목표를 새로 바꾸어 세워야 합니다.

학생이 학생다운 것과 의사가 의사다운 것까지…… 이번에는 여기까지만 말씀드리겠습니다. 모쪼록 학생다운 학생으로 눈동자가 찬연히 빛나시기를 앙망합니다.

# 어른다움과 풍위

# # 어른, 인생의 지도자

품위는 저와 같은 어른 된 이들이 반드시 갖춰야 할 어른의 덕목 중 그 무엇과도 바꿀 수 없는 소중한 것입니다. 이제 어른다운 어른의 품위에 대하여 생각해 보기로 하겠습니다.

어른은 인생의 지도자이며 한 시대의 최고 책임자입니다. 한 가정의 화·복을 양어깨로 받쳐야 하는 최후의 보루입니다. 이때 양어깨에 짊어져야 할 책임이란 당연 가정이면 가정경제요, 가족건강이면 건강이요, 국가라고 한다면 국가의 번영과 안녕의 책임입니다.

그래서 어른이 되면 나라를 다스리고 하나의 기업을 다스리며 하나의 조직을 책임지고 관리하는 막중한 짐을 감당하는 데 따라서 대개가 장급의 위치에 추대되어 있음을 보게 됩니다.

가정에서는 가장이지만 회사에서는 사장입니다. 기관 단체에서는 회장이고 이사고 고문이며 위원장급의 서열에 들어섰으며 국가로 말하면 장관이고 국회의원이고 청장이고 혹은 대통령도 어른들의 몫입

니다. 그래서 어른은 단체와 조직의 총책입니다. 그래서 어른이 소중
합니다.

이처럼 책임도 많고 막중하다고 하는 것은 그에 따르는 인격과 인
품을 필요로 한다는 뜻이기도 합니다. 어른의 인품은 곧 가정의 품위
요, 국가의 중심을 이루는 축이 되는 까닭에 어른은 어때야 하는가의
문제는 '품위학 콘체르토'에서 매우 중요한 골격을 이루게 되는 것입
니다.


첫 번쨉니다. 앞서 제6장에는 의사의 예를 들면서 학생의 본분이라
고 하는 것 가운데 핵심이 되는 미래와 내일에 대한 삶의 목적에 대
하여 말씀을 드렸습니다.

청년의 미래는 국가의 미래라는 말을 알고 있습니다마는 그 청년
의 미래는 어른들이 책임져야 하는 '어른의 몫이기도 하다'라고 하는
말씀으로부터 시작하겠습니다.

먼저 전체가 다 어른 몫은 아니라고 하더라도 우리 어른들이 한 가
지 잘 알아야 하는 것이 있습니다. 어른들이 청년이나 학생들의 비전
과 꿈을 제대로 심어 주지 않았다거나 심어 주지 못했다고 하는 것은
질책받아 마땅한 어른들의 문제라고 하는 말씀입니다. 그간 청년실업
의 책임은 무조건 어른들이 질 일이고요.


그럼에도 우리 현대의 어른들은 우리의 자녀가 되는 청년 학생들
에게 중대한 실수를 저지른 게 있습니다. 바로 무조건적인 사랑으로
과보호에 과식에 과대한 교육에의 욕심으로 아이들을 길렀다고 하는
것입니다.

그래서 결국 현대의 청년 학생들에게서 삶의 본질이 되는 의지와 가치를 빼앗았습니다. "공부는 해서 뭘 해?" "왜 일을 하라는 거야?" "내버려 두세요." "장차 무엇을 하든지 내가 알아서 할 테니 가만두세요." 이렇게 말하는 것이 아이들이라면 사는 것이 어떤 것이라고 하는 정신문화를 어른들이 녹여 없애 버린 것입니다.

지천으로 먹을 게 널려 있어서 냉장고를 열면 버릴 것이 절반 인 풍요 아닌 풍요의 외양이 청년들에게 사냥할 필요를 느끼지 않게 되는 의식을 가지게 하였습니다.

물질의 풍요가 언제부터였습니까? 우리들의 어렸던 시절은 아득한 옛날이 아닙니다. 불과 40년이나 50년 전의 그때가 엊그제지 그것이 과연 오랜 옛날입니까?

먹는 것은 차치하고 화장실이라는 고급 명칭이 언제부터 나왔습니까? 그때는 측간이요, 변소라는 일본말도 있지만 '뒷간'이라고 했습니다. 뒷간에는 짚단이 세워져 있었습니다.

볼일을 보면서 고사리 같은 손으로 볏짚을 네댓 개 뽑아서 착착 접으면서 변을 보았습니다. 그리고 뒤처리를 볏짚으로 마쳤습니다. 불과 어제 그제의 일이나 다름없는 우리의 모습입니다.

지금은 화장지에도 급수가 있는 세월입니다. 무엇 하나 부족한 것이 없습니다. 첫째는 먹는 것이요 다음은 입는 것입니다.

뉘 집이건 옷걸이가 넘칩니다. 개인별 양말이 1인당 열 개가 뭡니까? 계절 따라 갈아입을 게 쌓였어도 유행 때문에 못 입는다고 새로 사야 된대요. 그러니 가두리 양식장의 붕어요 잉어입니다. 바쁘게 나다닐 필요가 없습니다. 때가 되면 자동으로 먹을 게 생기고 계절이 바뀌면 저절로 갈아입혀 주니까요. 그러니 희망이고 소망이고 직업이고 장래에 대하여 무의식으로 자라다 보니 나이가 들자 정신이 번쩍 든 겁니다.

'이태백'이란 신조어는 어른들의 책임이 더 큽니다. 왜 백수가 되었습니까? 일하지 않고 노는 겁니다. "하기 싫은 일을 하느니 우선 놀더라도 기다려라—" 이것이 지금의 우리들 어른이 만든 이태백의 원인입니다.

물론 앞서서도 말했지만 사람은 하고 싶은 걸 해야 행복합니다. 그러나 앞에서 말한 하고 싶은 것이란 본업이며 목적에 해당하는 것이지 목적을 이루는 수단(직업)은 별개라는 뜻이었습니다.

"나는 나의 평생에 꼭 이 일을 하고 싶다." 그러면 그것을 목적으로 정하라는 것입니다.

그런데 그 목적을 이루기 위해서는 부업이라고 하던 목적의 조업이라고 하던 아무 일이라도 하라는 것입니다. 직업은 목적을 이루는 수단이 되어야지 직업 자체가 목적이 될 수는 없습니다. 이는 월급을 타고 돈을 버는 것이 목적이 아니라 아내와 자식과 같이 살아가는 행복이 목적인 것과 같습니다.

바로 어른 된 우리들이 이걸 가르쳐 주지 않은 것입니다. 어쩌면 가르치지 않은 게 아니라 가르칠 수가 없었다고 생각합니다. 왜냐하면 어른들 자체가 목적과 수단을 이해하지 못하였기 때문에 직업을 목적이라고 보는 사시의 눈을 가졌었기 때문입니다.

그래서 20대의 태반을 백수로 만들었습니다. 왜냐하면 그들에게 삶의 목적을 묻지도 가르치지도 않았기 때문에 직업이 곧 삶의 목적이라고 이해하니까 어지간한 일은 선택할 수가 없게 되었던 것입니다.

두 번쨉니다. 우리나라는 초고속성장을 한 것이 맞습니다. 그러나 초고속 성장의 뒤편에는 초저속으로 뒤처진 것이 정신분야입니다.

정신분야는 인간의 질에 관한 문제입니다. 인간성이 동물성으로 후퇴한 기가 막힌 현상입니다. 정신문화가 무엇일까요? 바로 생각문화가 정신문화입니다.


정신문화의 고귀한 유산 가운데 절제와 도전이라고 하는 인간의 절대적 요소가 말라 버린 것입니다. 가지고 싶은 것을 손쉽게 가질 수 없게 하는 것이 정신문화요 절제입니다.

좋은 옷 한 벌을 원하는 즉시 대령하는 것은 정신문화의 암세포를 기르는 격입니다. 먹고 싶어도 주지 말아야 합니다. 아이스크림도 아니고 그때는 아이스케키였지요? 아무리 먹고 싶어도 2원이 없어서 침만 삼키고 바라만 보아야 했습니다.

혹 지나가다가 아이스케키를 먹는 아이들이 있으면 보이지 않을 때까지 서서 바라보던 사람들이 여러분 어른입니다. 그때는 아버지나 어머니에게 사 달라고 해 보았자 돈이 없다기보다도 그런 청은 원천적으로 거절하는 것이 기본이었습니다.

그러니까 부모란 무엇이냐? 해 달라고 하는 대로 해 주는 것이 아니라 해 달라는 족족 거절하고 그래서 떼를 쓰면 종아리를 갈기는 것이 부모였다고 하는 역설도 과언이 아니었습니다.

돈이 있다고 해서 막 주는 것이 아니라 돈이 있어도 더디게 아주 조금씩 애간장이 녹아 죽기 직전에 가야만 목을 축일 정도로 주는 존재 그것이 돌아가신 우리들의 부모님이셨습니다.

왜 그랬을까요?

우리는 이 점에 유의해야 합니다. 첫째는 돈이 없었다? 아닙니다. 장에 가서 이미 사 가지고 온 생선도 몸통 살찐 곳은 절대로 촉수금지였습니다. 댔다가는 젓가락을 빼앗겼으며 뺏는다고 울면 그날 저녁은 사정없이 굶겨 버렸습니다. 왜? 우리들의 부모님들은 우리가 예쁘지도 않았을까, 도대체 왜 그러셨을까요?

정답은 간단합니다. 『애들을 그렇게 키워서는 못쓴다』라고 하는 것입니다. 어떻게 키워야 하느냐? 부족하게 키워야 한다는 것입니다. 배고프게 키워야 한다는 것입니다. 남보다 늘 없이 키워야 한다는 것입니다.

부모는 도깨비방망이가 아니며 부모의 1원은 부모의 피땀에서 얻어진다는 것을 알게 키워야 한다는 것입니다. 왜 그렇게 키워야 한다는 것일까요? 그래야 자기가 힘써서 찾고 구하고 벌어야 된다고 하는 의지가 거기서 생긴다고 보는 것입니다.

만일 그렇지 않으면 자식은 놀아도 노는 것에 대한 의식이 없게 된다고 하는 것입니다. 바로 『어떻게 살까?』라고 하는 문제로 고민하게 되고 그래서 인생의 목표를 정하고 그 목표를 위해 최선의 노력을 다한다고 하는 한없는 진짜배기 사랑으로 우리를 기르신 것입니다.


이것을 비유로 한 번 더 강조하면 부모는 낚시로 고기를 잡습니다. 부모는 잡은 고기 중 크고 맛있는 것은 전부 자기가 먹습니다. 그러면서 달라고 침을 흘리고 배가 고파 우는 자식에게 꽁지나부랭이나 아주 감질나게 조금만 떼어 줍니다. 가운데 토막 살찐 데를 달라 거나 거기에 손을 댔다가는 그나마의 꽁지 토막도 못 먹고 내쫓깁니다.

잘 아시는 것처럼 독수리의 새끼 사랑입니다. 아직 날지도 못하는 녀석을 물고 공중으로 까마득하게 올라가는 겁니다. 하늘 높이 올라서 사정없이 내던집니다. 안 죽으려면 날갯짓을 하여라―몰인정한 육아법입니다.

호랑이도 새끼를 물고 높은 절벽으로 올라갑니다. 밀어 내던집니다. 죽든지 살든지……. 그래서 허우적거리면서 나무뿌리를 붙잡으면서 절벽에 적응하면서 맹수의 기질을 익혀 갑니다.

너의 낚시로 네가 잡으라는 것입니다. 잡아 주는 물고기로는 그때 한 끼밖에 먹지 못하니 잡는 방법을 배우라는 것입니다. 아닙니다, 그보다 앞서서 나도 잡아야겠다는 의지를 목적으로 직업으로 굳건하게 세우고 쫓아가서 그걸 잡으라는 것입니다.

이 세상에 공짜는 없다.

부모님은 나를 평생 먹여 주지 않는다. 이 말은 인간이 되라는 말입니다. 사람답게 생각하고 사람답게 행동하라는 뜻입니다. "오메 기 죽어―" 이런 코미디 대사 아시지요? 헛 된 기가 살아나지 않게 말입니다. 일생을 살아갈 각오를 단단히 하라는 뜻입니다. 편할 생각은 꿈도 꾸지 말라는 것입니다. 『배가 고파 봐야 안다.』 그때의 양육철학은 이런 것이었습니다.


세 번쨉니다. 어른이 되면 이제 곧 일손을 놓아야 합니다. '이태백'이란 말이 있는가 하면 '사오정'이란 말이 있습니다. 사십에서 오십 세가 되면 직장을 그만두어야 하는 정년을 사오정이라고 한다는 것을 아십니다.

그러나 인간의 평균수명은 갈수록 늘어납니다. 남은 인생이 절반이나 됩니다. 남은 50년간 논다는 말인가요? 한 말씀 드리겠습니다.

"할 일이 없으면 할 일이 더 많다"라고 하는 말씀입니다. 더 많은 할 일이 무엇일까요? 우리 자녀들로 하여금 지금 우리의 삶을 이어받지 못하게 하는 일입니다. 지금 우리의 삶의 모습은 어떠합니까? 할 말을 못 하는 세월입니다.

그래서 또 한 마디를 더한다면 "말 좀 합시다"라고 하는 것입니다. 가만있지 말고 말을 해야 합니다. 그런데 제가 다 알지 왜 모르겠습니까? 말하면 잔소린데 해 봤자 들어먹지를 않는다는 것 말입니다.

아닙니다, 아예 말할 시간도 없습니다. 말이 통하지도 않습니다. 생각이 달라요. 요즘은 단 하루 사이에 태어나도 세대차가 벌어진다면서요? 웃자고 하는 말이 아니더라고요.

그런데 중요한 것은 들으려고도 듣지도 않는 자식들의 문제가 아닙니다. 바로 어른 된 우리들의 책임이요 우리가 문제입니다.


너무 달려만 왔습니다. 죽을 둥 살 둥 모르고 돈만 벌었고, 먹든지 썩든지 냉장고가 터지게 쌓아만 주었습니다. 컴퓨터고 책이고 달라는 대로 사 주었고 용돈도 기본이 하루에 1만 원이었습니다. 애들 천국으로 만들어 놓고 우리는 그것이 보람이고 당연한 가치로 알았습니다. 그러다 보니 애들은 한 수 더 떠 버립니다.


두 달 후면 제게도 손주가 태어납니다(저술 당시; 2005년임). 출산과 육아준비로 아들 내외가 거기에 집중하고 있습니다. 둔산으로 이사도 가야 좋겠다 하더라고요. 이 동네보다 그 동네가 아이들의 수준이나 학군도 그렇답니다. 그리고 애들을 제대로 잘 키우려면 이런저런 준비를 어떻게 하려고 한다고도 했습니다.

그런데 말속에 뼈가 들어 있었습니다. 애들이 자라는 환경은 물론 교육여건까지 제대로 갖출 생각이라고 하는 것입니다. 단 이말 한 마디는 빠졌습니다. "나처럼 고생 안 하게 키우려고요." 제가 뭐라고 말하였겠습니까? "고생하면서 크게 하여라." 저는 역공을 퍼부었습니다.

그렇게 말하는 제게 지난날이 되살아났습니다. 충남대 신문방송학과를 죽을힘을 다해서 마쳐 준 게 이 못난 아비입니다. 두 번이나 제적을 당할 뻔한 것은 등록금을 못 내서였습니다.

그나마 장학금을 자주 받아서 학교를 마쳤으니 아들이 고맙기도 하지요. 그런데 항상 장학금은 100%가 아니더라고요. 그 꼬랑지를 못 대 준 게 못난 저라고 하는 말씀입니다.

그러나 제가 그렇게 지혜로운 독수리나 호랑이 같은 원시안을 가져서는 아니었습니다. I.M.F로 인한 불가항력이었습니다. 사업체가 부도나니 꾸어 주는 사람도 없는데 그때 대학하고 맞아떨어진 것입니다.

제 아들은 그때 이를 악물었습니다. 아비는 자식을 알거든요. 너무 잘 알게 돼 있는 게 아비거든요. 마침내 밤을 새우기를 1년을 마치더니 방송국의 기자가 되었습니다.

곰곰 생각해 보면 그때가 제게는 넉넉함보다 더 값진 부자의 세월이 갖는 보배로운 정신부자의 세월이었습니다. 물고기를 잡을 낚싯대를 그때 만든 게 제 아들입니다. "내가 하지 않으면 평생을 굶는다." 제 아들은 이때 남들 논다고 나도 놀아서는 죽는다는 것을 깨달은 것입니다. 이것이 돈으로 되는 건가요? 만일 그때 제가 부도 안 나고 넉넉했다면 아들은 이태백으로 아직 장가도 못 가지는 않았을는지…… 생각하면 부족한 것이 복이 된 셈입니다.

그러니 아들에게 그렇게 말한 겁니다. 애들은 넉넉지 못하게 길러야 제대로 기르는 아버지라고…… 더 욕심내면 안 된다고. 나는 꼭 너만큼만 키우면 너를 좋을 아버지라 하겠다고. 더 잘 먹일 것도 없고 더 잘 입힐 것도 없다. 어려서 고생을 못 하면 생각이 먼저 죽어 버린다. 그까짓 아이스크림보다, 그까짓 메이커 옷보다 더 귀한 것이 뭔지 아니? 내가 무엇을 할 것인가를 알도록 하는 것이란다.

네 번째입니다. 나이 드신 어른만이 풍겨 내는 고고한 품위가 있습니다. 천만사를 두루 아는 지식도 중요합니다. 그러나 그보다 더 중요한 것은 어른이 가져 마땅한 정신문화를 일깨워 주는 어른다운 생각이며 어른다운 말입니다.

이런 말은 시대를 초월합니다. 그래서 어른이 되면 어른 노릇을 하려니까 청년보다 더 바빠야 돼요. 인터넷 검색 정도는 빨리 배우셔야 합니다. 애들을 알아야 애들한테 말할 적에 하자를 막습니다.

대화학에서 제가 말씀드렸지요? 말을 잘한다고 하는 것은 내가 한 말이 나가서 고꾸라지지 않고 반대의 벽에 부딪치지 않아야하고 논리와 이치에 흠결이 없어야 한다고…….

저는 일본어를 열심히 배우고 있습니다. 그래서 TV를 볼 시간이면 거의 일본방송을 집중적으로 보고 있습니다. 우리 아들, 며느리는 영어를 둘 다 잘해요. 며느리는 영문학 석사니까 전공이 영어인데 아들은 미국에도 단신으로 가서 통역 없이 취재도 혼자 합니다. 그러나 일본말은 저를 못 따라옵니다. 뉴스도 일본뉴스를 보는 내가 저희들 눈에는 어떻게 보이겠어요? 저는 일본소식과 일본 뉴스를 말하고 애들은 CNN이니 영어권입니다.

이 말은 어른다운 품위를 지킨다는 것은 애들보다 무언가에는 앞서고 잘하는 것이 하나라도 있어야 권위가 선다는 말씀입니다. 농사라도 괜찮습니다. 건축도 좋습니다. 나에게도 이것이 있다—애들이 따라올 수 없는 것—어른은 그냥 어른이 아닙니다.

저는 386에게 밀리는 어른들은 386을 건방지다 할 게 아니라 우리의 차세대가 자기들의 학문을 인터넷으로 개발하여 그것을 자기의 것으로 골수에 가득 채울 때에 기성세대는 무얼 했느냐고 묻고 싶습니다. 당연 먹여 살리기에 바빴다고 하시렵니까? 그건 수단이지 목적이 아니라고 누차 강조했잖아요? 우리가 우리의 정체성을 잃어버린 겁니다.

두 번을 실수한 것입니다. 첫 번째 실수는 잡는 대로 오동통통 살찐 물고기는 전부 애들한테 먹인 것입니다. 지금 반복하는 실수는 '포기'라고 하는 두 글자입니다.

"이제 내가 무엇을 하겠느냐?" 앞으로는 이런 말씀 하지 마세요. 하시려거든 이렇게는 하십시오. "이제 내가 할 일은 따로 있다." 그렇습니다. 할 일이 없는 게 아니라 할 일이 달라진 것입니다.

어릴 때는 뛰어노는 것이 일입니다. 학생 때는 공부하는 게 일이고 목적이지만 더 큰 목적은 뜻을 세우는 것입니다.

신혼 때는 아기를 낳고 기르는 출산과 육아가 중요하지만 남자는 부양할 수 있는 경제력을 가지는 것이 중요한 일입니다. 그런데 저와 여러분은 이제 그게 끝났습니다. 막내까지 짝을 지었으면 이제 할 일이 없을까요? 아닙니다. 할 일 없으면 할 일이 더 많다는 말씀입니다. 다만 노동일은 이제 못 하고 이제부터는 정신 일을 해야 합니다.

정신일이라고 하는 것은 젊어서는 할 수도 없고 시켜 봤자 되지도 않을 일입니다. 이 일은 이제부터 시작입니다. 그렇다면 이 일은 시시하고 별것 아닌 소일이나 하자는 것입니까? 늙었으니 죽기 전에 죽음을 기다리는 한직이며 가치상으로 볼 때 가족부양하고는 비교도 안 되는 절반의 가치일까요? 저는 동등의 가치이거나 더 높은 가치라고 강력히 주장하는 사람입니다.

출산도 정신문화에서 뻗혀지는 가지입니다. 이미 짝을 만난 결혼도 그와 같은 당연한 논리입니다. 육아도 그렇고 취업도 직장도 돈도 명예도 이 세상의 모든 것은 전부 정신세계의 지배 아래 존재합니다. 그것은 국가도 마찬가지입니다.


정신이 죽으면 모든 것이 사망입니다. 따라서 정신이 병들면 모든 것이 병듭니다. 이 세상의 주춧돌이 무엇이냐? 정신입니다.

대들보가 정신입니다. 이게 무너지면 다 무너지는 것입니다. 바로 이 소중한 정신이란 말은 생각이라고 바꾸어 써야 온당합니다.

왜냐하면 정신문화는 결정된 문화입니다. 그러나 생각문화는 결정으로 가기 전의 정신이 만들어지는 과정이기 때문입니다. 할 말을 해야 합니다. 어른이 할 말을 못하면 기둥뿌리가 썩어 버립니다.

그런데 한 가지 정말 꼭 명심할 게 있습니다. 말 같지 않은 말은 하지 말아야 합니다. 잘 생각해서 온전한 말을 해야 합니다. 잔소리는 하지 말고 어른다운 말을 해야 합니다.

애들이 고개를 숙일 수밖에 없는 고품격의 어른다운 말을 해야 합니다. 어떻게 말해야 될까요? 생각에 잠겨 할 만한 말을 완벽하게 갖추시기 바랍니다.

# 제8장

# 여성의 품위

# # 여성다움이 남성다움을 리드한다

품위라고 할 때 '품(品)'은 『온
갖, 여러 가지 중에, 무리 가운데』라고 하는 뜻이고 '위(位)'는 『자리,
벌릴』이라고 하는 뜻을 가진 말입니다.

이때의 品位는 品位라고 하면 격(格)이라는 뜻이 더 강조되어서 등
급(等級)을 의미하는 쪽에 가깝기 때문에 사람을 등급으로 말함이 옳
지 않음으로 인하여 엄밀하게 따지고 들어가면 品位라고 쓰지 말고
稟位라고 써야 명확한 기술(記述)입니다.

그러나 우리말 국어사전에는 '품위(稟位)'라는 낱말이 없습니다. 그
러므로 '품위(稟位)'라고 하는 단어는 신개념정신문화연구시리즈에서
새로 만드는 신조어(新造語)입니다. 그러나 신조어는 가급적 만들지
말자고 하는 것이 기본방침입니다.

왜냐하면 있는 말을 써야 국어 발전에도 맞고 잘 알아듣게도 되고
자칫 우려되는 신조어의 폐단도 방지할 수 있기 때문입니다. 하지만
부득불 '품위(稟位)'라고 신조어를 만들어서 쓸 수밖에 없는 이유가
있습니다.

‘품위(稟位)’라고 써야만 등급과 무관한 그 사람의 인품을 비교나 차등 없이 그대로 말하는 것이 되기 때문입니다. 그렇다면 이때의 ‘품(稟)’이라는 글자는 무슨 뜻일까요? 『받을품, 줄품, 아뢸품, 성품품, 품할품, 天賦의 性』이라고 하는 뜻글자입니다.

그래서 ‘품위(稟位)’라 하면 상대적으로 누구보다는 좋고 나쁘다거나 그보다 위다 아래다 하는 의미가 아닌 그 사람이 하나님이나 부모로부터 받은 『본래의 위치』라거나 『성품』 또는 『바른 자리』라고 하는 명료한 뜻이 올바르게 세워지게 되는 것입니다.

첫 번쨉니다. 사람은 누구나 그가 받아 지켜야 마땅한 ‘품위(稟位)’가 있습니다. 이것은 그가 자라나는 나이에 준하여 ‘답다’가 되고 인격이 되고 인품이 된 후에 ‘품위(稟位)’라고 하는 초고급의 벼슬과도 같은 작위 급의 칭호를 얻게 되는 것입니다.

그래서 엄밀히 따지면 ‘품위(稟位)’란 거저 받은 것만은 아닙니다. 당연 하나님이나 부모로부터 거저 받은 것이지마는 반드시 가꾸고 지켜서 자신의 격에 빠지지 않도록 늘 노력하는 사람만이 ‘품위 있다’라는 명예스러운 칭호를 부여받는 것입니다.

이에 대하여는 누차 드린 말씀이므로 더 이상 재론하지 않겠습니다만 이 시간에는 우리가 꼭 기억하지 않으면 안 될 성별별 품위에 대하여 명확하게 짚고 넘어가지 않으면 안 되겠다고 생각하는 바를 중심으로 말씀을 드리려고 합니다.

성별별 품위란 남자는 남자이며 여자는 여자라고 하는 품부(稟賦)를 근본으로 시작합니다. 그런데 제가 다시 또 이 대목에 와서 조심해야 할 것 같습니다.

미리 배수진을 친다고 할지 아니면 안전망을 친다고 할지…… 확실하게 밝혀 드릴 말씀이 있습니다. 만에 하나 우려되는 남존여비와 같은 고리타분한 여권침해 소지는 절대 없을 것이라고 하는 말씀입니다.

특히 저는 여자를 좋아합니다. 이런 식으로 그냥 좋아하는 게 아니라 하나님이 돕는 배필로 세상에 여자를 창조하신 것을 누구보다도 감사하는 사람입니다. 뿐만 아니라 나를 낳아 주신 어머니가 여자였으며 내게는 아들 하나에 딸이 하나 있는데 아들보다도 딸에게 더 깊은 사랑을 느낀다고 하는 것은 아들이 서운타하여도 진심입니다.

아들은 충남대를 나왔지만 딸은 사립대를 나왔습니다. 속된 말이지만 딸은 아들에 비하여 세 곱절의 돈을 들여 대학을 졸업시켰습니다. 학비가 곱절인 데다가 마침 음대성악과를 나왔기 때문에 중2 때부터 시작해서 고등학교 3년은 물론 대학 4년에다가 졸업 후에도 1년간 성악레슨을, 그것도 대전에서 서울로 보내서 시켰으니까 세 곱도 넘고 어쩌면 돈으로 치면 족히 네 곱에 가까울 것입니다.

하지만 제가 이와 같은 경제논리로 딸을 키운 것은 아닙니다. 왠지 아들보다 더 귀한 것이 딸이라고 느꼈을 뿐인데 딸이란 성경의 말씀처럼 연약한 그릇이어서 간수하고 살아가는 데 남자보다 강하지 못하므로 꼭 관리비(?)가 더 들어야 하는 거라고 당연하게 받아들였습니다.

뿐만 아니라 그러고도 딸이 여전하게 더 애잔합니다. 무엇을 더 도와주어야 하는가? 시집가서 낳게 될 외손자에 대한 걱정이랑 살아가게 될 최씨네 집안에서 모쪼록 엄마와 아내의 역할을 잘해 내야 할 건데…… 상스럽게도 너 하나로 아들 셋을 기를 돈이 들었다는 생각이란 꿈에도 없다는 말씀입니다. 이 말은 내게 손녀가 태어나면 딸보다 더 진한 할아버지의 사랑으로 되살아날 말입니다.

아들은 힘이 세고 아들은 거칠어도 세상을 헤쳐 나갈 것이 믿어지는데 딸은 날씨만 추워도 걱정이고 세상이 흉흉하다는 뉴스만 들어도 그야말로 딸 가진 부모심정 다 똑같다는 그 말 그대로 딱 맞습니다.

그럼에도 불구하고 여자는 여자다워야 한다는 것이 성별별 품위요 남자는 남자다워야 한다는 것이 성별별 품위가 될 것입니다. 그러면 사족이나 말꼬리가 걱정입니다. 『여자다워라』라고 하는 말은 바로 『남자보다 아래에 앉아라』라는 말로 오해받기 십상이기 때문입니다.

사실이 그렇다고 하면 또 조심성을 잃은 말이 될지 몰라도 실제로 요즘은 여성운동하시는 분들이 노여움을 많이 타시거든요. 그래서 다해도 여성 비하성 발언을 하여 화약을 지고 불로 들어가는 불나비처럼 어리석은 사람이 맞습니다.

그러나 이제 시작합니다. 여자가 세상(인생)을 살아가는 최고의 슬기는 『여성다움』이라고 하는 것입니다. 이때의 슬기란 품위입니다. 이는 진정한 여권신장이며 최고의 행복에 다다를 비법이라고 이해하시면 더욱 좋겠습니다.

특히 그렇게 사랑스러워서 눈에 넣어도 아프지 않을 내 딸에게 아버지가 하는 말이며 만삭이 가까워지는 딸 같은 며느리에게 진정으로 사랑하는 시아버지 되는 나의 애정 어린 말이기도 합니다.

두 번쨉니다. 저의 이와 같은 미약한 주장이나 논설은 이미 '여성학'이라고 하는 방대한 학문으로 여성의 존귀한 가치와 의미를 확고 부동하게 정착시킨 것을 잘 알고 있습니다.

어둔하지만 여성학도 일독은 하였으며 물론 남성학도 모르는 바가 아닙니다.

그러나 신개념정신문화연구시리즈는 모든 정규과목마다 그 앞에 '인생'이란 전치사를 붙여 보아야 합니다. 생각학이나 대화학과 같은 것은 그 앞에 '인생'이란 두 글자가 담겨 있어서 '인생생각학'이나 '인생대화학'이라고 하는 안 보이는 두 글자도 같이 이해하셔야 합니다.

지금 논하는 여성과 품위라든가 여성이야기를 하는 것도 역시 인생과 여성이라고 하는 우리의 21회까지 갈 인성연구 분야에서 말하는 여성이야기입니다.

아무튼 여성은 남성의 사랑을 한껏 받기에 너무도 딱이라고 하는 것이 저의 생각입니다. 얼마나 사랑스러우냐? 얼마나 예쁘냐? 얼마나 애써서 사랑을 완성시키는 자식을 출산하고 양육한단 말이냐?

그러니 나 같은 남성의 눈으로 볼 때는 이 세상에 최고의 보석이요 최고의 아름다움이요 가장 사랑할 만한 가치가 있는 것이 여성이라고 하는 사실입니다.

그러니까 저와 같은 남성에게는 여성비하라든가 남존여비나 여권신장 어쩌고 하는 것은 오히려 의아한 일입니다. 누가? 왜? 무엇 때문에 그렇게도 사랑스러운 존재를 깔아뭉개고 혹여라도 멸시하고 낮게 내려다보았단 말인가? 저로서는 진짜 이해가 가지 않는 것 중에 하나입니다.

그러나 현실은 현실입니다. 첫째로 왜 여자는 월급이 적으냐는 문제입니다. 저 같은 사람은 여자니까 더 주어야 된다고 생각하는 사람인데 현실은 반대거든요. 이것은 처음에 어떤 남자들이 이렇게 했는지 여자들 마음이 상할 수밖에 없다는 것이 맞습니다.

그러나 회피하자는 게 아니라 그것은 신개념정신문화연구시리즈가 받아야 하는 숙제하고는 좀 거리가 있습니다. 물론 때가 오면 이 문제도 신개념정신문화연구시리즈가 간섭도 하긴 해야 합니다. 하지만 지금의 주제는 그것이 아니기에 애석하지만 주제를 따라가느라고 도망치는 느낌이라 하여도 어쩔 수가 없습니다.

그렇다면 여성의 품위는 무엇일까요? 직설하면『여성은 약한 것이 강한 것』이라고 하는 말씀입니다.

이것은 제 말도 아닙니다. 우리를 창조하신 하나님이 여자는 약한 그릇이라고 하신 말씀을 채용해 온 성경의 말씀입니다.


그런데 여자들은 이 말을 기분 나쁘게 듣는 눈치더라고요. 제 아내도 이 말이 별로 듣기 좋다고 생각하는 눈치가 아니더라고요. 왜 그럴까요?

"넌 까불지 마라" 혹은 "네가 뭘 안다고 나서는 거야?" 아니면 "굿이나 보고 떡이나 먹어"라고 하는 무시성 의도로 받아들여져서 그런 것 같습니다.

이 책임은 그렇게 듣는 여자한테도 있지만 그렇게 말한 남자에게도 있습니다. "당신보다 이 문제는 내가 맡을게"라든가, 아니면 "그건 힘들 것 같으니까 내가 할 테니 당신은 당신의 안전만 생각해"라고 하는 마땅히 사랑해야 하고 사랑받아야 하는 여성에게 본심전달의 말이나 분위기가 와전되었거나 진짜로 그와 같은 의도로 남자가 건방을 떤 것이 반향을 불러들인 것일 수도 있다는 것입니다.

이렇게 되면 여자는 내가 왜 이런 대접을 받는 거냐고 기분이 상해 버리고 맙니다. 저나 나나 똑같은 사람인데 자기가 뭐라고 나를 무시하는 거냐고 호되게 삐쳐 버립니다. 그로부터 여자가 엇나가기 시작하는 것입니다.

세 번째입니다. 여자의 '품부(稟賦)'는 여자 '품위(稟位)'의 본질입니다. 이때의 품부란 무엇일까요? 이제 말한 연약함 같은 것도 품부는 품부지만 이런 한 마디로는 여자에게 주신 하나님의 품부는 어림도 없어 무한합니다. 여자가 남자에게 없는 그야말로 '여권(女權)' 중에 값지고 귀한 것의 첫째는 『여성스러움』이라고 하는 것입니다.

이때의 여성스러움이라고 하는 것은 아름다움을 기본으로 하여서 가장 고귀한 섬세함이며 무한대의 감성적인 요소들입니다. 이에 비견되는 것에 이런 말이 있지요? 『부드러운 것이 강한 것이다』입니다. 또 『강하면 부러진다』라는 것도 있고요.

여자에게는 남자가 맥을 못 추는 수많은 무기가 쥐어져 있습니다. 여자의 미소가 그것이며 여자의 눈물도 때로는 마찬가집니다. 여자만이 할 수 있는 너그러움과 이해도 한몫을 톡톡히 합니다. 왜 이런 것이 무기라는 말일까요?

지난 연구에서 부모는 넉넉해도 주지 않으며 부모는 자식보다 더 좋은 것은 자기가 먹는다는 말을 했습니다.

이런 식으로 여자는 늘 약하니까 손해 보고 빼앗기고 때론 억울하게 무시도 당하기 일쑤입니다. 그러므로 이런 여자의 환경과 조건은 무한한 너그러움과 이해로 승화되어 여자의 향기로운 꽃이 되었습니다.

그러나 그건 아니라고 궤변 좀 늘어놓지 말래요. 어떻습니까? 제가 지금 하는 이런 말들이 궤변이고 거슬리는 게 맞습니까? 허긴 그럴 거라고도 익히 알고 있습니다.

그렇지만 진짜 곰곰이 생각해 볼 일입니다. 제가 하는 말은 진심이며 그래서 남자 된 나는 그러니까 여자가 그래서 좋다는 것입니다.

잘해 주어야지―사랑해야지 무엇을 먹일까―무엇을 입힐까? 어디가 아프냐? 기분이 좋으냐 나쁘냐? 내가 어떻게 해 주면 기분이 좋아지겠느냐? 알뜰살뜰 요모조모 챙겨 주고 물고 싶고 빨고 싶은 것이 남자이건마는 이런 남자를 겉으로만 보기 때문에 가슴에 못이 박혀 버리는 것입니다.

제가 비밀 이야기 좀 해 드릴게요. 남자는 백 마디 하고 나면 천 마디를 후회합니다. 다만 아닌 것같이 보일 뿐입니다.

남자는 여자가 모르는 게 있습니다. 여자가 기분이 상해 있으면 천하만사가 다 심란하다고 하는 것이 본성이라는 사실입니다.

그래 놓고 후회하고 그래 놓고 잘못했다 하면서도 남자는 감성적이지 않고 이성적인 까닭에 도무지 감성적인 여자 쪽에서 보면 박힌 못이 빠지지를 않는 것입니다.

그런 데다 대고서 여자가 무어라고 하는가는 여자라면 더 잘 압니다. 남자를 녹여 내는 비장의 숨은 무기를 싹 걷어치우는 것입니다.

약한 것에서 강한 것으로 말도 바꾸고 행동도 바꿉니다. 감성적인 품부를 이성적으로 뒤집어엎어 버리고 따지고 대듭니다. 섬세하고 다정다감한 것도 내던져 버리고 뻣뻣하고 거칠어져 버립니다. 여성스러움이란 옛이야기가 되어 버리고 까다로워지고 남자처럼 포악해지는 것입니다.

그러나 이런다고 해서 남자니까 무한정으로 내뻗어 버리는 억지라고만 듣지는 말아 주세요. 끝까지 여성스러움으로 나오면 남자는 쪽도 못 쓴다고 하는 말씀입니다.

그러나 이 대목에 오면 정말 말도 안 되게 들리시지요? 언제까지나 참으라는 말이 아니냐고…… 자기는 그렇게 하면서 왜 나만 참으라는 것이냐? 남자답게 자기가 그럼 그렇게 했어야 될 것이 아니겠느냐…….

맞는 말입니다. 여기에 대한 답변은 다음 제9장에서 하겠습니다. 지금은 남자의 품위를 논하는 게 아니고 여자의 품위를 말해야 하므로 미루어 놓고 계속하겠습니다.

네 번째입니다. 한마디로 말해서 여자나 남자나 어른이나 학생이나 사장이고 회장이고 간에 품위를 갖는다는 것은 쉬운 게 아니라는 말씀입니다. 그것은 때로 참는 것입니다. 그것은 꾸준하게 배우는 것입니다. 그것은 끝없이 추진하고 나아가는 고진감래요 역경에 처하여도 좌절하지 않는 의지입니다.

이와 같이 여성이 여성의 품위를 지키고 유지한다고 하는 것과 마찬가지로 인격과 인품을 나답게 유지한다는 것은 때로 기분도 상하고 자주 자존심도 꺾이는 아주 하기 싫은 것도 해야 되는 품위의 높은 언덕과 고개를 넘어야 한다는 논리입니다.

하지만 이것이 여성의 여성스러움에만 국한한다고 생각하면 제 말이 마음을 상하게 하고 맙니다. 그러나 그러지 마시기 바랍니다.

학생이 학생다우려면 학생은 학생대로 힘겹습니다. 남편도 그렇고 저와 같은 인성연구 분야의 작가 소리를 듣는다는 것에도 역시 여성이 여성스러움을 지키며 인내하는 것과 같은 힘겨움이 있습니다.

다시 말하면『인품과 품위는 거저 얻는 것이 아니다』라고 하는 말씀입니다. 남자는 모른다고 포기하고 아름다운 미소를 저런 인간에게 줄 필요가 없다 하고서 너무 일찍 칼을 뽑아 드는 격입니다.

그렇다면 그렇게 변해 버린 결과는 무엇입니까? 똑같이 분을 내고 똑같이 강하게 부딪친 결과가 무엇입니까? 하나님이 주셨고 남자를 녹여 버리는 여성의 무기가 되는 용광로가 터져 버린 것입니다. 바로 이 대목입니다. 결론은 소중한 여권(女權)이 기력을 잃게 된 것입니다.


그래 놓고 나서의 외침은 피차가 피곤합니다. 여자들과 부딪칠 때 남자가 공통적으로 느끼는 게 뭔지 아세요? 이것도 비밀스러운 것이니 기억해 주세요. 남자는 내심 "저 사람이 저러지 말고 그런다고 한다면 얼마나 좋을까?"라고 하는 것입니다.

남자란 기억 속에 저장해 놓은 여자의 그 신비스러운 매력을 그리워합니다. 그래서 간절하게 소원하는 게 제발 여성스럽게 제자리로 돌아서기를 바라는 것입니다.

애간장이 녹습니다. 혼자 상상해 봅니다. 만일 그렇게만 돌아선다면…… 그렇다면 모든 것을 다 미안하다 하고서 이제부터는 정말 진실로 사랑하고 싶은데……라고 하는 것입니다.

작심삼일이 될망정 남자는 여자와 부딪치면 부딪칠수록 한없이 그리워하는 것이 있습니다. 바로 여성의 무기에 해당하는 연약함이요 다정함이요 남자가 못 하는 어머니와 같은 모성애에서 우러나오는 쓰다듬음이며 너그러움입니다.


그러나 갈수록 태산입니다. 점점 더 포악해져서 기대하는 여성성

은 그림자도 안 비칩니다. 이미 다 틀려먹은 헛된 망상이라고 기대가
무너져 내릴 때 결국 남자도 여자와 같이 남성적이기를 포기합니다.

그래서 결국 "그래 나 원래 그런 놈이다 네 맘대로 해!" 전연 맘에
없는 말로 더더욱 포악해지고 혈기를 곤두세웁니다.


다섯 번쨉니다. 기왕지사 여기까지 왔으니 혼날 각오를 하고 한 말
씀만 더하겠습니다. 사실 우리들의 어머니가 되시는 80세에서 100세
의 연세가 되신 분들은 호된 시집살이를 견뎌 내신 분들입니다.

그런데 제가 볼 때 그분들은 우리들의 아내한테 자기 받은 그대로
의 시집살이는 시키지 않으셨습니다. 그럴 수밖에 없는 것이 이미 중
공업시대로 접어들면서 농사가 주업이 아니게 되었기 때문에 첫째로
신역(身役)이 고될 이유가 없어진 것이 보다 시집살이의 요인을 없앤
것입니다.

그러자 세탁기라는 물건이 나오고 드디어 TV가 출현하면서 시부
모님들의 의식도 빠른 속도로 변할뿐더러 가사의 내용이 달라져 버
린 것입니다.

무엇보다도 자신이 했던 시집살이의 그 매운맛을 알기 때문에 의
식이 변함에 따라 그건 아니라고 하는 가치관도 변했기 때문입니다.

뜬금없이 시집살이 이야기는 왜 꺼낼까요? 원체 좀 생뚱맞은 신개
념정신문화연구시리즈는 시집살이가 그립다는 말 좀 하고 싶어서입
니다. 혼날 각오하고 말씀드린다고 했으니 혼을 내시려면 내셔도 좋
습니다마는 그러나 끝까지 들어 보시고 혼을 내시기 바랍니다.


우리 어머니들보다 완전 180도 더 달라진 것이 우리들의 아내들입

니다.

지금은 시어머니나 시아버지는 제 경우만 해도 이건 완전 부드럽기가 벨벳치마폭입니다. 벨벳치마폭 아세요? 옛날에 어머니의 젖가슴만큼이나 그렇게 보드랍던 벨벳이란 옷감소재가 있었습니다.

첫째가 아예 아들, 며느리를 따로 내보내서 편하게 살라고 하는 것이 현대입니다. 얼마나 편하게 살란 말일까요? 한도 끝도 없이 아예 시부모하고 얼굴 맞대고 살 것 없이 진짜진짜 아주 끝도 없이 풀어헤치고 완전 자유롭게 마음대로 살라고 툴툴 다 털어서 내보내 준다는 말입니다. 이것은 생각해 볼 문제라는 말입니다. 시집살이라고 하는 못된 것을 되살리자는 게 아니라 시집살이 말고『같이 살이』를 하자는 말씀입니다.

그런데 그렇다데요. 시부모는 얼굴만 봐도 피가 굳는다고요. 그러면『같이 살이』는 불가능하겠지만 그렇다면 시부모가 시집살이 말고『같이 살이』의 슬기를 발휘하면 어떻겠습니까?

여성의 품위는 같이 살이의 실현으로 더없이 칭송받을 처방전이 확연한데 기회가 오면 그때 말씀드리기로 하고 여성의 권리가 품부적이고 품성적인 본래의 능력으로 보다 향상되시기를 기원합니다.

# 낭성의 풍위

# ＃ 대접받는 마음이 크다

　　　　　　　　　　　　　　　　이제는 남성의 품위에 관하여
말씀드리겠습니다. 성별(性別)별 품위에서 남성의 품위는 그 격(格)과
성(性)이 천하에 두루 미칠 만큼 광역지품(廣域之禀)입니다. 다른 말로
하면 여성의 품성이 바다의 물고기라면 남성의 품위는 바다입니다.

이는 바다(행복의 조건＋남성)란 물고기(행복＋여성)가 살 수 있는
환경의 모든 것이라 하고 물고기는 바다(사람)의 낙원(인생)을 상징한
다고 가정할 경우입니다.

그래서 남성의 품위는 더 크게 말할 경우 바다는 물론이요 땅이라
거나 하늘이라 해도 됩니다. 그보다 더 나아가서 지구라고 하거나 우
주라고 말해도 될 만큼, 성별별 품위를 논할 때는 시시하고 적지 않
아야 하는 모든 것을 갖춘 경지에 이르러야 한다고 하는 대단한 규모
이며, 그 범위가 남녀 양성에게 지대하고 원천적인 영향을 미치는 원
인이 된다고 하는 말씀입니다.

그러니까 수확의 예를 든다면 벼농사니 과일농사니 고기잡이와 같
은 모든 얻어지는 것과 얻은 결실의 모든 원인과 모든 결과를 성별별

로 논할 때는 누가 뭐래도 남성에게 그 책임의 전체를 물어야 하고 처벌을 받아야 할 것이 있다면 그 처벌도 당연 남성에게 가해야 마땅하다는 말씀입니다.

첫 번쨉니다. 남성다운 남성의 품위는 첫째가 『'대범(大凡)'함』입니다. 대범함이란 무엇일까요?『모든 것에 잘지 않고 까다롭게 굴지 않는다』고 하는 것입니다.

여성스러움의 반대말이 남성스러움이라고 한다면 이 말은 남자답다고 해도 됩니다.

그러면 먼저 여자다움과 남자다움에 대한 올바른 이해를 앞세워야 하겠는데 여성스러움은 앞에서 논하였으므로 생략하고 이제는 남자다움이란 어떤 것이냐의 골격을 제대로 파악해야 하겠습니다.

다음에 말씀드리게 될 '성별별 품위의 충돌'이란 제목은 남녀가 싸우게 되는 원인과 그로 인해 파괴되는 성별별 품위에 관한 연구라는 뜻인데 이때의 품위충돌은 거의가 남자답지 못한 남자품위의 제1조인 大凡과 小凡의 결과에서 발생된 문제라고 하는 말씀입니다. 일단 남자는 대범해야 합니다. 대범한 남자는 여자가 꿈꾸는 이상형 남자 제1의 조건입니다.

저는 남자이기 때문에 잘 아는 것 한 가지가 있습니다. 여자라고 하면 부드럽고 상냥하고 섬세하고도 다정하고, 그러면서 여성미를 갖춘 아름다움과 현명하고 똑똑하고 착한 것과 같은, 남자가 여자에게 느끼고자 하는 본능적 욕구가 있다고 하는 사실입니다.

이것이 곧 『여성다운』이라고 하는 네 글자인데 이 욕구는 저만 가진 게 아니라 남자라면 누구나 똑같을 것은 타고난 성이 남자인 이상 마찬가지일 것입니다.

그래서 남자가 아내와 살면서 줄곧 향수에 젖어드는 것은 바로 이와 같은 여성성입니다.

거기에 자칫 아내가 불이라도 질러서 아내에게 이와 같은 여성성이 조금이라도 줄어들기만 하면 남자는 그 즉시 인체가 한 컵의 수분이 빠져나가는 순간 갈증을 느끼는 것보다 더 예민하게 여성성에의 향수에 젖는다고 하는 사실입니다.

그러니까 남자가 여자에게 갖는 불만은 거의 100%라고 해도 맞는 것이 바로 여자다워 주기를 바라는 여성성의 요구입니다.

돈을 벌어 오라는 것도 돈이 헤프다는 것도 어떤 말로 지적을 하건 요구하는 그 말이 추구하는 기본 욕구는 달리 말해서 딴 말이 오고 갈 뿐이지 실체는 '여자다워 달라'라고 하는 이 말입니다.

그런데 여자는 무엇을 요구할까요? '남자다워라'라고 하는 대범함입니다. 그러면 다시 한번 대범함이란 무엇일까요? 바다입니다.

빗물이고 강물이고 바람이고 해일이고 깡통이고 쓰레기고 짠물, 쓴물, 경수담수, 오수, 폐수, 똥물도 말없이…… 바다는 묵묵하여 묵어(黙語)로 말합니다. 들리지도 않게 혼자서 말합니다. 그래 알았다 가져와라 다 좋다…….

이처럼 여자는 남자에게 바다이기를 바라는 것이 여성입니다. 아닙니다. 여성뿐만 아니라 이것이 품위가 원하는 남자다움의 첫째가 되는 조건입니다.

무슨 말인가는 족히 이해하셨으리라 생각합니다. 그런데 문제는 "그게 사람이냐"라거나 말이 그렇지 그건 개그맨의 '조언(造言)'이거나 세상을 모르는 샌님 같은 학자님들의 한낱 이론일 뿐이지 그게 어찌 가당키나 한 말이냐고 핀잔이나 안 주면 다행인 줄 알라고 할는지도 모르겠습니다.

그래서 과연 이게 어떤 것인가라고 하는, 남자와 대범이란 주제를 가지고 잠시 생각해 보기로 하겠습니다.


대범함이라고 하는 단어 앞에서는 "대범이라면? 그래 그게 나다"라고 나설 남자는 남자인 제가 남자의 눈으로 볼 땐 거의 없을 거라고 생각됩니다.

그런데 참 이상합니다. 여자들이 여자의 눈으로 보면 그런 남자가 세상에 지천으로 깔려 있다고 본다는 것은 놀라운 일입니다. 실제 이는 이제 말한 이론상의 바다와 같은 남자는 세상에 없는데도 이는 어쩌면 여자가 착각하고 잘못 본 탓인지는 모르겠습니다.

하지만 여자는 분명 그런 남자가 있다고 믿으며 특히 내 남자는 진짜 그런 남자라고 찰떡같이 믿는다고 하는 것이 근거는 내밀어 드리지는 못하지만 제가 보는 제 인생의 눈입니다.

분명 본성상 남자는 이와 같은 대범함을 남성성으로 부여받았다고 하는 것이 원리입니다. 그것은 여성이 남성으로서는 따라갈 수 없는 여성성이 그에게 주어진 것에 상응한 창조의 법칙이 되는 것입니다.

특별히 남자와의 관계가 아닌 여성과의 관계에서는 이와 같이 남자의 대범함이 자신도 모르는 사이에 거목처럼 뻗어 나와 우뚝 선다고 하는 사실입니다.

어째서 이런 일이 생기는 것일까요? 바로 그 여자를 사랑하면 미운 것도 곱게 보이는 사랑의 현상이 그렇게 만든다고 하는 것입니다.

두 번쨉니다. 하지만 이와 같이 타고난 남성성의 대범함은 후천적 환경이나 그가 받은 교육의 영향에 의하여 온전하기도 하고 굴절된 불구가 되기도 하고 상당히 변질되어 자주 제 기능을 잃고 여자도 아니고 남자도 아닌 혼란에 빠져든다고 하는 것입니다.

쉽게 말하면 성질나면 엉망으로 구겨지고 망가지고 만다고 하는 말씀입니다. 그래서 인생과 품위를 생각하고 듣고 가르침을 받을 필요가 생깁니다.

아무 생각 없이 타오르는 분노와 혈기대로 결정된 생각은 남자의 대범함이란 나한테 손해라고 하는 엉뚱한 쪽으로 끌고 가는 바람에 그만 여자가 감당치 못한 나머지 여자도 여자다울 필요가 없다고 하는 맞불작용을 일으키게 하는 악성으로 나타나고 말게 됩니다.

그러니 이를 어찌하면 좋을까요? 대범함의 팽팽한 줄을 느슨하게 풀어 트리지 않는 것의 가치를 깨달아서 여자에게 여자다울 것을 요구하는 본능을 감안하여 남성성을 유지해야 되는 것이라고 깨닫는 것이 남성의 품위라고 하는 것이며 그래서 이와 같은 인격이 요구된다는 사실입니다.

이 말은 위에서 말한 단순 넉 줄, 다섯 줄로는 부족한 말입니다. 남자가 남자다우려면 어떻게 해야 된다는 것처럼 어려운 주문도 없다는 말입니다.

하지만 우리는 우리의 인생을 위하여 과연 남자다움의 원리는 무엇인가를 깊이 생각지 않을 수가 없습니다. 여기에는 당연 저도 미치지 못하지마는 그러나 부족하대로 이런 말씀을 드리고 싶습니다.

인류학적으로 분석해 보면 남자와 여자는 생긴 외모의 다름과 판이함과 함께 또 다른 한 무엇이 있다는 것입니다. 그것은 소위 말하는『남자는 능력』,『여자는 미모』라고 하는 말과 궤를 같이하는 아주 원초적인 이치입니다.

이제 하려고 하는 말은 똑같지는 않지만 부부학에서 했던 말이나 여기서는 달리 다시 말해 보겠습니다.

인간의 태초를 말할 때 인류학은 남성의 역할에 대하여 이렇게 말하고 있습니다. 당시에는 지금과 같은 영농도 아니고 문명이라고 하는 것과는 무관하게 살았습니다. 자연동굴이 집이었습니다. 그러므로 지금처럼 이렇게 살기 좋은 아파트에 사는 우리들에게 이런 적용이 어떻게 통하느냐고 반문할 수도 있을 것이나 원리에는 가장 적중하는 말이라고 생각합니다.

그렇다면 당시의 남자가 하는 일이란 무엇이었을까요? 그때나 지금이나 변치 않은 것은 아내와 자식을 부양하는 바로 능력의 문제입니다. 그러니까 지금처럼 그때의 남자들도 출근을 했습니다. 첫째는 남자가 방 안에 있지 않는다고 하는 것이 원리입니다.

출근은 산이나 들로 했는데 나가서 한 일은 먹을 것을 구해 오는 주로 사냥이 주종이었습니다. 그래서 노루도 잡고 토기도 잡고 활을 쏘아 꿩도 잡았습니다. 어느 날은 허탕도 치지마는 어떤 날은 들지도 못할 큰 산돼지도 잡게 됩니다.

남자의 능력이란 바로 무엇을 잡았느냐고 하는 것입니다. 산돼지를 잘 잡는다면 그 남자는 능력이 있는 남자입니다.

그러나 날마다 어떻게 산돼지를 잡겠습니까? 사냥에도 당연 사냥술이 있게 마련입니다. 몸이 건강해야 하고 활이나 창이나 칼을 잘 만들어야 하고 만든 사냥도구를 잘 다룰 줄 알아야 합니다.

뿐만 아니라 많은 정보를 가지고 있어야 합니다. 어디로 가면 산돼지가 있고 없고의 문제는 기본입니다.

거기는 산이 무난하고 숲이 우거졌다거나 저쪽은 산이 곤추섰고 바위가 많다거나 어느 쪽으로 가면 시내가 어느 쪽으로 흐른다고 하는 것도 중요합니다.

특히 중요한 것은 산돼지와 맞붙어 잡을 것이냐, 아니면 먼 데서 활로 잡을 것이냐라고 하는 자기만의 사냥술을 익혀야 할뿐더러 재수 없이 다 잡은 사냥감은 놓쳐 버린다거나 누구에게 빼앗긴다거나 하는 등등의 산돼지사냥에 필요한 수많은 종합무술이 몸에 익숙해야 산돼지가 잡혀들어 오는 것입니다.

여기서 잠깐입니다. 그러나 이렇게도 소중한 남자의 능력의 밑바탕이 되는 이 모든 것들이 여자에게는 깜깜한 것들입니다.

또 여자는 함부로 나다녔다가는 반대로 산돼지한테 잡혀먹을 지도 모르는 일입니다. 특히 여자는 신체구조가 출산이라는 산아의 구조를 가지고 있어서 남자처럼 단순 간단한 게 아니라 참 복잡하고 세세하지 않으면 안 되는 몸을 가지고 있습니다.

대충 만든 게 남자라고 한다면 잘못된 비유겠지만 대충 만든 것은 여자가 아니라고 하는 비유는 제대로 되었을 것입니다.

이 말은 단순한 몽둥이(작대기)는 내굴려도 몽둥이의 기능에 문제가 될 게 없지마는 아기를 낳을 수 있는 복잡한 구조를 가진 전자몽둥이라면 살살 다루어야지 힘껏 내던지는 날에는 부속품이 전부 못쓰게 되는 것과 마찬가지입니다.

그러니까 여자는 아주 가느다란 선으로 만들었습니다. 그래야 깐 달걀보다 더 쉽게 망가지는 태아가 그 속에서 자라날 알맞은 조건과 맞아떨어진다고 하는 것으로서, 남자가 새집에서 껍데기라면 여자는 새집에서 알이 부화한 벌거숭이가 찔리지 않고 포근히 잘 자라기에 알맞은 보드라운 풀로 마감하고도 그 위에 다시 자기 몸의 깃털을 뽑아 한 겹을 더치는 것처럼, 그렇게 여자는 어디를 막론하고 약하고 부서지기 쉽고 힘이 없고도 부드럽게 만든 존재라고 하는 사실입니다.

당연 그럴 수밖에 없는 것이 여자입니다. 그러니까 여자는 조금만 잘못되면 전신이 부서지는 까닭에 차라리 동굴 속에 가만히 누워 있는 것이 훨씬 여자다운 셈입니다.


세 번쨉니다. 아무튼 남자는 어떤 일이 있더라도 산돼지를 잡아야 합니다. 이것은 반드시 잡아야 하는 남자의 의무입니다. 그래서 남자는 평생 땀을 흘려야 남자로 만드신 하나님의 아들 된 책임을 제대로 다 감당하는 하나님의 아들다운 아들이 되는 것입니다.

만일 남자가 산돼지를 잡지 못한다면 그것은 남자라고 할 게 없습니다. 그러나 남자라면 이상하게도 누구나 산돼지를 잡는 방법을 안다고 하는 것이 품부적인 본능입니다.

그럼에도 불구하고 평생 저 모양 저 꼴이라고 구박을 받는 남자도 있습니다.

돈 한 푼 못 벌고 평생을 내가 벌어서 먹여 살리고 있다고 하는, 여자가 사냥을 다녀서 노루고 꿩이고 잡아 와야 먹고 산다는 가정이 유난히 많은 것이 현대이기도 합니다.

이런 말에 대꾸할 시간이 없을 정도로 제 갈 길이 바쁘기는 한데 할 수 없이 한 마디만 하고 가겠습니다. 그런 남자는 어떻게 하면 좋겠느냐고 하는 본론과는 좀 다른 문제에 대하여는 이렇게 생각합니다.

사냥을 안 하고 오래 놀면 사냥술도 굳어 버려서 몸이 따라 주지 않을 뿐만 아니라 수시로 변하는 산돼지의 주거지역 정보가 통하지도 않을뿐더러 산세들도 금년 틀리고 내년이 다르다고 하는 것이 원론입니다.

그러니 그 사람의 주장과 이론은 산돼지와 무관하여서 그는 먹을 것을 구해 오지 못합니다. 그러니 어쩌면 좋으냐고요?

처음에는 가까운 데서, 하다못해 개구리나 가재나 미꾸라지라도 잡아 와서 반찬이라도 만들어 먹으면서 차츰 차츰 사냥구역의 반경을 넓혀 나가야 한다고 하는 것이 원리입니다.

바로 욕심을 내지 말아야 한다고 하는 말이며 일의 품위나 품격을 논하지도 말아야 하고 일한 대가에 대하여 무보수니 많으니 적으니 하지 말아야 한다는 것입니다.

이는 풍을 맞은 사람과 비교됩니다. 사냥할 수 있는 체질에 풍을 맞았다면 반신불수입니다. 뛸 생각도 말고 걸을 생각도 말고 멀리 갈 생각도 말고 반 발짝이라도 일단 서 보기라도 한 다음, 그래서 한 발짝이라도 우선 욕심내지 말고 몸을 만들어 가야 한다고 하는 것입니다.

갓난아기를 보십시오. 아기가 걷기까지 얼마나 오랜 세월을 준비합니까? 아기가 누워서 아무것도 않고 그냥 누워만 있다고 보는 사람이 있다면 그 사람은 잘못 본 사람입니다.

일어서기 위하여―그리고 걷기 위하여―아이는 첫째로 힘차게도 젖을 빱니다. 먹어야 산다고 하는 생명의 힘으로 어디서 그런 에너지가 솟구치는지 엄마는 아빠가 빨 때보다 비교도 못하는 강한 힘에 깜짝 놀랍니다.

바로 걸을 준비가 시작된 것입니다. 그리고 여차하면 연신 뒤집기를 시도합니다. 턱도 없을 때는 가만히 누어서 그것만 생각합니다. 어떻게 뒤집을 것인가……? 그러다가 뒤집기에 성공하면 이제는 걷기에 들어갑니다.

다리가 밀고 손이 당깁니다. 드디어 팔을 뻗치면서 다리에 힘을 넣고 근육을 키워서 됐다 싶으면 양손을 더욱 곤두세워서 뭔가를 붙잡고 두 다리로 일어서려고 애를 씁니다.

그러면 이때다 하고 아이를 부축해서 일으켜 세워 주지요? 쓰러지려고 하면 붙잡아 주면서 유아어로 따로―따로―따로 소리를 연방 외쳐 대지요? 여기까지 첫돌을 맞는 1년이 걸렸습니다.


남자의 능력도 이와 마찬가지입니다. 처음부터 걷지 못하는 불구가 있고 도중에 풍을 맞은 불구가 있습니다. 인생의 눈으로 잘 보고 따로따로에 성공하는 합리적인 원리대로 사냥꾼으로 거듭나야 합니다.

한참을 돌아서 다시 이제 사냥꾼과 멧돼지입니다. 문제는 남자라는 게 이 산돼지를 너무 잘 잡아도 이게 또 아주 골치 아픈 큰 문제입니다. 어쩌다가 한 마리를 잡으면 좋지만 날마다 한 마리씩 잡으면 우쭐대는 것이 문제입니다.

하루에 두 마리, 세 마리를 잡으면 어떤 현상이 나타날까요? 남자의 야성이라고 해서 인간성과 상반되는 동물성이 발동한다고 하는 것입니다.

다시 말하면 잡은 산돼지를 바위틈에 숨겨서 얼려 놓습니다. 집에 가져오는 것보다 산속 바위틈에 숨겨 놓은 사냥감이 더 많습니다. 그러고는 그것을 들고 다른 계집을 찾아가는 것입니다. 요새 말로 하면 기생집이나 룸살롱인가요? 아니고 과부댁 이혼녀가 운영하는 카페나 레스토랑으로 가는 겁니다.

산돼지를 잘 잡는 남자는 여자의 눈으로 볼 때 남성성으로 최고라고 보이는 것이 여성의 동물적 속성이기도 합니다. 돈만 많으면 인격과 품격은 내팽개치고 돈을 쫓아가는 것이 여자들의 악성입니다.

이 악성은 남녀본색이라고 하는 개그콘서트이던가요? 거기서도 잘 나타내는데, 남녀본색은 겉으로 보면 노란 개나리꽃과 같지만 그 속은 검다거나 붉다는 말로서 이 경우는 이때의 본색을 동물성에 견주는 경우가 많습니다. 그러나 그것은 편견이고 본색 중에는 아름다운 인간성도 들어 있습니다.

네 번쨉니다. 주제를 떠나 딴 데로 도망가지 못하게 잡아야겠습니다. 남자의 품위 중에 첫째가 되는 것은 대범함이라고 하는 것이 여기까지 오다 보니 이것 하나만으로도 남성성에 대하여 사용코자 하는 지면이 다 없어졌습니다.

그러나 대범이라는 한 마디로도 됐다고 생각합니다. 이는 여성에게 남자들이 끊임없이 요구하는 여성스러울 것에 대한 당당한 여성의 대응입니다.

『나보고 여자다우라고 할 게 아니라 네가 남자다워 보아라.』이처럼 성별별 품위에서는 근본이 되는 원칙이 있는데 그것은 바로 앞에서 말한 것이 여성스러움이라고 하는 단 한 마디라고 한다면 남성의 경우에는 『대범하라』라고 하는 것입니다.

그렇다면 대범함이란 어떠한 것일까요? 모르는 척 따지지 말라는 말입니다. 죽을 쑤건 밥을 쑤건 여자가 하는 일은 간섭하지 말라는 뜻도 있습니다. 구워 먹든 삶아 먹든 잡아다가 던져 주었으면 해 주는 대로 먹으라는 말입니다.

시고 달고도 논하지 말고 하는 대로 내버려 두라고 하는 말입니다.

제발 아는 척 좀 하지 말라는 뜻입니다. 아까 제가 말했지요? 이산을 넘고 저산을 넘으면 거기는 절벽인지 돌밭인지…… 여자가 오늘은 이리 가라 저리 가라 한다면 그게 말이 됩니까? 자기는 어디를 가면 뭐가 있는지 그 높은 산을 넘어도 가 보지 않고 어떻게 알겠어요? 마찬가지입니다.

여자도 이와 똑같이 생각합니다. 대범함이란 바로 이 문제입니다. 남자가 아기를 낳아 보지는 않았잖아요? 남자가 청소하고 밥하는 것이나 살림하는 것에 여자만큼은 모르잖아요? 아침에 나갔다가 저녁에 돌아온 남자가 애가 어떻고 살림이 어떻고 이건 그게 아니고 저거라고 한다면 대범과는 정반대입니다.

다시 한번 대범이 무엇입니까? 안 따지는 것이 대범입니다. 시냇물처럼 깔딱거리고 요란한 것은 대범이 아닙니다. 한강이니 금강하류처럼 묵묵히 큼지막하게 흘러가는 것이 대범입니다. 잣 딸 맞게 일일이 가계부를 들추고 이건 뭐야 저건 뭐야 하는 것은 소범입니다.

뿐만 아니라 믿어 주는 것입니다. 아내가 하는 모든 일은 다 믿어 주는 것이 대범입니다. 저요? 저는 부끄럽게도 '왕소범＋짠소금'이었다는 것이 솔직한 고백입니다. 활동사진처럼 나의 왕소범의 지난날이 흘러갑니다.

그러니까 현대의 대표적인 병폐는 남자가 남성성을 의식하지 않는

다는 문제이며 여자는 여자대로 여자의 여성성을 무가치한 것으로
내동댕이쳤다고 하는 문제입니다(제11장: 품위의 병폐 참조).

남자의 남성성이란 크게 대범함과 능력입니다. 그런데 제 경우만
보더라도 두 가지 모두에 하자가 있습니다. 그러나 이 두 가지 말고
다른 하자는 없을까요?

남성의 품위나 여성의 품위나 정말 어려운 것이라는 생각입니다.

# 쌍스러움

# 일본의 독도발언, 쌍스러움의 극치

품위에 관한 많은 말씀을 드렸습니다. 그러나 좀 더 『품위란 무엇인가』를 명료하게 이해하기 위하여 비품위(품위 없음)라고 하거나 반품위(품위가 아님)에 해당하는 말씀드림으로 말미암아 품위가 품위의 가치를 잃을 경우 어떤 모양으로 나타나는가에 대하여 말씀을 드리려고 합니다. 그래서 이 시간의 제목을 '쌍스러움'이라 정했습니다.

품위는 이런 것이라고 간단히 말해서는 부족합니다. 지금까지 품위의 요소, 품위의 조건과 등급, 그리고 인간성과 동물성, 어른과 여성과 남성의 품위라는 제목으로도 많은 말씀을 드려 왔습니다마는 그래도 아직 거대한 인간의 인간다운 품위에 대하여는 부족합니다.

그렇다면 좀 더 구체적이고 실용적인 또 다른 품위의 본질이란 무엇인가를 실제적이고 노골적으로 분석하기 위하여 이번에는 품위도 아닌 말종(末種)의 최저급을 논함으로 인하여 역설로 품위를 높이는 효과를 기대하려 하는 것입니다.

첫 번째입니다. 품위가 무엇이냐를 한 마디로 묻는다면 그에 대한 단답은 『부끄러움을 아는 것』이라고도 할 수 있습니다. 그래서 부끄러운 것을 알고 그렇게 살지 않는 것이 품위라고도 한다는 말씀입니다.

거리에서 소변을 본다면 그것은 부끄러운 일이며 그런 행동을 피하는 것이 품위입니다. 벌건 대낮에 노상에서 바지를 내리는 녀석이 있다면 품위의 반대되는 행동입니다.

나이에 맞지 않는 딸 같은 여성한테 이성적인 성욕이 발동한다는 것도 부끄러운 것이기에 이제 말씀드린 경우는 역설적인 품위에 관한 설명이 되겠습니다.


품위에는 각 개인의 품위가 있고 나이도 지위와 성별에 따른 복잡한 품위가 있습니다. 역시 그 집안의 전통이 되는 집안의 품위가 있는 것처럼 크게 보면 국가에도 이런 것이 존재합니다.

좀 더 수치니 품위니 하는 본질을 정곡으로 찔러 보자고 하는 의미에서 이번에는 먼저 독도이야기를 시작해 보겠습니다. 결론부터 말씀드리면 독도는 우리나라 고유의 영토인데 일본이 자기네 땅이라고 하는 것이 얼마나 부끄러운 역품위적 발상인가에 대한 신개념정신문화연구시리즈의 논설을 통하여 품위에 대하여 다각도의 분석에 동참해 보시기 바랍니다.


독도를 자기네 땅이라고 하는 일본은 동물만도 못한 품위의 하등(下等)적 발상이라는 말씀부터 드리겠습니다. 하등적 발상이란 어떤 것일까요? 이제 한 예를 들어 국가 대 국가 간에도 지켜야 할 품위(국제법 이외의 인간적 요소)에 대해 말씀드려 보겠습니다.

성을 하나는 '막'씨라고 하고 하나는 '된'씨라고 정해 봅시다. 두 남자가 있는데 둘 다 결혼해서 이웃동네에서 살아갑니다. 그런데 어느 날 갑자기 막씨가 『된씨의 아내는 내 마누라다』 이딴 소리를 하는 겁니다.

아무리 막된놈의 자식이라서 성까지 막가라지만 그래도 분수가 있지 된씨와 아들 낳고 딸 낳고 사는 된씨의 부인을 제 마누라라고 하다니 미친놈도 아니고 이게 정신 나간 사람 아니겠습니까? 독도문제는 이런 비유가 맞는 이야기입니다.

느닷없이 옆집 아들을 내 아들이라고 하는 것과 같은 이치라니 이런 해괴망측한 놈이 어디 있겠습니까? 바로 이것이 독도에 대한 어처구니없는 일본의 막가(막나감)형 같은 망언입니다. 대화학에서는 이것을 망언이 아니라 광언(狂言)이라 해야 맞다고 말씀드린 적이 있었지요?

막가의 주장에는 논리도 없고 근거도 없습니다. 어찌어찌해서 독도가 자기네 땅이라고 하는 육하원칙의 아무런 증거도 없습니다. 그럴 수밖에 없는 것이 막가가 말하는 된씨의 아내는 된씨의 부인이지 막가의 부인이 아니거든요 그런데도 된씨의 아내는 내 마누라라고 하는 터무니없는 헛소리이니 말입니다.

된씨가 생각해 보았습니다. 저 인간이 왜 저딴 소리를 하는 건가? 내 아내를 제 아내라고 하는 말도 안 되는 연유가 무엇일까? 그보다도 열불이 나서 또는 화가 나서 못 견디겠는 것입니다.

그 못된 막가라는 녀석이 몇 년 전에는 된씨네 집을 빼앗고 된씨와 그 아내를 행랑채로 내몰고서 제가 안채에 들어앉아서 강제로 된씨네 재산을 몽땅 차지하고서 아들딸을 전쟁터로 끌고 가고 또 다른 이웃동네 침탈하는 전쟁으로 끌고 갔던 적도 있었거든요. 된씨는 못된 막가놈 때문에 그렇게 3년 반을 시달린 적도 있었습니다.

그러다가 막가보다 열 배나 더 힘이 센 강 건너 마을 코씨가 이 소리를 듣고 와서 막가 녀석을 혼내 주고 이 녀석을 내쫓아서 저희 집 구석으로 내몰아 가두어 놓았습니다.

아예 패 죽여 버리거나 다리갱이를 분질러 병신을 만들어 버리려다가 개개빌어서 꼼짝 말라고 집구석에 가둬 두고서 세월이 흘렀습니다.

코씨고 된씨고 차츰 그 일을 잊어 가는데 툭하니 내뱉는 말이 된씨 마누라는 내 마누라다 이런 정신 빠진 소리를 하는 것입니다.

"미친놈 너 왜 헛소리를 하고 지랄이냐?" "왜 네 마누라냐?" 이걸 따진다는 것 자체도 참 웃기는 일입니다. 정신 빠진 놈이 지나가다가 저 여자는 내 마누라라고 한다고 해서 된씨가 말하기를 "들어와 앉아 봐라, 어째서 내 마누라지 네 마누라냐?" 하고 우리 한번 여기 앉아서 따져 보겠느냐고 한다면 이것도 또 보통 웃기는 일이 아닙니다.


품위란 무엇인가? 이걸 말씀드리다가 여기까지 왔습니다. 이것은 국가의 체면이고 품위를 모를 뿐만 아니라 도대체 국가 간에 기초상식에도 맞지 않는 생떼거지라고 해야 할지…… 도무지 말이 안 나오는 경우입니다.

사람들에게도 실제 이런 경우가 있을까요? 당연 없어야 하는데 혹은 있기도 합니다. 그럴 때 뭐라고 하나요? "이런 개 같은 경우가 어디 있어?" "별 거지같은 경우도 다 보네" 하지만 이건 참자니 열은 솟구치고 따지자니 우리 체면도 구겨지고……

그래서 인간관계에서 이런 경우를 당하면 품위를 잃고 싸우게 됩니다. 참으면 좋을까요? 참아서 품위를 지킬까요? 그러거나 말거나 "그래, 네 아내라고 해라"하고 이해할까요?

품위가 극도로 더러워지면 딱 이 꼴이 되고 맙니다. 그래서 이럴 때는 참지 말아야 한다는 것이 보통입니다.

참으면 나만 바보가 된다는 이야깁니다. 이에는 이요 눈에는 눈이라고 하는데 이런 걸 어떻게 참느냐? 정말 환장할 노릇 맞습니다. 오죽이나 분하면 분신자살까지 기도한 사람이 있대요.

독도문제는 이렇게 된 격입니다. 막가 놈이 된씨네 집을 침탈했을 때―가만히 보니 된씨의 아내가 여간 예쁜 게 아니거든요. 그때부터 된씨의 부인을 넘보고 싶은 욕심이 생긴 겁니다. 마음의 간음이 시작된 것이지요.

자꾸 눈에 어리고 보고 싶고 안고 싶어 눈독을 들인 모양입니다. 그러나 코씨가 와서 몽둥이를 휘두르고 된씨네 형제들이 이를 악물고 막가 녀석을 몰아내 버렸거든요. 그래서 귀양 가듯 제 나라로 돌아갔습니다.

그러니까 다 끝난 일이므로 된씨가 어디 꿈이나 꾼 일입니까? 갔으면 가만히 처박혀서 제 것 제 먹고 우리 것은 우리가 먹고 그냥 원수 맺힌 것이랑 피차가 잊기로 하고 할 수 없이 이웃해서 살아가는 건데…… 그런데 느닷없이 자다가 잠꼬대를 하는 것입니다. "된씨 부인은 내 마누라다"라고 말입니다. 이거 정말 패 죽일 수도 없고 어쩌면 좋습니까?


품위가 없으면 이 지경으로 추락합니다. 인간 못된 것은 동물하고 같다고 하였지요? 인간성이 동물성으로 나타난 격입니다.

잠꼬대하는 말에 무슨 원리가 있고 무슨 이치와 합리가 있겠습니까? 그런데 된씨가 듣기에는 이게 보통 신경질 나는 소리가 아니거든요. 저 미친놈을 패 죽이면 살인자가 될 거고 듣자니까 속을 뒤집어지고…… 품위의 본질을 분석해 보자는 말씀입니다.


두 번째입니다. 그런 적도 없지마는 만약 된씨 부인과 막가가 처녀 적에 알고 지냈다거나 혹은 풋사랑의 인연이라고 있었다고 해 봅시다. 인간사와 국가사가 동일한 건 아니겠지만 가령 된씨 부인과 막가 놈하고 아예 동침까지 했던 사이라고까지 가정해 봅시다.

그런 일이 있지도 않았지만 만약 그런 일이 있었다 한들 된씨의 아내를 제 마누라라고 해도 되는 겁니까? 시집와서 된씨하고 백발이 다 되도록 살아온 여자가 어째서 막가의 마누라가 되겠습니까?

이런 주장을 편다면 만주가 우리 것이니까 내놓으라고 해야 합니다. 거기는 원래 단군왕검이 우리나라를 세웠던 우리 땅인데 수나라, 당나라 이후에 빼앗긴 것이 맞다는 것을 감추기 위하여 지금의 중국은 고구려 역사왜곡에 정신이 없습니다.

그러나 이것도 내놓으라고 해야 맞을 건데 우리가 지금 그걸 내 놓으라는 말은 아니잖아요? 다만 알 건 알자는 것이고 그때는 그랬었다고 하는 과거는 과거대로 인정하자는 것이며 그 땅에 우리의 문화유산이 많으니 우리와 그 유산만은 같이 보존하되 너희 나라 영토라는 것은 인정해 준다는 것인데 중국도 이상하다 그 말입니다. 과거는 과거고 과거는 과거로서 존재한다는 것뿐 아닌가요?

이런 식으로 거슬러 올라가서 세계가 다시 로마제국으로 가자는 것은 아니잖아요? 그러다 보면 구약시대로 넘어가야 하고 그러다 보면 다시 어디까지 가서 끝날까요? 말이 딴 데로 간 듯하지만 독도는 정말 품위 없는 막가 놈들 때문에 화딱지가 나게 되어 버렸습니다.

말이 또 딴 데로 가나 모르겠지만 내 마누라는 내가 지키고 잃어버리지 말라는 것이 인생의 이치입니다.

만일 마누라 간수를 잘못해서 마누라가 자식 둘셋 내버리고 나가 가지고 막가든 짓가(성씨)한테 가서 거기서 애새끼까지 낳아 버리면 그게 이제 누구 마누라입니까? 이건 경우가 또 다릅니다. 인생에는 분명 과거가 있고 현재가 있으니까요. 하지만 나한테도 새끼가 있으니까 마누라가 원한다면 그 남자를 향해 돌려보내라 할 수도 있겠군요. 하지만 이것도 또 말이 안 되는 일입니다. 독도문제는 지금 말한 말도 안 되는 이야기하고도 전연 다릅니다.

이것은 옆집 아내를 어떻게 해 보려고 하는 음심이라고 보아야 합니다. 역사에도 과거가 있고 현재가 있는데 독도는 내서는 안 되는 전연 말도 안 되는 간음의사 표시로밖에 달리 볼 게 없습니다.

보니까 너무 예쁘고 너무 여성스럽고 나약스러운 것이 꿈에도 못 잊겠어서 저 난리거든요. 바로 이것이 쌍스러움이요 말종의 극치라고 보아야 하는 경우입니다.


이게 동물성입니다. 입에 들어가는 것도 덤벼서 빼앗으려 하는 겁니다. 내 것, 네 것 구별도 없는 경우입니다. 그러면 그게 사람이 아니지요. 동물이라도 좋다 내가 먹겠다 이 지랄을 한다면 이런 동물은 밟아 죽여야 하는데 생김새는 인간이고 또 일본사람이라고 다 그러는 것도 아니니 이걸 어째야 할까요?

천사가 타락하면 사탄이 된다는 말이 있습니다. 품위가 추락하면 국가적으로는 독도 같은 추태로까지 변질됩니다(일본의 몇몇 사람을 논함).

일단 부끄러움을 모르면 그건 품위하고는 극과 극을 달리하는 추함이란 말입니다. 생각해 보십시오. 막가란 놈이 된씨네 집을 빼앗고 3년 반이나 제가 온갖 못된 짓을 다했습니다. 말하자면 국가를 부부라고 칠 때 이것은 된씨 아내를 강간한 것과 똑같습니다. 그래 놓고 뒤지게 혼나고 다신 안 그런다고 싹싹 빈 녀석이 어느 날 헛소리라도 된씨 마누라는 내 마누라다 할 수 있습니까? 해도 되는 겁니까? 미친 놈 맞지요?

그런데 지금 세상이 이렇게 요상하게 돌아갑니다. 성매매금지 특별법을 발효시켜서 돈을 주고 성(섹스)을 사고파는 것은 심지어 명단 공개까지 나오는 세월입니다.

국가가 아니고 이번에는 일개 한 사람 개인의 쌍스러움에 대하여 논하기로 하겠습니다. 반품위의 쌍스러움의 상석에는 불륜과 간음 간통이 자리 잡고 있습니다. 바로 독도문제하고 다름없는 극악(極惡)스러움의 최정상은 간통입니다.

일단 간음이니 간통에 빠지면 품위로의 복귀는 거의 불가능에 가까운 치명상을 입고 맙니다.

이런 예는 정계의 유명인이나 아니면 사회지도층 인사 중에서 만약 간통문제가 터진 경우를 보게 되는데 이 사람은 죽을 때까지 『누구하고 간통한 사람』이라는 오명이 끝까지 따라붙는 것을 보게 되는데 이로서 그는 쌍스러움에서 헤어나지 못하고 어디 한번 제대로 얼굴도 내밀지 못하여 두더지처럼 은신하고 거기서 생을 마치는 예도 보게 됩니다.

이처럼 품위가 높아서 옛 품계로 친다면 영의정, 우의정에 해당하는 최등급의 인사가 불륜에 빠지면 아무리 닦고 빨아도 지워지지 않는 것처럼 일개 개인의 경우에도 그 더러운 오물은 벗겨지지 않습니다.

그러므로 품위의 독약이요 품위의 똥물이거나 똥독에 해당하는 것이 불륜이기 때문에 '품위학 콘체르토'를 안다고 하는 것에서 어쩌면 가장 중요한 것이 바로 불륜에의 유혹으로부터 자신을 지키는 것입니다.

그러나 남녀를 불문하고 여기에서 자신을 지키는 것과 그의 사회적 신분이나 학벌과는 별개인 경우도 자주 봅니다.

박사도 소용이 없고 심지어는 국회의원도 맥을 못 추는 것이 불륜의 유혹이라 할 수 있으므로 어쩌면 품위의 검증은 불륜으로 한다고 해도 과언이 아닐 것입니다.


세 번쨉니다. 그런데 독도문제에는 열 받고 화가 치민다고 데모도 하고 난리를 치는데 참 이상한 것은 독도문제보다 더 치를 떨고 난리를 죽여야 할 우리의 내면 인간성의 동물화 현상인 불륜에는 묵묵하더라고요. 왜 그럴까요?

그건 남의 일이고 독도는 우리 일이니까 그럴까요? 우리 21회까지 갈 인성연구 분야는 이것도 짚고 넘어가야 합니다. 아무도 말하지 않으니 신개념정신문화연구시리즈가 먼저 불씨를 던질 수밖에 없습니다.

왜냐하면 이것이 남의 일이 아니거든요. 진짜 우리가 모르는 최말종의 저급한 쌍스러움이거든요. 품위의 적군이어서 품위가 이 총에 한 방 맞아 버리면 즉사하고 말거든요. 내가 쏘기도 하고 맞기도 하는 무서운 총알이 불륜입니다.

불륜과 외도는 좀 다릅니다. 외도는 정기적으로 오랫동안 관계가 지속되지 않고 1회성일 때를 외도라고 합니다. 그러나 불륜은 아예 기둥서방으로 맞아들였다거나 작은 부인으로 은밀하게 몇 년씩 관계를 유지하는 것을 불륜이라고 보아야 하는데 반드시 배우자가 있는 사람이라야 불륜이라고 말합니다.

남녀 둘 다 배우자가 없다면 이것은 불륜과는 절대 상관없습니다. 말 그대로 불륜이란 인간의 도리와 남편이나 아내의 본분 인륜에 어긋난 경우를 불륜이라고 하는 것입니다.

일단 너나 나나 둘 중에 한 사람이 배우자가 있다면 이건 100%불륜입니다. 그런데 너도 있고 나도 있다면 이 경우는 200% 불륜입니다. 하지만 불륜에 100%고 200%가 어디 있겠습니까?

제가 이렇게 말할 뿐 불륜은 불륜이란 한 마디로서 돌이킬 수 없는 품위의 사형선고이며 씻어 낼 수 없는 똥독에 빠지는 것이어서 품위와의 영원한 이별의 길로 가는 것이며 배우자와 자녀들과도 이별하는 길이며, 보다 중요한 것은 인륜과 천륜과도 결별하고 돌아서는 하나님과 배우자와 자녀와 국가사회에 용서받아도 악취가 남는 '품위학 콘체르토'에서는 품위의 종말이며 사형이 아니면 무기징역이나 종신형에 해당합니다.


그런데 이 불륜에의 유혹에 빠지면 좀처럼 헤어나지를 못하는 사람이 참 많습니다. 무엇이 이렇게 만들까요? 동물성이 그렇게 만듭니다.

인간에게는 동물성이 있기 때문입니다. 이것은 인간성을 길러야 없어집니다. 그래서 바로 사람이 어떻게 살아야 사람다운 것이냐의 문제가 품위라고 하는 학문입니다.

부끄러운 것을 모르면 그것은 품위가 아니라는 말씀입니다. 그러니 품위의 최하급이 무엇이냐? 품위 썩은 것이란 무엇이냐? 바로 불륜입니다.

썩은 품위 중에 대표적인 것이 불륜입니다. 불륜은 독도문제보다 더 열 받치는 것이 바로 악성입니다. 불륜은 남의 아내를 넘보는 것이며 남의 남편을 사랑이라는 허울로 가리고 저지르는 부끄러움의 극치입니다.

신개념정신문화연구시리즈에는 불륜학이라는 것도 있습니다마는, 이제 국가가 나서서 이 불륜과의 전쟁을 선포하고 인간성을 잃은 동물적 불륜과 싸워야 합니다. 이는 인간다움을 위해서입니다.

품위가 품위를 유지하려면 비품위적인 요소를 제거해야 하거든요. 그래서 신개념정신문화연구시리즈가 먼저 불씨를 지펴야겠다고 하는 커다란 주제가 바로 불륜퇴치입니다.

첫째는 하나님께서 불륜을 극도로 싫어하시기에 때문입니다. 불륜에 빠지면 인간다움을 상실하게 되고 인간다움을 상실하다는 것이 바로 품위의 본질이 파괴되는 것이기 때문입니다.

불륜은 전적으로 나를 감춥니다. 나의 본분을 감추고 정체성을 감추고 인간성을 감추는 대신 동물적인 본능에 빠지는 것이기에 썩은 품위의 1등입니다.

불륜의 특성은 좀처럼 드러나지를 않는 것입니다. 독도문제는 드

러나지만 불륜은 자기 자신만 알고 아무도 모릅니다. 그래서 불륜퇴
치가 그만큼 어렵습니다.

네 번쨉니다. 요즈음의 또 다른 반품위에는 제가 '놀순이'라고 명
명한 반품위가 있습니다. '놀순이'란 말은 노래방에서 같이 놀아 준다
고 해서 붙인 이름인데 고급스럽게도 노래방가수라고도 하더군요. 그
들이 과연 가수입니까? 가수가 아니고 반 이상은 퇴폐적인 불륜업에
가깝다고 보아야 합니다.

밤에 화장을 하고 나서는 여자들 중에 놀순이가 많이 있습니다. 그
여자가 문제지만 그런 여자들을 부르는 남자도 문제입니다. 직업여성
이라는 괜찮은 이름으로 바뀐 창녀는 창녀지만 놀순이는 반창녀라고
해야 말이 맞을 거예요. 이것이 또 쌍스러움에 해당합니다. 썩은 품위
가 놀순이고 창녀고 반창녀입니다.
창녀의 반대말이 창남입니까? 그렇다면 창남이 너무 많은 세월입
니다. 창녀하고 한 몸이 되면 당연 창남인 것처럼 반창녀하고 놀아난
다면 반창남입니다.

그러니까 품위를 제대로 안다는 것은 이와 같은 불륜이나 창녀나
창남에 대하여 똑바로 아는 지식을 습관적으로 갖춰야 바르게 아는
것입니다.
입으로는 어쩌고저쩌고 하여도 행동은 엉뚱한 데로 가서 반창남
짓을 한다면 품위는 거반 반은 썩은 품위이며 반은 사형선고를 받아
반신불수의 품위라고 보아야 합니다.

이렇게 쌍스러운 품위의 썩은 부위를 도려내고 빨리 새살이 돋아나야 비로소 품위를 말할 수 있고 유지할 수 있게 됩니다.

그러니 품위를 지킨다는 것도 어렵지만 썩어 들어가는 품위손상을 막는 것도 어렵습니다. 이 말이 무슨 말일까요? 품위는 거저 받아 누릴 수 없다는 말씀입니다.

독도문제에 분개하십니까? 불륜문제에도 분개하십시오. 독도 이야기만 나오면 피가 거꾸로 솟으십니까? 불륜에도 동시에 피를 토하며 우리의 품위를 유지합시다.

# 풍위와 성생활

# ＃ 무지한 성행활은 독이다

사람 속에 또 하나의 사람이 들어있어 『씨』라 하겠습니다. 사람의 씨란 사람이 생겨나게 되는 정자와 난자의 결합으로 맺어 이로써 태어나게 되기 때문에 이것이 곧 사람을 낳는 씨앗입니다. 바로 이 씨앗을 심는 일에 해당하는 것을 성생활(性生活)이라고 봐도 될 모양입니다.

품위와 성생활…… 잘 드러나지는 않는다 하여도 인간을 '품위학 콘체르토'적으로 볼 때는 이것이 얼마나 중요한 것인가를 생각해 볼 이유가 있습니다.

비슷한 예로 제10장에서는 불륜에 대하여 언급했습니다마는 품위에 대한 이해는 그로써 부족하기 때문에 이 시간에는 품위와 성생활이라는 제목으로 계속해서 역품위적인 말씀을 드리겠습니다.

첫 번쨉니다. 사람과 동물이 다른 것 중에는 이미 말씀드린 먹는 것에 관한 것이 있습니다. 그러나 이보다 더 극명하게 다른 것은 성생활입니다.

인류학자들의 말이나 생물학자들의 말을 빌리지 않더라도 동물과 인간의 성생활은 달라서 동물의 성생활은 종족 보존만을 위한 수단입니다.

그래서 동물들의 성은 생리주기에 맞춰 짝짓기를 하지만 인간은 종족보존의 수단인 동시에 또 다른 사랑의 한 방법과 아울러 쾌락의 방편으로도 성생활을 하고 있는 것을 알 수 있습니다.

그렇다면 인간과 성생활은 매우 중요한 관계를 가지고 있어 뗄 수가 없습니다. 그렇다면 인간의 성생활과 인간의 품위하고는 어떤 관계를 가지고 우리에게 어떤 교훈을 주고 있을까요?

첫째는 『성의 거룩성』입니다. '인간에게만 주신 하나님의 고귀한 선물'이 성이라는 점입니다. 큰 선물이고 인간의 복이라 하겠습니다. 값지다 못해 거룩하다 하겠습니다. 이를 '성의 거룩성'이라 해도 되겠습니다. 성의 거룩성이란 이제 말씀드린 동물들은 평상시 성행위를 하지 않는 데 비하여 인간은 매일이라도 성생활을 할 수 있다는 데서 특별하고 성생활이 인간의 삶을 풍요롭게 하는 행복의 수단이 된다는 점에서 매우 고귀하기에 감사해야 하며 존귀하다는 의미를 갖는 말입니다.

성생활을 함으로써 인간이 인간다운 삶의 질과 가치를 높이고 동물들과 다른 행복을 누리라고 하는 창조주의 특별한 배려에 의한 것이기 때문에 이것은 특별하고 고귀한 것입니다.

이렇게 고귀한 것이기에 『성은 감사와 행복을 담은 거룩한 행위에 으뜸』이라고 보아야 합니다. 그래서 동물과 다르게 아무 데서나 성행위를 하지 않으며 대낮을 이용하지도 않고 은밀하게 숨겨진 보물을 감춘 것처럼 이에 필요한 성행위의 모든 조건이 완숙된 후에나 절대 비밀스럽게 성생활을 하고 있다는 것을 알 수 있습니다.

이제 이와 같이 이 비밀하고 신비로운 인간의 성에 대하여 신개념 정신문화연구시리즈는 인성연구 분야기에 이 보배로운 인생의 선물을 받았으니 어떻게 누리고 관리하여 더욱 값진 행복의 보배로 간직할까의 문제에 대하여 생각해 보겠습니다.

먼저 감사함을 잊지 말아야 합니다. 감사합니다라는 말이 흔하지만 막상 성생활을 하도록 선물로 내려 준 이 거룩한 성에 대하여는 감사하다는 말도 느낌 표시도 잘 하지 않는데 감사한 일이 맞습니다. 거꾸로 성생활을 못하게 된다고 생각해 보면 알아요. 성불구자가 되었다고 생각해 보면 얼마나 감사하고 고마운지 알 일입니다.

말고도 성생활에 갈등이 왔다고 생각해 보아도 알 일입니다. 가정이 휘청거리고 감정이 죄다 망가집니다. 그로부터 행복이 멀어지고 불행이 시작됩니다.

원만한 성생활의 조건이 주어졌다는 것을 감사하고 부부는 서로 이런 성을 분담받아 건강하게 감사함으로 관리를 잘해야 한다는 말은 잔소리라 할 만큼 당연한 말입니다.

또 이 놀라운 성의 신비성입니다. 부부라고 하여도 성은 신비로움 그 자체이며 거룩함의 본체입니다. 성행위는 진실과 사랑의 조건을 토대로 할 때에만 이루어진다는 것에서 성의 거룩성을 확인하게 될 뿐만 아니라 매 성행위 때마다 신비로운 쾌감을 취하게 된다는 게 성의 놀라운 신비로움입니다.

그렇다면 이와 같은 거룩이나 신비의 정체는 무엇일까요? 그것이 곧 품위입니다. 동물에게는 오직 육과 육이지만 인간은 품위가 기본에 깔렸습니다. 곧 품위의 절대적 요소인 인격과 인격과의 만남이며 이로써 맺어지는 결실이 성행위라는 사실입니다.

인격과 인격은 만나는 시기와 장소와 그때그때의 환경에 따라서 무궁무진하고 변화무쌍한 신비로운 조화를 일으킵니다.

그래서 남자의 성과 여자의 성이 각기 다른 두 개의 인격으로 은밀하게 사랑의 행위에 들어가게 되는데, 놀라운 것은 부부라고 하여도 일생 그 느낌이 다르고 쾌감이 다르며, 항상 절정의 생수 맛과 같은 만족함을 누리게 된다고 하는 것은 여간 신기한 일이 아닐뿐더러, 보통 귀하고 값진 것이 아니라고 하는 것을 알 수가 있습니다.

그러므로 이로써 한 몸을 이루고 살아가게 되는 부부는 이 세상의 어떤 만남보다 『신성한 만남』이라는 것에 엄숙한 자세를 가져야 마땅합니다.

그러기 때문에 부부의 연을 맺는 결혼예식은 정숙하고 근엄하기도 하지만 인생최대의 가치를 인정하기 때문에 장난삼아 결혼하는 사람도 없고 농담으로 대답하는 혼인서약도 있을 수가 없습니다.

오죽하면 결혼식이라고도 하나 결혼예식이라고 하는 것이며 가톨릭에서는 이를 성례식이라고 해서 신성시하는 하나의 예배의식으로까지 진행하고 있는 것도 보게 됩니다.

한 번 더 강조하거니와 부부가 되어 만나는 이 만남은 거룩한 만남이며 신성한 만남입니다. 이때 알아야 할 것은 어제 오늘 갓 만난 것 같아도 사실은 영원 이전으로부터 계획된 하나님의 섭리에 의한 만남이며 인간으로서는 도저히 측량할 수 없는 신비로운 만남이라는 점입니다.

재삼 강조하지만 부부가 만나서 성생활을 하는 것은 비밀스럽고 놀라운 현상입니다. 인간은 가히 어떠한 기계로도 이와 같은 사랑을 창조하지 못하며 아무리 능란한 감정처리 기구를 들이대어도 만들어 낼 수 없는 인간에게만 주신 사랑의 선물이 바로 성행위라고 하는 것입니다.

두 번쨉니다. 이처럼 동물과 차별된 인간의 성생활은 동물들의 그것과 비교해서 근원적으로 다른 양태를 가지고 있다는 사실에 주목할 필요가 있습니다.

첫째는 인간의 성생활은 아까 말씀드린 것처럼 인격과 인격 간의 만남에서 발생된다는 것이 차별화의 첫째입니다.

하지만 동물의 경우에는 인격이 무시됩니다. 동물은 일상적인 성생활 자체도 없을뿐더러 동물의 짝짓기는 다른 건 필요치 않고 오직 동물성의 본능과 단순한 힘의 논리만이 작용된다고 하는 것이 다릅니다.

강한 자가 성행위의 주도권을 가진 관계로 힘만 강하면 성행위는 그걸로 결정 납니다. 하지만 인간이 강한 힘으로 성행위를 한다면 이 경우는 강간입니다.

강간은 거룩성과 신성(神聖)성과 비밀스럽고 신비함의 성 본래의 뜻과는 관계가 없습니다. 강간에는 인간이 누릴 수 있는 성행위의 독특한 감정이나 쾌감도 없으며 오직 동물적인 쾌락 한 가지만이 존재하는데 그것도 힘이 센 일방에서만 탈취하는 무가치한 쾌락의 범주입니다.

인간의 성생활이란 전연 이와 같지 않아야 하고 그래야만 인간다운 행복의 성을 누리게 되는 것이므로 인간이 동물적인 본능 추구적 성을 행동에 옮긴다고 한다면 그것은 인간의 사랑이나 인간에게 준 본래의 성생활의 뜻과는 배치되는『죄악의 그물』에 갇히는 비인간적인 행위에 속하게 된다는 것이 중요합니다.

그러면 이와 같은 비인간적인 죄악의 그물 안에는 어떤 것들이 들어 있을까요? 성의 방탕과 인격이 도외시된 탐욕과, 돈으로 사고파는 성매매와, 인륜을 저버린 불륜이 그것입니다.


그렇다면 인간다운 성을 누리고 거룩하고 신성하며 고귀한 인간의 사랑에 부합하는 참다운 성생활이란 어떤 것일까요?

그에 앞서서 우선 방탕한 성생활에 관한 말씀부터 드리겠습니다.


방탕한 성생활이란 절제되지 못한 잘못된 성을 추구하는 향락성의 성을 가르칩니다. 이런 경우는 남녀 양성이 동일한 욕구가 만나면 별다른 이유 조건 없이 쉽게 성행위에 빠지는 경우로서 양성 모두가 삐뚤어진 성 개념을 가지면 흔하게 행동에 들어가는 경우입니다.

여기에는 성의 감사요 고귀요 거룩 같은 것은 무시됩니다. 너 여자 맞느냐? 너 남자가 맞느냐? 너 나 어떠냐? 나는 너 괜찮다. 그래? 그러면 좋다 할래? 그래 한 번 하자—단순한 이 몇 가지 이외에는 더 이상 따지고 논할 필요가 없다고 하는 원초적인 동물의 본능과 다름없는 것이 성의 방탕입니다.

이것은 자신도 모르는 사이에 자기의 인격을 파괴합니다. 그렇게 만나서 속절없이 성행위를 가진 사람의 영혼은 더욱 피폐해지고 오히려 더 큰 성의 불만에 빠져서 행복과는 더욱 멀어지게 될뿐더러 마실수록 더욱 갈증을 느끼는 것과 같은 인성파괴의 결과가 된다고 하는 것입니다.

다음은 비인격적인 단순한 양성의 만남이 성행위로 나타난 경우입니다. 그러나 한 가지 드릴 말씀은 이와 같은 성의 방탕이나 비인격적인 탐욕은 일반적인 경우라기보다는 소수의 몇몇 사람들의 이야기일 뿐이라고 이해하시기 바랍니다.

대개의 사람들은 지금 제가 드리는 이런 말씀과는 무관하다는 것도 알고 있습니다. 하지만 소수의 사람들이라고 하여도 이들이 사회에 끼치는 성문제의 충격은 매우 클 뿐만 아니라 문제는 갈수록 이와 같은 불건전 성풍토가 산불처럼 번지고 있다는 것에 문제가 있습니다.

앞서서도 말했지만 남녀의 성행위는 고도의 전자 칩으로도 그 정확도를 재고 맞출 수가 없는 인격과 인격이요 인성과 인성과의 만남 최정상입니다.

이와 같이 성행위에 이르는 과정과 여건은 부부가 아닌 양성에서는 정상적으로 합치되기도 어렵지만 합치되어서도 아니 되는 거룩성의 문제가 본질이라는 사실입니다. 그러나 성적 탐욕은 남녀를 불문하고 끝없이 이성을 추구하는 본능적 욕구로 치닫고 있습니다.

왜 이런 현상이 나타나는 것일까요? 이는 정상적인 성생활에서 이루지 못하였거나 아니면 거기에서 이탈하여 본질이 훼손된 성 장애의 현상 때문입니다.

물론 이들도 성의 고귀한 가치를 모르는 바는 아닙니다. 다만 뜻대로 되지 않는 불만족과 이를 수 없는 환경이 원인이 되기도 하는 것입니다.

무너진 성의 성벽에서 튕겨 나와서 이제는 거룩한 성에 들어가지 못한다고 하는 성 피해의식의 문제도 있을 수 있으며 그로 인한 충격으로 인하여 고상한 자신의 성생활을 포기하고 절망한 나머지 그로 인한 반작용에서 자기 반항의 일단이라고도 볼 수 있는 등등 여러 가지 정황에 기인한 것이라고 볼 수 있습니다.

그러니까 성이라고 하는 꿀단지는 한번 깨어지면 다시 담아 회복하기 어려운, 그렇게도 소중한 것이기 때문에 그래서 성교육이 얼마나 소중한 것인가는 좀 더 들어 보시면 아시게 될 것입니다.

아무튼 인격이나 인성이나 흠결 없는 사랑으로 하나님과 사람들이 보기에 건전한 사랑도 아니요 성행위도 아닌 것은 갈수록 못쓰게 되고 갈수록 불행해지는 삶으로 추락하는 데 있어서는 그 어떤 것보다도 우위를 차지한다고 하는 것은 명심할 사항입니다.


그중에 또 하나는 돈으로 사고파는 거래성의 상품화입니다. 돈 주고 거래된 성은 돈이라고 하는 대가가 오고 갔다면 자본주의 사회에서는 정당성이 갖춰진 거라고 생각하는 사람도 역시 죄악의 그물에 걸려든 사람입니다.

돈으로 주고받는 것에서 절대로 제외되어야 하는 것은 인격입니다. 인격과 노동은 다릅니다. 성은 노동행위가 아닌 인격행위이기 때문에 성을 돈으로 사고팔고 하는 것은 반인륜적이요 창조의 법칙에 어긋나는 죄악입니다.


세 번쨉니다. 여기까지 오면 흔히 듣는 말이 공창(公娼)을 인정하라거나 아니면 성생활 억제에 따르는 강간과도 같은 부작용이야기 입니다. 그러면 어쩌란 말이냐고 하는 말말입니다.

하지만 그러니까 돈을 주고라든지 방탕을 하라든지 아니면 되는 대로 하라고 할 수는 없는 일입니다. 어디까지나 건전하고 올바르게 성생활을 유지하고 철저하게 지키며 보존하라고 하는 것이 답변입니다. 그러면 그게 어떻게 하라는 말이냐고 질문해 오시겠습니까?


아내와 남편이 있는 사람은 아직은 꿀단지가 깨지지 않았으니 그 꿀단지를 잘 간수하고 그 꿀을 썩지 않게 보관하고 그 꿀만 먹으라고 하는 것이 원론입니다.

본인은 무엇이 문제인지 누구보다도 잘 안다는 것은 바로 내가 어떻게만 해 주면 부부문제와 성생활문제가 어떻게 좋아지고 치료가 된다는 것은 당사자라면 누구나 알고 있는 것입니다.

하지만 자존심도 상하고 그렇게는 하기 싫다고 해서 자기가 좋은 방법을 두고도 사용하지를 않는 것이 99.99%라고 한다면 제 말이 틀렸습니까?

옆에 눈치우개로 치우면 되는데 고롷게(그렇게)는 못한다고 하면서 자신에 수(방법)를 두고도 그 수를 쓰지 않는 것이 부부문제요 부부 양인이 피차간에 한 발짝씩만 물러서면 부부의 성문제는 정답이 없는 게 없다는 것이 저의 생각입니다.

그러면 수가 있는데도 왜 쓰지 않을까요? 네가 그러는데 내가 왜 굽히느냐? 부부의 성문제는 바로 피차가 『네가 먼저』라고 하는 자존심이 걸림돌인 경우가 많습니다. 아니면 풀리지 않는 오해라거나 맺혀진 감정의 응어리입니다.

상한 자존심이 원인인 경우도 많습니다. 일단 한번 정이 떨어지니까 다 싫다고 하는 것도 있습니다. 그래서 진단한 결과 위와 같은 많은 원인이 발견되었습니다. 그중에 한 가지, 맨 마지막의 문제에 대하여만 언급해 보겠습니다.

남녀 간에는 일단 한번 정이 떨어졌을 경우가 어렵다고는 인정됩니다. 하지만 그렇다고 해서 다시 복구하지 않으면 어떤 결과가 나타나게 되는 것인가를 생각해 보아야 합니다.

성 공황상태라거나 성의 방황상태로 간다는 것은 막을 수가 없다는 것이 처방전입니다. 그러면 결국 성은 정체성을 잃게 되고 성관리가 제대로 되지 않아서 고통을 받게 마련입니다.

일정한 배란 주기에 따라 성욕구가 일어나는 동물과 다른 이것이 인간의 성문제이기 때문입니다 그래서 갈 길은 불을 보듯 성의 죄악에 빠지고 그물에 결려들기 십상이라고 하는 것입니다.

다음은 부부라고 하는 단지가 깨진 사람에게 처방전을 내어 드리겠습니다.

단지가 깨진 사람, 즉 부부가 아닌 독신자는 새롭게 새로운 단지를 꾸며야 한다는 것입니다. 인격적인 거룩한 성의 탑을 새로 쌓아야 한다는 것입니다.

우선 먹기 좋은 곶감만 찾으면 그것은 죄악의 그물에서 벗어나지 못하고 성적 방탕의 늪에서 헤어나지 못한다고 하는 말씀입니다. 1:1로 건전한 이성간의 교제로부터 새로 출발하려 하지 않고 1회성의 성의 포로가 되면 그것이 타성에 젖어서 그물을 더욱 촘촘하게 만들어 빠져나오지 못하게 된다는 말씀입니다.

네 번쨉니다. 이번에는 불륜입니다. 불륜은 앞서 이미 드릴 만큼 드린 말씀이지마는 불륜에는 보다 중요한 말씀이 남아 있습니다. 아주 유치하게 접근해서 불륜이면 어떠냐고 하는 무식한 질문에 대한 답변으로부터 시작해 보겠습니다.

불륜은 이 시간 말씀드린 인격과 인격과의 만남이나 신성한 만남과 거룩한 양성의 올바른 만남과는 상관이 없는 죄질이 악질인 것은 누구나 아는 사실입니다.

물론 성의 방탕과 인격이 도외시된 탐욕과 돈으로 사고파는 성매매 같은 것들은 당연 하나님이 주신 인간만의 특권인 올바른 성생활과는 딴판이요 삐뚤어진 죄악된 성생활이라는 것도 다 아는 사실입니다.

그런데 여기에는 불륜이 상석을 자리 잡고 있습니다. 그렇다면 결국 불륜을 포함한 이와 같은 죄악된 성생활은 어떤 결과를 가지고 오는 것일까요?

우리가 듣고 아는 성생활의 방탕이 어떤 결과를 가지고 온다는 것은 무분별한 성생활의 결과는 지금의 지구촌을 돌이키기 힘든 에이즈의 열풍에 휘말려 들어가게 하고 있다는 것입니다.

그러나 우리나라는 그래도 아직은 에이즈가 심대한 사회문제로까지는 나타나지 않고 있습니다. 하지만 우리나라도 에이즈로부터 자유롭지 못해서 국내 에이즈 환자가 어언 수만 명이 넘어섰다고 하는 비밀스러운 통계도 보게 됩니다.

에이즈는 방탕한 성생활을 하는 사람에게 신이 내리는 성문란에 대한 대가라는 말은 세계가 다 인정하는 천벌이라고 알고 있습니다.

그러나 저는 에이즈는 아주 작은 형벌이라고 하고 싶습니다. 다시 말하면 그러다가는 에이즈에 걸려서 죽는다는 유치한 논리가 아닙니다.

에이즈보다 더 무섭고 감당치 못할 중벌이 내려지게 되는 것이 문란한 성생활에 대한 징벌로 내려진다고 하는, 인간의 행복을 지켜 내야 한다는 것이 바로 신개념정신문화연구시리즈의 우려이며 경고입니다.

물론 에이즈가 무서운 병은 맞습니다. 뿐만 아니라 에이즈는 무절제하고 삐뚤어진 성생활에서 전염된다는 것도 우리가 다 아는 사실입니다.

그래서 동남아지역으로 관광을 가서 거기서 방탕하고 음행을 저지른 사람들 중에는 이미 에이즈환자가 되어 국내에도 미확인된 에이즈보균자가 상당하다는 것도 알고 있습니다.

이와 같은 에이즈는 지금 도덕불감증과 교육수준이 낮은 아프리카 전역을 강타하고 있습니다.

면적은 우리나라의 3배지만 인구는 남북한보다 약간 적은 케냐의 경우에는 에이즈로 사망한 사람이 많아서 그들이 남겨 놓은 고아가 150만 명에 육박해 들어가고 있는데 향후 10년 이후에는 에이즈고아가 400만 명으로 늘어나게 된다는 통계가 있습니다.

그들의 성도덕은 땅에 떨어지고 그 결과 남편이 에이즈에 걸리는 순간 아내가 걸려서 부부가 동시에 사망하고 남은 자식은 적어도 5~6명인데 열 살도 못 된 소년소녀가 가장이 되어 인간이하의 삶으로 하루 한 끼의 식사로 연명하고 산다고 하고 있으며, 그나마 그중에는 태반이 부모로부터 유전된 에이즈 균 보균자라는 통계가 있습니다.

일일이 사례를 들기도 부족하지만 르완다의 경우는 청년들, 즉 군인의 50%가 에이즈환자라는 통계가 있습니다.

그래서 이들은 임신함과 동시에 에이즈 균이 태아에게 전이되어서 태어나게 될 어린이가 이미 에이즈환자여서 시한부의 생명으로 태어나는 것에 가슴을 친다고 하는 것이며 에이즈치료를 위한 항바이러스의 개발이 인류의 숙제가 되어 있고 곧 죽음을 맞이하는 환자들의 가슴 아픈 절규가 문명국인 우리나라에게 어떤 교훈을 주는가를 생각해야 하는 것이 우리 인성연구 분야의 사명이 아닌가 생각합니다.

왜 불륜을 막아야 하고 어째서 무절제한 반인륜적인 성생활에 대하여 가르쳐야 하느냐? 만일 이대로 가다가는 에이즈가 우리를 말살시킨다는 것도 엄포성이겠지마는 되는 말은 되는 말입니다. 그러나 에이즈보다 더 무서운 '에구무니즈'라고 하거나 '에라죽어즈'라는 신종형벌이라도 내려지지 않는다고 누가 장담하겠습니까?

하지만 죗값으로 있지도 않은 병을 받을 거라고 하니까 하나도 겁나지 않는다고요? 그렇다면 간단하게 말씀드리겠습니다.

성생활이 온전치 못하면 행복은 당신의 것이 될 수 없다는 말씀입니다.

인간이 살아 보았자 살아 보나 마나 괴로울 것이라는 말씀입니다. 차라리 죽는 것이 더 나을 정도로 내일은 당신이 고통에 몸부림칠 것이라고 하는 말씀입니다.

왜 그렇다는 것일까요? 인간의 성은 거룩한 것이기에 거룩한 것으로 똥독을 휘저으면 하나님이 극도로 노하시고 인간의 분노가 하늘

을 찔러서 오뉴월에도 서리보다 더 무서운 폭염과 폭설의 대 재앙이
에이즈보다 더 무서운 형벌이 되어 당신의 몸과 마음을 찌르고 가르
고 거기에 오물을 퍼부어서 구더기가 득실거리건마는 치료약이 없을
것입니다.

한번 상상해 보시기 바랍니다. 당신의 뱃가죽을 뚫고 구더기가 기
어 나온다거나 우리가 상상으로도 생각하지 못할 피고름에 회충이
기어 나오고 등에 송충이가 살을 파먹는데도 치료약이 개발되지도
않고 그런 벌레들이 떼어 내지지도 아니하며 그것을 손으로 떼어 내
는 경우에는 전신의 생살을 찢는 것과 똑같은 고통으로 여겨진다면
어떻겠습니까?

인류에게 이보다 더 큰 재앙이 없다고 아우성을 친들 그것은 거룩
한 성을 퇴폐적으로 쏟아 버린 자에게만 내리는 천형이라고 할 때 당
신은 죽음을 택하여 자살하면 끝이라고 하시렵니까? 독약을 먹어도
효능이 없어서 죽어지지도 않고 그렇게 천형을 받아야 된다면 어찌
하겠습니까?
제가 엄포에 공갈협박을 하자는 의도는 조금도 없습니다. 에이즈
라는 질병은 우리에게 하나님의 거룩한 특별선물로 받은 성을 소중
하고 감사하게 가꾸라고 하는 교훈과 동시에 무서운 경고입니다.
거룩이 훼손되면 품위는 더러운 오물이 되고 맙니다. 아프리카나
동남아시아의 에이즈는 우리에게 많은 것을 생각하게 하는데 그것은
장차 다가올 무서운 신종 에이즈라고 하는 것이 신개념정신문화연구
시리즈가 보는 인생문제이기도 합니다.

잘은 모르겠지만 미인의 똥이 더 구리다는 주장입니다. 신령한 것
이 변질되면 반대로 더 심한 악취를 낸다는 것은 상식입니다.

인간 속에 인간-그것이 바로 성입니다.

정자와 난자는 인간의 인격과 인격이 만나서 건전하게 성행위를
하도록 창조된 것이거늘 인간이 짐승의 성을 추구하고 그로써 향락
을 누리며 쾌락에 빠져드는 것은 우리들의 후손을 우리가 고통의 불
도가니로 내모는 가정파괴와 행복파괴의 결과를 가져온다는 것은 백
번을 강조해도 부족하기 그지없는 인간의 존엄성과 가치보존의 행복
으로 가는 길입니다.

일면 세상이 지금 소돔과 고모라 성으로 변해 갑니다. 인터넷에 동
영상이 성행위의 온갖 변태적이고 동물적인 체위로 우리 곁에 다가
와 있습니다.

생각해 보면 인간의 성행위는 마주 보는 사랑입니다. 반대로 동물
들의 성행위는 인간의 체위와 다릅니다.

개가 짝짓기를 하는 체형이나 세상에 있는 모든 동물들의 성행위
는 체위가 인간과 같이 마주 보는 체형이 아니라 엇갈린 체위이거나
등 위에 올라타거나 뒤에서 반대로 행하는 체위입니다. 이게 사람의
성행위로는 옳지 않음에도 불구하고 사람이 동물의 체위를 따라 한
다는 것은 부부간의 올바른 자세가 아닙니다.

사람이면 사람다워야 한다는 것은 '품위학 콘체르토'에서 기초지
식에 해당하는데 사람이 사람을 낳는 사람의 씨앗을 뿌리는 행동이
개를 닮고 늑대를 닮고 뱀을 닮는다면 하나님이 보시기에 얼마나 가
증스럽고 역겹겠습니까?

황차 반인륜적이고 비거룩적이며 신성을 모욕하는 성적 방탕과 성적 탐욕으로 극도로 타락해 가는 인간성과 도덕성의 문제는 필연코 부부를 말살시켜서 끝내는 에이즈보다 더 무서운 부부간에 죽고 죽이는 인간성을 파괴하는 결과가 될 것이며 마침내는 우리가 우리의 후손들에게 씻을 수 없는 중죄를 저지르고 말게 되는 정신적인 에이즈의 고통에 시달리게 될 것이 불을 보듯 하다는 말씀입니다

그러니 이제라도 돌아서야 합니다. 아내가 고마운 줄 알아야 합니다. 남의 아내가 얼마나 무서운가를 알아야 합니다. 남의 아내에게는 절대적으로 독약이 들어 있습니다. 거룩을 짓밟는 남의 아내는 향후 이 나라가 케냐나 이집트, 소말리아나 르완다보다 더 무서운 형벌국가로 전락하는 아무런 방책이 없어 돌이킬 수 없는 천벌을 부르게 될 것입니다.

누가 아직은 나이가 있건만 성기능이 무력해졌대요. 이런 말을 하기에 제가 속으로 생각했습니다. 그래서 제가 얼른 떠올린 생각이 이것입니다. "당신은 참 복된 사람입니다"라고 하는 것입니다.

인간에게 성기능은 복중에 복이지마는 어쩌면 성기능이 정지되면 행복은 불행으로 뒤집힐 걱정은 안 해도 되는 일입니다.

성이 타락하고 병들면 그 가정은 장래의 희망이 없어집니다. 과연 어떤 양상의 천벌이 내려질 것인가에 대하여 우리는 추정불가의 영역입니다.

왜 인간이 불행하다고 생각하느냐? 성이 거룩하지 못할 때 최고의 불행이 나타납니다. 성이 고장 난 부부나 성이 삐뚤어진 남녀는 누가 뭐래도 사는 것의 즐거움이 사라집니다.

그러나 그는 이렇게 말합니다. "성문제가 아니고 다른 문제 때문에 그럽니다." 맞는 말이지만 성이 인간의 근본을 이룬 인간의 씨앗이기 때문에 씨앗이 병든 열매는 열매의 가치가 없습니다. 아내에게로 돌아가십시오. 거룩한 성으로 돌아가서 그 성을 다듬고 가꾸십시오.

어서 속히 삐뚤어진 성생활을 바로잡으시기 바랍니다. 이것이야말로 당신의 품위를 최고로 높이는 보배로운 인생의 가치가 될 것입니다.

# 인생의 멋

# 멋과 저질 그리고 치사함과 비열함

단 한 번뿐인 인생을 어떻게 살다가 갈 것이냐? 사람은 누구나 이런 생각을 자주 합니다. 그 결과 여러분은 어떤 결론을 내리셨습니까? 혹 아직 결론을 얻지 못하셨습니까? 그때마다 무언가를 내리기는 내렸는데 잊으셨습니까? 아니면 내렸다가 지워 버려서 다시 생각해 보아야 되겠습니까? 혹은 모르겠습니까? 참 어려운 질문이라고 생각됩니다.

첫 번쨉니다. 어떻게 살다가 갈 것이냐고 하는 질문에는 첫째로『멋지게』라고 하는 대답이 단연 우세할 것 같습니다. 그러므로 먼저 여러분과 제가 이 보배로운 우리의 인생을 후회 없이 멋지게 살아가기를 간절히 기도하는 심정으로 이 말씀을 드리려고 합니다.

물론 멋지게 산다는 말보다 더 좋은 말도 있습니다.『행복하게』라고 하는 말입니다.

그러나 행복하게보다 멋지게라는 말이 더 멋져서 그런지 다들 얼마나 살지 모르지만 진짜 멋지게 살고 싶다는 말을 많이 합니다. 그러니 멋진 인생이 모든 사람의 삶의 목표이며 소망이라고 생각합니다.

그래서 이 시간은 멋지게 사는 인생에 대하여 깊이 생각해 보는 시간으로 준비했습니다. 그리하여 과연 멋지게 살 수 있는 묘책이라도 찾아낸다면 이 시간보다 더 값진 시간도 없을 거라고 생각합니다.

저도 부족하지마는 여러분께서는 그래도 제가 21회까지 갈 인성연구 분야 작가라는 사람이니 만큼 제가 하나를 말하여도 열을 알아들으셨으면 참 좋겠습니다. 그래서 인생을 멋지게 사는 비결이라도 발견하신다면 더 이상 바랄 것이 무엇이겠습니까?

있는 정성과 지혜를 총동원하여 이제부터 '품위학 콘체르토'적으로 멋진 삶을 탐구해 들어가 보겠습니다.


멋지게 살기 위해서는 먼저 주변을 정돈하는 뜻에서 멋지지 못한 것을 짚어 두어야 하겠습니다. 그러면 멋의 반대는 무엇일까요? 『추접』입니다.

'추접'은 구차스럽고 더러운 것을 말합니다. 그러니 멋지게 살고자 하면 먼저 인생의 더럽고 추접한 곳을 찾아서 깨끗이 청소를 하고 깔끔하게 정리정돈을 싹 마쳐야 합니다.

화단을 예쁘게 꾸미는 것을 상상해 보시기 바랍니다. 잡풀을 뽑고 쓰레기를 치우고 가지를 치고 다듬고…… 얼른 이해가 가셨습니까? 예를 한 가지만 더 들겠습니다. 멋을 내려면 목욕을 해야 되고 피부관리를 잘하고 얼굴바탕을 깨끗이 닦고 그 위에 화장을 해야 합니다. 인생도 멋지게 살고 싶으면 먼저 목욕부터 하고 치울 것, 버릴 것부터 치우고 버려야 합니다.

이때 혹 목욕은 하기 싫은 분이 계십니까? 목욕 같은 것 하지 말고 그냥 바로 멋지게 살 방법은 없느냐고요? 분명히 말씀드립니다. 절대로 그렇게는 안 된다고 잘라서 말씀드리겠습니다.

그냥 대충 힘 안 들이고 멋지게 살 방법을 알려 달라고요? 없다니까요. 쌀을 퍼다 닦아서 밥솥에 넣고 불을 때지 않고서는 밥을 먹을 수가 없습니다.

쌀도 안 퍼오고 씻지도 않고 불도 안 때고 바로 밥을 먹고 싶으신가요? 안 됩니다. 세수도 안 하고 깨끗해질 수 없는 것처럼 멋쟁이는 그냥 멋쟁이가 아닙니다. 인생도 이와 같아서 멋지게 살고 싶다면 멋지게 살 수 있는 올바른 방법이 있습니다.

무조건적으로 아무 수고도 없이 도깨비 방망이 치듯 그렇게 멋진 삶을 얻을 수 있다면 그것은 인생이 아닙니다. 그것은 영생의 천국에서의 삶이라고 보아야 하는데 여기서 사는 인생은 공짜로 멋지게 살 수가 없는 것이 원칙입니다.


그런데 이 대목에서 잠깐 쉬어 갑시다. 많은 사람들이 멋진 인생을 공짜로 주워서 대뜸 그 위에 오르기를 바라는 경향이 있습니다. 멋진 인생을 타고 나는 것으로 잘못 알고 있습니다. 아니면 어느 날 갑자기 하늘에서 홍시 감 떨어지듯 뚜두둑 떨어지는 것쯤으로 완전히 착각하고 있습니다.

이 말은 멋지게는 살고 싶어 하면서 멋지게 살 수 있는 일은 하기 싫어한다고 하는 이치상 맞는 말이 아닙니다. 그러니 멋지게 살고는 싶으면서 멋지게 살 수 있는 생각은 하지 않는 것이기에 그래서는 안 된다는 말씀입니다.

두 번쨉니다. 그렇다면 인생에서 쓸어 내고 닦아야 할 멋지게 사는 것을 방해하는 것이 무엇입니까? 중요한 것은 바로 이 부분입니다. 첫째로 앞서 말씀드린 더럽고 추함입니다.

다음은 저질과 천박한 것이며 그다음은 유치하고 촌스러운 것이고 또 그다음은 치사하고 비열한 것과 악랄함입니다. 당연 아직도 또 있습니다. 쩨쩨하고 옹졸한 것과 속이 빤히 들여다보이는 욕심입니다.

멋은 가꾸는 사람에게만 붙어 있습니다. 게으르고 나태한 사람은 멋과는 상관이 없습니다. 멋을 낸다는 것은 먼저 어떤 것이 멋인가를 알아야 하지마는 못지않게 중요한 것은 부지런함입니다. 인생에도 멋을 내는 중요한 조건이 바로 부지런함입니다. 무엇에 부지런해야 멋진 인생을 살게 될까요? 생업에 부지런해야 되는 것이 기본이지만 앞서 말씀드린 온갖 멋을 훼손시키는 더러움과 추접스러움을 부단히 쓸어 내야 하는 것입니다.

구두는 하루만 신어도 먼지가 앉습니다. 그러나 멋쟁이는 구두를 깨끗이 닦아서 신고 다니는 것처럼 멋진 인생을 살고 싶다면 자기관리를 자기가 어떻게 하느냐고 하는 것이 관건입니다.
우리가 아는 것처럼 아름다움에도 급수가 있습니다. 진·선·미라고 하는 미스코리아의 등급은 아름다움에도 진짜가 있고 착함이 있고 그냥 아름다움이 있다는 뜻입니다.
이와 같은 등급은 옛날의 장군들에게도 있었습니다. 용장이 있고 지장이 있으며 덕장이 있었습니다. 용장은 용감하고 무예가 출중한 장군이지만 그는 지장보다 낮게 쳤습니다.

전쟁이란 용맹보다 머리가 좋은 전쟁의 지식이 더 유리하다는 것입니다. 하지만 장군 중에는 덕장을 최고로 쳐주었는데 그 이유는 덕스러움은 적과의 전쟁에서 피를 흘리지 않고도 이겨 낸다고 하는 외교적인 덕망까지 갖춘 장수를 일컫습니다.

이처럼 멋에도 상당한 등급이 있습니다. 지성도 있고 야성도 있고 미성도 있고 품성도 있습니다.

그렇다면 과연 멋진 인생이란 무엇일까요? 이제 지금부터 멋진 인생을 해부하고 실체를 들여다보겠습니다. 이제부터 멋이란 무엇인가를 탐구해 들어가 보겠습니다.


멋이란 첫째가 고상(高尚)함입니다. 고상하다는 말 잘 아시지요? 속된 것이나 저급한 것에 휩쓸리지 않고 몸가짐이 점잖고 맑은 것을 고상하다고 말합니다. 멋진 인생은 고상한 인생입니다.

그러니까 멋지게 살기를 원한다면 고상해야 합니다. 천박한 취미를 즐기지 않아야 합니다. 격이 높고 누가 봐도 심지가 올곧아서 가치관이 반듯하고 정당해야 합니다.

추접스럽게 남의 것을 탐내고 천박스러운 말이나 행동으로 사람들의 눈살을 찌푸리게라도 한다면 그런 사람은 멋지기는커녕 더럽기가 한량없는 저속한 인생에서 벗어날 수가 없어서 감히 멋지게 살고 싶다는 것은 쳐다도 보지 말아야 한다는 것입니다.

그러나 고상함을 갖추려면 이게 정말 복잡합니다. 하지만 혹 이때 TV에서 연기하는 배우들이 꾸밈으로 고상을 떠는 것은 본받을 만한 고상이 못 되므로 본뜨지 말아야 합니다.

그들의 고상이라고 하는 것을 고급레스토랑에서 검은 안경을 쓰고 클래식 음악을 들으며 외제 스카프에 꾸민 말과 내려 깔고 쳐다보는 눈빛을 고상한 것으로 착각합니다.

아니면 게다가 영문판 잡지를 뒤척이는 것으로 코미디처럼 연출하고 그것이 고상이라고 변장을 하는 연기로 고상을 연출합니다. 이런 것은 고상의 본질과 먼 이야깁니다.

어떻게든 자연스런 고상함을 갖춰야 하는데 이것은 인위적이면서도 인위적인 요소가 배제된 복잡함 그 자체입니다. 당연 잘라 그에 대한 정답은 이거다 저거다 할 수는 없습니다. 하지만 기본이 되는 것은 지금까지 말씀드렸던 인격과 인품이며 순결한 인간성이 근본입니다.

다음으로 진정한 멋은 고고(孤高)함과 고매(高邁)함을 갖추어야 합니다.


그러니 멋지게 산다는 것이 이 얼마나 어려운 일인가요. 그러나 멋진 인생이 무엇인가의 문제는 너무나 중요하기 때문에 신개념정신문화연구시리즈는 끝까지 멋진 인생을 계속해서 탐구해 들어 갈 것입니다.

고고함이란 남보다 다르게 세속으로부터 초연하여 뛰어난 것을 고고하다 합니다. 무엇이 달라야 할까요? 무엇에나 달라야 합니다. 어떻게 달라야 할까요? 질이 우수하게 달라야 하고 덕망이 높음이 달라야 합니다.

그러니 이제 그냥 멋지게 살고 싶다는 생각은 완전히 접어야 합니다. 그리고 이제부터 나의 인생을 내가 가꾸기 시작해야 합니다. 멋지게 살다가 죽고 싶기 때문입니다.

이번에는 고매함이란 무엇일까요? 고매하다고 하는 말에는 비로소 학식이 뛰어나야 한다는 조건이 들어 있습니다. 배운 것의 질이 저급하지 않아야 고매합니다.

남들에게 말해서 본이 되고 꼭 유익한 지식을 많이 갖춘 사람이라야 그 사람을 고매하다고 말합니다.

잡지식이 아니어야 하고 장난 같은 객쩍은 지식도 안 됩니다. 언제 누가 들어도 진리가 있고 인생의 깊은 맛이 우러나는 산지식이어야 하되 권위가 있어야 합니다.

어렵습니까? 또 더 있는데 어쩌지요? 게다가 겸손함까지 갖춰야 고매한 인격자라는 칭송을 받게 됩니다.

세 번쨉니다. 그런데 이렇게 말씀드리다 보니 한 가지 걱정이 앞섭니다. 도저히 자신이 없다고 포기한다고 하실까 싶은 걱정입니다. 아닙니다. 여기까지 읽어 오셨다면 당신은 멋진 인생을 살 수가 있습니다.

실제 어려운 것 같지만 고상하고 고고하고 고매한 인격은 내가 가꾸는 만큼 반드시 내 것이 되게 되어 있다고 하는 사실입니다.

그러나 아직도 갈 길은 구만 리 멀고도 멀지만 그러나 끝까지 인내하고 따라와 주시기 바랍니다. 다시 한번 강조하거니와 힘 안 들이고 공짜로, 거저 멋지게는 살 수 없는 것이 인생이라고 하는 것입니다.

다음은 우아(優雅)하고 세련(洗練)된 인품을 가져야 멋진 삶을 살아갈 수가 있다는 말씀입니다.

갈수록 태산이라더니 그렇다면 또 우아함이란 무엇일까요? 흠잡을데가 없이 단정하면서도 품새가 단아한 것을 우아하다 한답니다. 왜그런 경우 있지요? 차림새에서 느껴지는 우아함이라든가 행동에서풍겨 나오는 행동의 향취 말입니다.

어디 한 군데 어색한 데가 없는 고급스러운 표정과 걸음걸이 같은것 말입니다.

모델들이 걷는 모양새로 비유하면 어떨까요? 화장품의 색상과 옷감의 색상이 어우러지고 게다가 디자인도 격에 맞고 얼굴표정까지어울리는 아주 고급스러운 자태 말입니다.

그러나 이렇게 말하면 너무 외모에만 치우쳤나요? 외모도 외모지만 말을 하지 않아도 그의 인품이 느껴지고 보이는 현상 같은 것—이것이 인생의 우아함이며 이래야만이 그를 멋지다고 하게 됩니다.


그러면 이번에는 또 '세련됨'이 기다리고 있습니다. 세련된 것은무엇일까요? 구김이 없고 반듯한 것도 세련이지마는 서툴지 않아야한다는 조건을 달고 있는 것이 세련입니다.

당연 여기서 기억해야 할 것은 그의 인격적인 인성의 지식을 갖춰야 한다는 것이 못지않게 중요한 인생의 세련됨입니다. 어디한군데도군더더기가 없어야 합니다. 이때도 아주 중요한 것이 있는데 그것은꾸밈입니다.

억지로 꾸민 세련과는 관계가 없습니다. 이래야 멋스러운 인생의조건이 맞아 들어간다고 할 수 있습니다.

군대에서 훈련에 의한 세련은 절도(節度)라고 해야 하는데 인생에서의 세련됨이란 교육으로 얻어진 선을 넘어서야 하는 초월의 경지입니다. 그러니 갈수록 태산인가요? 태산이라면 부담이 갈 터이니 점입가경(漸入佳境)이라고 좋게 받아들입시다.

이번에는 넉넉함과 포용입니다. 넉넉함은 간단히 넘어가도 되겠군요. 사소하지 않고 매사를 넓게 이해하고 받아들이는 것입니다. 포용도 간단하게 이해가 되실 것으로 여겨서 한 마디로 줄이겠습니다. "네가 그렇다면 당연 내가 인정해 주지"라고 하는 감싸 안음이 포용입니다.

끝으로『점잖음』입니다. 점잖다는 말은 인간의 중량입니다. 가볍지 않아서 반응이 순간적이지 않은 사람을 점잖다고 인정합니다.
금세 화를 내고 금세 반응하는 사람을『양은 냄비』라고 하는 말 아시지요? 어지간하면 그냥 들어주고 어지간하면 휩쓸리지 않는 것이 점잖은 것입니다. 마음의 무게가 무거운 사람이 점잖은 사람입니다.

네 번쨉니다. 하지만 이제 드린 말씀들은 마치 하나의 꿈과도 같게 들릴지도 모릅니다. 그것은 이론일 뿐이요 이상이며 현실과는 너무 거리가 먼 이야기로 들릴지도 모릅니다.
사람이 어찌 그와 같이 살 수가 있겠느냐? 내가 말하고 바라는 멋진 인생이란 그런 것과 다른 거라고 반론을 펴실지도 모르겠습니다. 그렇다면 어떤 반론을 펼치실까요?
그저 돈이나 많이 벌어 가지고 그 돈으로 공기 좋은 데 가서 전원주택 삼아 아담하게 집이나 한 채 짓고 거기 가서 편하게 살면 그게 멋지게 사는 인생이라고 본다고 하는 이런 종류의 반론이 많을 것으로 생각됩니다.

그렇다면 다시 처음으로 되돌아왔습니다. 과연 무엇이 멋진 인생이냐고 하는 문제를 다시 끄집어낼 수밖에 없다는 말씀입니다.

진짜 돈만 많으면 우리가 멋지게 살게 될까요? 그러니 이제는 제가 반론을 펼 차례가 되었군요.

돈이 많아졌다고 해 봅시다. 저는 돈이 많았던 적이 없었으니 잘 모를지도 모르지마는 대개 돈이 많아지면 사람은 달라지는 것이 보통입니다.

돈이 많으면 그것이 멋스러울 것이냐의 문제는 돈을 가진 사람들의 삶을 보면 사실과 다른 것을 자주 보게 되는데 첫째로 많은 것을 가지게 되면 고상함에서 멀어지기가 쉽다는 것입니다.

고상함이란 배우는 일이 기본일입니다. 그것도 무엇을 배우느냐의 문제입니다. 돈이 생기면 책을 사고 품위 있는 검소한 취미를 가져야 하는데 품격이 떨어지는 취미로 돈을 쓰는 경우입니다.

고상하고 우아한 취미는 돈을 많이 쓰는 것과는 거리가 멀지만 천박한 취미는 기본으로 돈을 많이 쓰게 되는 것은 이상한 일이지만 사실이 그러합니다.

돈이 생기면 술집으로 가는 사람이 있습니다. 그러나 돈이 생기면 서점으로 가는 사람이 있습니다.

돈이 많으면 외제차에 고급 옷을 사기를 즐기는 사람이 대부분이지만 고상한 사람은 검소한 것이어서 가령 퇴폐적인 것을 위하여 돈을 사용하지 않습니다.

　그러니까 대개의 사람들이 바라보고 소망하는 멋지게 사는 것이란 으리으리하게 치장을 하고 고급레스토랑에서 값비싼 음식을 먹으며 화려하게 장식된 집에서 고급가재도구를 갖추고 외제 양주를 마시면서 비싼 애완견을 기르는 그런 것을 높은 수준의 품격이라 여기고 그렇게 사는 것이 가장 멋진 삶이라고 대개가 오해하는 것을 보게 됩니다.

　바로 이것이 인생관이며 이것이 가치관입니다. 무엇을 인하여 즐거워하고 무엇을 소중하게 여기는 사람인가? 품위는 이런 문제와 직결되는 것이어서 천박한 것과 우아한 것의 개념을 혼동함으로 말미암아 그가 진정으로 멋진 삶과는 거리가 먼 것이 안타깝기 한이 없다는 것이 신개념정신문화연구시리즈의 '품위학 콘체르토'적인 눈입니다.

　지난 어떤 연구에서도 말씀드렸듯이 인생의 눈을 떠야 그런 것이 보이는데 인생의 눈이 어두운 사람은 추구하는 목적이 결국 자신을 멋지게 하는 쪽과는 거리가 먼 경우가 허다합니다.

　그러니 신개념정신문화연구시리즈가 이것은 이것이고 저것은 저것이라고 말해야 한다는 것입니다. 이는 비단 신개념정신문화연구시리즈만이 할 말이 아니라 어른들이라면 누구나 해 주어야 할 시대의 사명이기도 합니다.

　멋지게 산다는 것의 참다운 의미가 오히려 더럽게 살고 추하게 사는 것이 된다면 그 사람을 나무라기에 앞서서 복되고 알찬 가치관을 갖게 해 주지 못한 교육의 책임이며 어른의 책임입니다.

　이럴 때 많은 사람들은 그렇게 굳어 버린 사고방식을 누가 풀어 주느냐고 포기합니다. 당연 신개념정신문화연구시리즈라고 해서 어른들의 석회질로 굳은 뼈를 다시금 아교질로 바꾸어 줄 방도는 없습니다. 그러나 다만 할 말은 하자는 것입니다.

제가 이해를 못 하는 말 한 마디가 있습니다. 그러나 이는 이해를 못 하는 것이 아니고 이해를 하기가 싫은 말이라는 것을 아시게 됩니다.

이해해 주면 안 되는 말―그 말은 바로『나이가 들면 고쳐지지 않는다』라고 하는 말입니다.

『애들도 아니고 그게 되느냐』고 하는 말입니다. 제 밥 먹고 제가 컸고 나이가 50이 넘은 사람을 누가 이래라 저래라 할 것이냐고 하는 말입니다.

실제로 저는 이런 말을 들으면 몹시 분개합니다. 나이 들면 바뀌지 않는 것이 생각일까요? 누가 이런 억지를 부릴까요? 억지가 아니랍니다. 다 싫어한다는 이야깁니다. 그러니 남이 싫어하는 이야기는 안 하는 게 잘하는 거래요.


제가 이 말을 여러 번 생각하고 여기다 씁니다. 원래는 신문이나 방송으로 치면 머리기사요 첫 번째 자리에 앉힐 말이며 저 같은 작가라면 입을 떼는 첫마디로 쓰면 괜찮을지도 모르는 말입니다. 듣기 싫은 말―

남이 듣고 거북해하고 거부감을 가지며 자존심이 상한다고 할지도 모르는 말―저는 듣기 싫은 말을 많이 해야 할 인성연구 분야의 사명자입니다.

나이든 것과 생각을 바꾸는 것이 무슨 관계가 있습니까? 열 번이라도 바꾸며 백 번이라도 바꿀 수 있지 왜 못 한단 말입니까?

나이가 많으면 오히려 아이들보다 더 바꾸는 게 쉽지 않습니까? 그러나 사람들의 고정관념은 나이 들면 안 된다는 것에 마음이 상합니다. 할 수 있습니다. 60이라도 가능하고 70이면 어떻습니까? 나의 나다운 새로운 멋을 내는 데 있어서 나이가 무슨 상관이냐?

이렇게 생각하는데 그게 아니라면 분통이 터집니다. 더럽고 추접스러워도 그 모양 그 꼴로 그대로 살래? 소리를 지르고 싶을 때가 많습니다.


나의 삶을 멋스러운 고상한 품위로 내가 바꿀 수 있습니다. 버릴 것을 버리고 쓸 것을 찾아 쓰면 나의 인격과 품위가 달라집니다. 치사함을 버리고 비열함을 버리고 악랄하고 옹졸한 생각도 버리면 됩니다.

유치한 꾸밈을 피하고 천박한 생각과 저질스러운 마음을 버리면 됩니다. 더럽고 추한 발상을 뭉개 버리고 고고하고 고매하고 넉넉하고 점잖은 세련된 우아함으로 멋을 풍기면 그것이 품위의 정상입니다.

# 제13장

# 四件의 稟位考(품위 고)

# # 사과하는 것이 존경받는 것이다

신문은 거의 하루도 빠짐이 없이 수많은 사람들의 어제와 오늘을 이야기합니다. 신문 속에 오르내리는 사람들을 통해서 인간의 품위를 발견한다는 것은 무궁무진하다 하겠습니다.

이제 그 많은 신문 지상의 기사 중에 오늘자(2005년 4월 12일) 조선일보에 나타난 4사람의 4가지 사건(事件)을 『四件의 稟位考』라는 연구 제목으로 품위에 관한 연구를 해 보기로 하겠습니다.

첫 번쩹니다. 제1면 머리기사 『과거사 사죄합니다』와 독일 게르하르트 슈레더 총리입니다. 연옥색 와이셔츠에 흰 점이 박힌 넥타이를 매고 검은 외투를 입은 슈레더 총리가 고개 숙여 사죄의 절을 하고 있습니다.

반백의 흰머리가 흰 눈썹과 어우러져서 인생의 황혼에 접어든 거구의 총리는 독일 동부 부헨발트라는 작은 마을 나치수용소를 찾아와서 2차 대전 중 유대인 강제수용소 수용자들이 해방된 지 60년을 맞이하는 기념식에서 고개 숙여 잘못된 과거를 사죄하는 말을 이어 갔다는 것입니다.

"수백만의 죽음, 그리고 살아남은 자들의 고통…… 이것이 더 나은 미래를 건설해야 할 우리 임무의 토대가 됩니다."

기회가 있을 때마다 나치독일의 유대인 학살을 사죄해 왔던 슈레더 총리는 "우리가 역사를 바꿀 수는 없습니다. 그러나 가장 수치스러운 것으로부터 많은 것을 배울 수 있습니다"라고 말문을 열었던 것 같습니다.

그리고 이런 말로 말을 마친 것으로 보입니다. "나는 희생자, 그리고 그 가족 앞에 머리 숙여 절합니다. ……" 슈레더 총리가 고개 숙여 절하는 모습은 인터넷으로 찾아서 그때 이 연구문과 같이 올려 드리겠습니다.


품위란 무엇인가? 신개념정신문화연구시리즈는 지금까지 품위를 말하여 왔습니다. 그러나 들어보신 바와 같이 품위를 말로 하기는 참 어렵습니다. 그런 저에게 오늘의 조선일보는 값진 품위를 실용적으로 탐구할 기회를 제공해 주었습니다.

오늘 슈레더 총리는 하는 말과는 다르게, 본인의 의사와도 무관하게 의도적인 연출이 아닌 행동으로 『이것이 품위다』라는 숨은 말을 들려주고 있습니다.

특별히 2차대전 종료 60주년은 우리나라로 치면 8.15해방 60주년이며 이는 곧 일제강점의 수탈과 고통으로부터 바로 우리 아버지가 당한 온갖 고초의 억울한 사슬이 풀려진 조국광복 60주년을 말합니다.

그 후 2차 대전을 일으켰던 독일은 우리나라처럼 두 동강을 내었었지만 그들의 회개는 분단의 벽을 허물고 이제는 통일을 맞았습니다.

같은 침략전쟁에서 독일은 유대인학살을, 그리고 일본은 한국인의 생명과 인권을 짐승처럼 무자비하게 탄압하고 죽였습니다.

그러나 오늘 슈레더 총리의 사죄하는 모습을 보니 갑자기 일본의 독도망언과 어우러져서 가슴이 찢어지는 듯한 고통을 느낍니다.

남도 아닌 저(저자)의 아버지께서는 1904년, 7월 24일에 태어나셨으니 한여름이셨습니다. 그해 2월에는 이미 한일의정서가 조인되었으며 다음 해인 1905년 11월 드디어 을사보호조약으로 외교권이 박탈되고 일본의 통감정치가 시작되었습니다.


저(저자)의 어머니는 을사보호조약이 체결된 후 석 달 만에 세상에 태어나셨습니다. 그러니 이 세상에 태어나자마자 이미 국권과 인권은 마수들의 손에 넘어가 있었던 것입니다.

하다못해 만화책 한 권을 보아도 자식은 부모의 원수를 갚습니다. 중국영화가 그러하고 전설 따라 삼천리가 그렇고 어릴 적 화롯가에서 듣던 옛날이야기도 마찬가지입니다. 제자는 스승의 원수를 찾아 떠나고 자식은 아버지의 원수를 갚기 위해 살아갑니다.


오늘 살아 계신다면 저의 아버지는 석 달 뒤면 만 101세가 되시고 어머니는 일곱 달 후면 만 100세 잔치를 하셔야 하는데 잊으려고 하던 저의 부모님의 아픈 상처를 그 녀석들이 독도소리를 해 가지고 쇠갈퀴로 오장을 긁어 대니까 가뜩이나 힘없고 착하기만 하셨던 부모님들에게 했던 그 못된 짓을 생각하면 피가 거꾸로 솟는데 거기다 기름을 퍼붓던 중이었지 않습니까?

그런 차에 슈레더 씨가 고개를 숙이고 과거에 우리가 잘못했다고 아버지를 죽인 자의 후손대표로 저렇게 사죄의 절을 하는 것을 보노라니 도대체 인간의 인간됨의 근본이란 무엇인가를 생각지 않을 수가 없습니다.

인간은 인간답지 못하기가 더 쉽게 만들어진 존재일지도 모릅니다. 이것은 성악설이라는 순자(荀子)의 사상이지만 저 같은 게 무슨 사상가라 할까마는 저는 『성·악 양성설』을 주창하는 터라서 일본 놈이고 독일 놈이고 우리 한국 사람도 누구나 다 못된 구석이 있다고 인정합니다. 잘못할 수도 있다는 것입니다.

그런데 문제는 지나 놓고 보면 그제야 깨달아 아는 것이 인간다운 것입니다. 빠르면 하루 종일 싸우고도 그날 저녁 집에 돌아가서 생각해 보면 아는 것이 인간입니다.

그래서 아하 그게 아니었구나 하고 생각을 바꾸는 것이 인간성이지 돌아보지 않고 그냥 내던져 버리는 것은 동물이나 하는 짓입니다.

그런데 60년이 지났어도 여전히 잘못을 모르고 그때의 그 더러운 행위를 자랑삼아 교과서에 올려서 자식들에게 그걸 가르치겠다고 한다 하니 아니라도 늑대 같은 야성이 있는 민족인데 더 사나워지라고 한다?

어제도 종일 북경이 요란했습니다. 그래서 한국 TV가 9시뉴스라면 일본 NHK는 10시 뉴스인데 백발의 앵커는 굳은 표정으로 30분이나 중국의 반일데모를 주제로 심각하게 북경소식을 전하는 것을 보았습니다.

그 사람들 중국은 무서워하는 눈치더군요. 그런데 한국은 별로 관

심이 없고 중국에서 일제 불매운동으로 번지는 것에 대하여 아주 걱
정을 많이 하던 것이 어젯밤 일본의 뉴스였습니다.

그러고 잠이 깬 오늘 아침—슈레더 총리가 사죄의 절을 하고 그 기
사 아래는 같은 독일의 일간지 '디벨트'라는 신문기사가 따라 붙었습
니다.

"과거가 그립습니까?" 디벨트라는 독일신문이 생소하지만 일본을
향한 질문을 제목으로 달았습니다. 그러면서 몇 마디를 묻고 있습니다.

난징대학살—731부대의 생체시험—한국과 중국여성을 종군위안부
끌고 다니던 그 수치스러운 과거가 그리우냐고 묻습니다.

바로 독도문제는 그 말이 그 말이라는 뜻이며 철저하게 후손들을
잘못 가르치기 위해 역사를 왜곡하는 교과서를 만드는 일본을 비판
하고 있다는 것입니다.

앞서서 보셨지만 한 번 더 읽으실까요? 인간이 잘못되면 자기가 자
기를 짐승으로 만든다는 고사가 있습니다. 깨우치지 못한 자는 소를
보내라고 하는데 자기가 간다는 말로서(생각학: 제13장 참조) 일본은
언제쯤 순질의 인간성으로 돌아오고 슈레더의 사죄를 본받을까요?

저는 일본에 대하여 어느 정도는 아는 사람입니다. 일본사람들은
정치에 별관심도 없고 예의 바르고 착합니다.

문제는 권력을 쥔 소수의 악질분자들이 나라를 저 꼴로 끌고 가고
있으니 과거에 대한 못된 꿈을 자랑으로 아는 것입니다.

품위는 부끄러움을 아는 것이라고 했습니다. 부끄러운 것을 모르

면 그게 짐승입니다. 대낮에 거리에서 짝짓기를 하는 개나 돼지는 부끄러운 것을 모릅니다.

과거의 잘못을 모르는 것도 동질입니다. 아버지가 저지른 죄를 아들이 사죄하는 독일의 슈레더 총리를 보면서 나이가 얼마나 되었는가 생각해 봅니다. 저 사람들 나이가 잘 안 잡히거든요. 검색을 하면 쉽게 알게 되겠지만 그렇게까지 않더라고 대략 70세는 못 되고 60세는 넘을 것 같고…….

그러니 2차 대전은 슈레더 총리의 아버지들이 일으킨 전쟁입니다. 만화나 영화로 치면 아버지의 원수를 찾아가서 원한을 갚는 것이 아니라 반대로 아버지를 원수로 여기는 유대인과 세계를 향하여 잘못했으니 칼을 갈고 와서 아버지의 아들 되는 나를 찌르지는 말라고 하는 형국입니다.

이야말로 정말 참 멋있는 일입니다. 앞에서 말한 『멋진 인생』을 산다는 것은 무엇이 인간에게 주신 참다운 인간성과 천부로 허락하신 품위를 잃지 않는 것인가를 바르게 알고 잘못된 것은 잘못되었으며 사죄할 것은 사죄하는 것이 떳떳한 것일뿐더러 그것이 참다운 용기이고 진정한 품위입니다.


두 번쨉니다. 김형욱 전 중앙정보부장 이야기입니다. 상상만 해도 끔찍하다 못해 소름이 오싹 끼치는 이야기가 오늘자 조선일보 A5면의 기사입니다.

누가, 언제, 어디서, 왜, 어떻게가 상세하게 기록되어 있는데 1979년 프랑스 파리에서 실종된 김형욱 씨는 사료공장의 사료분쇄기에 집어넣어 가루로 만들어 죽였다고 하는 기사입니다.

이 이야기는 '품위학 콘체르토'의 관점으로 접목하기에는 부적절합니다마는 사람이 어디까지 얼마나 잔인한가의 문제와는 부합되는 이야기입니다. 왜 그렇게 죽여야 하였으며 왜 그렇게 죽을 수밖에 없는 삶을 살았단 말인가?

하도 끔찍해서 상상하기도 몸서리쳐지는 기사가 인생을 생각하게 한다는 것입니다.

산다는 것이 이런 것이라고 한다면 이 세상에 태어나지 않음만도 못하거늘 그렇게 죽어야 한다는 것에서 인간의 악성을 떠올립니다.

숙연해지는 것은 간절하게 그리운 인간의 인간다움이며 생명존중입니다. 존중받을 가치가 없어 분쇄기로 갈아 죽여 버린 생명을 생각하면서 인간다운 품위를 생각할 뿐입니다.


세 번쨉니다. "엄마 미안해……"라고 하는 사회면 머리기사 이야깁니다. 도대체 오늘이 무슨 날이기에 오늘 신문이 왜 이 난리를 치는 것일까요?

서울 과학고등학교라고 하면 정말 천재들만 모인학교라고 부러워하는 곳인데, 그 학교 3학년 학생 하나가 아파트 7층에서 투신자살을 하고 유서로 남긴 글씨가 신문에 났습니다. "엄마 맘 편히 사세요."


가슴이 저립니다. "엄마"라는 두 글자—그리고 "맘 편히 사세요"라는 여섯 글자—이게 어찌된 일인가요?

학생은 학생답고 인간은 인간다워야 한다는 신개념정신문화연구 시리즈의 외침이 너무 공허합니다.

산다는 것이 무엇인가에 대하여 목적을 찾아 주지 못한 결과란 말인지…… 학생회장이라는 이 군의 죽음에서 이 아픈 고통을 느끼면서 연이어진 또 다른 제목이 저를 옥죄입니다. "여보 미안해……"라고 하는 제목입니다.

이번에는 반신불수의 남편을 30년간 간호한 50대의 가정주부가 남편이 도와달라고 한 대로 남편의 자살을 도와주었다고 하는 기사입니다.

독약을 먹었어도 죽어지지 않는다면서 나 좀 죽여 달라고 하는 남편의 목을 졸라 숨지게 도와준 아내 이야깁니다.

이 모두가 삶의 목표를 잃어버린 돛대가 부러진 인생이야깁니다. 역시 품위와는 좀 다른 이야기지만 사람 사는 이야기가 품위라면 이것도 품위와 관계는 있을 거예요.

네 번쨉니다. 슈레더 총리와, 김형욱의 죽음, 서울 과학고등학교 학생의 죽음과 남편의 자살을 도운 부인 이야기까지—

이제 이 네 가지의 사건을 중심으로 이 시간 말씀을 마치게 되면서 끝으로 품위 중의 품위가 무엇이냐고 하는 말씀 가운데 앞에서 못다 드렸고 본 연구 내용과 일치하는 한 말씀을 드리겠습니다.

품위에는 버릴 것과 취할 것을 잘 가려서 버리고 갖추어야 하는 여러 가지가 있습니다.

그중에는 슈레더 총리와 같은 사죄라고 하는 것이 너무 귀하다고 하는 말씀입니다. 똑같은 사안을 가지고 일본은 그게 자랑이라도 되는 듯이 우리가 지배했던 그 당시의 악질적인 동물성은 일절 말이 없습니다.

대신 그것이 그들의 자존심이며 우월한 지배의 능력이고 값진 역사인 양 교과서에 버젓이 실어 놓았습니다.

이것은 엄청난 인격의 손상입니다. 누가 누구에게 손상을 입히는 것이냐고 할 때 손상을 받은 나라라면 첫째는 우리나라요 다음은 중국입니다. 두 나라뿐만 아니라 일본의 광란에 의하여 동남아시아의 수많은 나라들이 피해를 입었습니다.

하지만 본질 속에는 한국이나 중국보다 진짜 더 옹골지게 들어 있는 것이 일본인 자신이라고 하는 것이며 최대의 인격손상자도 역시 일본인 자신이라고 하는 사실입니다.


한 가지 예를 들겠습니다. 과거가 있는 아비와 어미가 자식을 낳고 손자손녀를 낳았습니다. 그 아비는 아내와 살면서 젊은 시절에 총칼로 남의 아내를 빼앗아서 온갖 못된 짓을 다 저질렀습니다.

아녀자들을 성의 노리개로 끌고 다녔고 아녀자의 어버이들을 전쟁터로 끌고 갔으며 무참하게 학살하고 인간 이하의 생명경시로 사람을 가르고 자르고 별의별 악랄한 짓을 오랫동안 하였습니다.

그래 놓고 자식들과 손자들에게 이 할아버지처럼 그렇게 살라고 하는 것이 역사왜곡의 진의라면 누가 인격적으로 가장 큰 손상을 당하는 것이겠습니까? 사람은 내가 아닌 나의 조상의 수치를 나의 의지와는 무관하게 피치 못해 가질 수가 있습니다.

독일도 그렇고 일본도 마찬가집니다. 태어나고 보니 그런 민족으로 태어났고 그것이 내가 태어나기 전의 국가나 가족이고 선조였고 아버지라면 그것은 어찌 보나 태어난 후손과는 무관한 악행입니다. 히틀러나 무소리니와 같이 나치독일의 과거 대학살이 오늘을 사는 독일인이 행한 것이 아니라면 품위 용어로 '다소곳'해야 마땅하지 않겠습니까?

슈레더 총리는 과거를 거듭거듭 기회가 있을 때마다 사과함으로 인하여 게르만민족의 후손으로 태어난 오늘을 사는 현재의 독일인 아들과 딸과 손자손녀에게 인간다운 삶을 교훈하고 있습니다.

그러니 누가 그 절을 받고 누가 그의 사죄하는 음성을 듣겠습니까? 유대인이 듣고 연합군이었던 영국인이 듣고 미국인이 듣지마는 보다 명확하게 듣는 사람은 바로 독일인 자신들이며 자신들의 후손입니다. 누가 더 큰 복을 받을까요? 죄지은 독인일의 후손도 못잖은 복을 받을 모양새입니다.

과거에 우리는 이러하였다-그래서 그로 인해 이런 일이 있었다-이것은 우리의 부끄러운 과거였다-더구나 그 많은 유대인의 목숨을 한꺼번에 비인간적으로 빼앗았던 결과 전 지구인과 하나님의 노여움을 샀다-그로 인하여 우리가 분단의 고통을 받았다-분단의 고통을 받은 것이 문제가 아니다-인간이기를 포기하고 세계를 우리의 손아귀에 넣겠다고 하는 동물적인 발상은 이제 우리 민족에게서 영원히 사라져야 한다-인간이 어찌 인간에게 이런 몹쓸 짓을 할 수가 있겠는가? 미안하다-용서해 달라-잘못되었다-절 받아라-.

그리고 자기네 나라로 인해 억울하게 죽은 영혼과 그의 후손들과 상대민족과 국가 앞에 정중히 머리 숙여 사죄를 드린다고 하는 말은 고품격 고품위라고 하는 한 마디로는 찬사가 부족합니다.

지금까지 드린 말씀은 사실은 비유용으로 개인, 바로 여러분, 당신께 드린 말씀입니다.

　잘못된 과거를 일본처럼 굴지 말고 슈레더와 같이 바꾸시기 바랍
니다. 그로써 당신의 품위는 1계급 특진이 될 것입니다.

/제14장/

풍 위 의  계 단

# 작은 실천이 본질이다

품위를 갖추어 가는 과정을 '품위의 계단'이라고 하겠습니다. 품위는 높은 위치에 자리 잡고 있기 때문에 계단을 오르듯 한 발 한 발 계단을 딛고 올라가야 정상에 도달할 수 있는 것이지 어느 한순간에 내 것이 되어 품위를 발할 수는 없습니다.

인생이 인생의 향기를 낼 수 있는 조건에는 품위보다 중요한 것도 드물기 때문에 내가 나답게 나를 가꾸는 품위의 가치는 소중하기 그지없습니다. 그렇다면 품위의 계단이란 어떤 것일까요? 어떻게 오를 수 있을까요?

지금부터 저와 함께 에베레스트 산을 오르는 산악인의 심정으로 차근차근 인간다운 품위의 계단을 올라가 보기로 하겠습니다.

첫 번째입니다. 산을 오르는 사람은 첫째가 어떤 신발을 신을 것이냐고 하는 등산화가 중요합니다. 물론 제가 다 알지도 못하는 여러 가지 등산장비가 많이 있겠습니다마는 발을 땅에 붙이는 등산화가 발에 맞고 산에 맞아야 몸을 가눌 수가 있습니다. 그래서 우리나라의 산에서 신는 등산화에도 겨울에는 아이젠을 묶어서 눈 덮인 빙판의 등산로를 오르내립니다.

품위의 계단을 올라가는 데에도 첫째가 이 등산화입니다. 그렇다면 등산화에 비유되는 품위의 기초가 되는 것은 무엇일까요? 그것은 인품에서 등산화에 해당하는 예의와 도덕입니다.

예의를 제쳐 놓고는 도무지 품위를 말할 뿌리가 없습니다. 품위가 무엇이냐고 할 때 반대말은 싸가지 없는 무례입니다.

무례한 자는 품위하고는 영원히 남남지간입니다. 그래서 어린아이의 교육은 그 근본의 첫째가 예절교육이 자리 잡고 있습니다.

그러면 예의도덕이란 무엇일까요?

첫째가 위아래를 아는 것입니다. 특히 윗사람을 윗사람으로 알아보고 아랫사람 된 자신을 인정하는 것입니다.

이건 어려서 몸에 배게 하여야 효과가 좋습니다. 나이가 들면 윗사람을 알아보기보다 반대로 깔아뭉개고 반대로 자기가 위로 올라가려고 할 정도로 통제도 안 되고 가르치기도 어렵습니다. 그러니까 위아래를 알게 한다는 것은 반드시 어릴 때 어른이 가르쳐서 몸에 배도록 길러야 하는 것입니다.

그러나 이미 어린 시절은 지나가 버렸는데 윗사람을 알아보는 예의가 몸에 배지 않은 사람으로 성장했다고 한다면 어쩌면 좋을까요? 이런 사람은 품위로 올라가는 계단에 들어서나 마나입니다.

아예 품위를 말하지 말고 저급한 말로 "먼저 인간이 되어라"라고 하는 말로 품위는 쳐다보라고 할 필요조차 없어서 그의 발에 졸라매어진 등산화를 벗기는 것이 우선입니다.

그러나 이때 문제는 내 멋대로 올라가겠다고 신은 신발을 벗으려고 하지를 않는다고 하는 것이 문제입니다.

그렇다면 좀 더 구체적으로 예의도덕이란 무엇일까요? 첫째가 효심입니다. 자기의 부모를 공경하고 그의 뜻에 순종하며 몸과 마음으로 감사하며 부모를 섬기는 것이 첫째입니다. 그런데 여기서 또 잠깐 쉬어 갑니다.

국내 정상을 자랑하는 우리 21회까지 갈 인성연구 분야에서 초등학교 1~2학년 도덕책을 펼친 꼴이 되었으니 이런 연구가 얼마나 수준 낮다 싶으십니까? 말하는 제가 부끄러운 일이다 싶으니 들으시는 여러분이야 오죽 간지러우십니까? 당장 집어치우라 하고 싶을 것만 같기도 한 데다가 저 자신도 참 재미가 없어서 정말 하기 싫은 말을 하고 있습니다.

소위 대학에서 부모님께 효도하라? 정말 창피한 발상이고 낯 뜨거워 면목이 없는 일이 맞다 싶습니다.

하지만 이게 곧 등산화라고 할 수 있으니까 그냥 넘어갈 재간이 없습니다. 하지만 이 정도로 됐다 치고 첫 계단은 건너뛰고 바로 두 번째 계단으로 가고 싶은데 기왕 나온 말이니까 낯 간지러우셔도 한 말씀만 더 드리겠습니다.

잘 아는 것 같지만 사실 이 시대의 효(孝)는 고치기도 어려운 큰 고장이 나 있는 것이 있습니다. 그러니 유치하다 할 게 아니라 저에게 한 번 말해 보라 하셨으면 좋겠습니다.

시대에 따라 효의 성분도 달라지는 것이므로 이 시대의 효를 분석하면 조선시대나 근대의 효하고는 질적으로 다르다는 것은 당연합니다.

그중에 한 가지만 짚어 드린다면 문안입니다. 부모님께 자주 전화를 하십니까? 전화를 드려야 합니다. 아침에는 꼭 문안전화를 드려야 합니다. 저녁에도 문안을 드려야 합니다. 현대의 효는 이것만으로도 90점을 드리겠습니다.

신개념정신문화연구시리즈는 효에 대하여 과욕을 부리지 말아야 한다는 것이 효의 개념입니다. 세월이 하도 많이 변해서 이제는 과거의 효도는 시대에 맞지 않기 때문에 현대에 맞는 효로 개편해야 한다고 보는 것이 신개념정신문화연구시리즈입니다.

그러나 이 효의 개편 문제는 다음 기회로 미루겠습니다. 다만 아침저녁 전화로 꼭 문안을 드리라고 하는 한 가지만 강조하고 그것만 잘하시면 90점을 드린다고 하는 말씀입니다. 간단합니다. 어릴 때 했던 인사말 그대로입니다. 안녕히 주무셨느냐고 물으면 그만입니다.

오늘은 어디를 가서 무엇을 한다고 그런 것까지는 욕심내지 않습니다. 피차 피곤하면 현대의 효는 역효(逆效)가 아니라 말 그대로 역효(逆孝)가 되기 십상입니다. 그리고 저녁에는 "안녕히 주무세요"라고 하는 것이면 족합니다.


그러나 부모님이 시시콜콜 말을 걸고 간섭을 하시고 물어보시면 차츰차츰 부모님이 물어보시는 것에 대하여 부모님의 물으심을 자녀들이 길을 들여 드려야 합니다.

꼭 아셔야 할 것은 묻기 전에 말씀드리고 아시지 않는 것이 좋겠다 싶은 것은 그건 부모님이 모르시는 게 더 편하실 거라고 하면서 손자 손녀이야기만 묻도록 차차 교정을 해 드리는 것입니다.

그러니까 다 빼 버리고 바로 단 이 한 가지 아침저녁 문안전화 드리는 것만으로도 90점짜리 효자가 된다면 이건 정말 생각해 볼 가치가 있습니다.

그러면 나머지 10점은 잘하면 공짜로 먹고 들어갈 수도 있다고 보는데 그 이유는 효도에도 기초가 중요하기 때문이며 현대 효도의 기초가 되는 효도의 등산화가 곧 문안전화라고 보기 때문입니다.

두 번쨉니다. 효가 예의도덕의 기초라고 한다면 무슨 일이 있어도 전화는 드려야 합니다.

김영삼 전 대통령은 이에 모범이었다고 알고 있습니다. 아침저녁 평생 아버님께 전화를 드렸다고 합니다. 어쩌면 그래서 대통령이 되는 복을 받은 것이 아닐까요? 저는 그래서 그분이 대통령이 되었다고 무식하게 주장하는 사람입니다. 왜냐하면 그것이 곧 인간의 기초거든요.

기초가 탄탄하게 예의와 도덕으로 갖춰진 사람은 어지간한 산행의 조건은 갖춘 사람입니다. 그러나 제가 문안전화라고 한 것은 예를 든 것이고 당신만의 효도의 기초를 튼튼히 하라는 것입니다.

손자가 전화하는 시간이 있고 아내가 전화하는 시간이 다르고 자식이 전화하는 시간이 다르다고 한다면 어쩌면 당신의 부모님은 하루 종일 아들, 며느리, 손자의 전화만 받기에도 바쁘실 것 같은데 그런 다음에 용돈이니 찾아뵙는 것이니 하는 효의 실천이 뒤따르는 것입니다.

이제 이쯤되었으면 기초가 잘 되어 한 계단을 오른 셈입니다. 좋은 등산화가 신겨졌다면 이 신발을 토대로 다음 계단으로 올라가도 됩니다.

두 번째 계단에는 상하를 구별하는 위계질서가 나타납니다. 만일 애도 어른도 모르고 상사도 모른다고 한다면 이런 사람은 아주 불안한 사람입니다. 그런 사람은 언제고 반항할 우려가 있으며 심하면 하극상도 불사할 위험한 사람입니다.

하지만 반듯한 효가 몸에 밴 사람은 내 부모가 소중한 까닭에 남의 부모도 소중한 것을 아는지라 나의 형님이나 누나를 아는 것처럼 선배를 알고 윗사람을 알아서 부모를 모시듯 형님누나를 모시듯 그렇게 공손하게 윗사람에게 겸손합니다. 그런 사람은 배신과는 상관이 없습니다.

의리를 지킬 사람이라고 인정해도 되는 사람입니다. 이 정도면 이제 이렇게 말해도 괜찮습니다. 바로 "사람이 됐다"라고 하는 말 말입니다. 그러니까 먼저 인간이 되라고 하는 것 같은 지적은 받지 않게 되었습니다.

믿어도 되는 것이 있는데 바로 가정교육이 제대로 된 사람이라는 것으로서 이는 그의 인품이 적어도 바닥을 길사람이라는 걱정은 안 해도 되는 사람입니다.

이제 상하를 아는 사람이라면 다음 셋째계단으로 올라가겠습니다. 지금부터는 유치한 초등학교 도덕시간이 지나가고 중학생수준으로 올라가기 시작합니다.

셋째계단에서 우리를 기다리는 것은 자성(自省)이란 두 글자입니다. 자성이란 스스로 자신을 돌아볼 줄 아는 자신의 인품관리입니다. 그렇다면 자성이란 무엇을 돌아본다는 것일까요?

사람은 날마다 수많은 일을 만납니다. 처음 보는 사람도 만납니다. 새로운 환경도 만납니다. 건 건마다 다른 사건도 만납니다. 처음 대하는 사안이 있고 해 오던 일의 연장도 있습니다. 순조로울 때도 있고 어려울 때도 있습니다. 칭찬을 받기도 하고 질책을 받기도 하고 때로는 막힐 때도 있고 풀릴 때가 있는데 그것이 내 탓일 때도 있으며 상대방의 잘못인 경우도 있습니다.

인생들이 하루에 만나서 해야 할 말과 움직여야 할 행동이란 날마다 다른 색깔로 다른 모양으로 나타납니다. 그러다 보면 웃기도 하지만 싸우기도 하게 됩니다. 아니라고 할 때가 있고 그렇다고 인정해야 될 때도 있습니다. 더 이상 말하지 않아도 매일매일 열 가지, 백 가지의 제각각의 양상으로 다가와서 나의 인격과 인품을 노크합니다.

자성이란 무엇이냐? 인간이란 만능일 수 없기 때문에 적절한 대처가 절반이요 절반은 그릇된 대처가 차지하기 일쑤라고 한다면 날마다 때마다 스스로를 살피고 되돌아보는 자기성찰입니다.

자성은 인품을 품격으로 높이고 품성으로 올린 후에 품위에 이르게 한다고 하는 말씀입니다. 여기서 중요한 것은 겸손입니다. 이때의 겸손이란 남을 나보다 낫다고 여기는 마음씨입니다.

제 이야기 하나를 해 보겠습니다. 저는 아직도 보다 더 겸손하기위하여 항상 잊지 않고 기억하는 것 한 가지가 있습니다. 바로 당신이 나보다 낫다고, 틀림없이 당신이 나보다 훌륭하다고 절대적으로 이를 인정한다고 하는 사실입니다. 연구를 하면서도 늘 이 자리에는 나보다 더 잘하시는 분도 계신다고 생각하며 항상 배우는 자세로 연구합니다.

지금은 여러분이 저의 연구를 듣지마는 제가 여러분의 연구를 들어야 할 것이 훨씬 많다고 하는 것을 인정한다는 말씀입니다. 어쩌다 보니 여러분이 지금 제14장의 이야기를 듣고 계시지만 인생문제가 아닌 다른 것은 절대적으로 제가 여러분의 연구를 들어야 하는 저의 스승님이 된다고 하는 것을 인정한다 그 말씀입니다.

연구라고 하는 것도 말의 유창함만이 전부가 아닌 이상 어눌하다 하여도 제가 여러분의 연구를 들을 것이 더 많은 것이 사실입니다.

무엇보다도 제가 열심히 말씀드리는 이 연구에 대한 평가나 느낌은 저보다 여러분이 나의 스승인 것이 맞습니다. 가령 여러분 중에 엔지니어가 계신다면 제 스승입니다. 저는 저를 '기계치'라고 자인하는 사람입니다.

기계는 만질 줄 모르는데 만지면 고장입니다. 기계에 대하여 말하라고 하면 할 말도 아는 것도 없습니다. 그러니 제가 당연 제가 여러분의 연구를 들어야 마땅합니다.


세 번째입니다. 누구에게나 재주가 있으며 누구나 잘하는 것 하나는 다 있다—저는 이것이 저의 인생관입니다. 아무도 얕볼 사람이란 없다는 것은 인생을 보는 원초적인 시각입니다.

구르는 데는 굼벵이 녀석을 이길 자가 누구입니까? 굼벵이는 자기 키의 백배도 넘는 지붕에서 내리굴러 떨어져도 상처 하나 나지 않아 구르는 데 명수입니다. 사람은 100m 상공에서 떨어지면 어디 뼈나 추리겠습니까?

인생은 하잘것없는 잡놈이라도 그에게는 박사나 교수가 따라가지 못할 그 사람만의 재주가 반드시 있다는 것입니다. 검사는 딸 수도 없는 금고를 강도는 그걸 따고 여는 기술이 있습니다. 만일 대통령이 실수로 열 수 없는 방 안에 갇혀서 질식하게 되었다면 검사나 판사 백 명도 소용없고 감옥에 갇힌 도둑놈이 진짜 필요할 겁니다.

인생에는 강자도 없고 약자도 없으며 귀한 인생도 없고 천한 인생도 없다는 것이 저의 인생관입니다. 자성은 이와 같은 사고 위에 세워집니다. 내가 잘못한 것이 무엇인가? 자성은 바로 이것이 핵심입니다.

그러나 자성을 모르는 사람은 자기의 생각을 그대로 굳혀 버립니다. 하지만 자성인은 연속으로 상대의 장점을 되새깁니다. 나보다 그가 올바른 것은 무엇이냐? 이것이 바로 나의 품격을 올리는 비결입니다.

턱을 괴고 그의 입장을 곰곰 되새겨 보면 내가 미처 생각지도 못한 것을 그가 생각하였다는 사실을 깨닫게 됩니다. 그래서 나의 생각이 잘못된 것을 알게 됩니다. 그러면 나를 바꾸고 그의 뜻을 앞세우게 됩니다. 이것이 발전하는 내가 됩니다. 이것이 나를 높이는 지렛대가 되어 줍니다.

날마다 건 건마다 남을 나보다 낮게 여기고 내가 그보다 뒤지는 착오가 무엇인가를 돌아보는 자성이 몸에 밴 사람은 그가 잘못 생각하는 것에 대하여 그의 감정을 건드리지 않고 설득해 낼 방도를 찾아냅니다.

그리고 충돌된 의견을 해소하고 그와 친밀한 관계로 발전시켜나가는 슬기를 갖춥니다. 그러면 다시 또 한 계단을 올라갈 수 있게 됩니다.

네 번째 계단입니다. 이제 고상, 고고, 고매라고 하는 단어가 기다리는데 잘 아시지요? 전전 제12장에서 인생을 멋지게 살고 싶으면 이런 것이 멋진 인생이라 하면서 드렸던 우아함과 세련됨의 단어들을 기억하실 것입니다. 마침내 품격 고급화작업에 들어서는 것입니다. 그런데 어떻게 품질을 높일 수 있을까요?

첫째는 사색(思索)이며 다음은 명상(瞑想)입니다. 사색과 명상은 비슷한 뜻을 가졌지만 용도는 다릅니다. 사색이란 사물의 이치를 곰곰이 따져 보면서 깊이 생각하는 것을 말합니다. 다시 말하면 앞서 말한 자성이 성장하여 사색이 되었다고 해도 될 것입니다.

사려 깊고 생각이 깊은 사람이 되어서 어떤 정황이나 어떤 환경이나 어떤 대인관계에 대하여도 종합적으로 분석하고 깊이 헤아려 상대의 입장과 그의 사고와 그가 한 말을 복합적으로 검토하는 깊은 통찰력이며 예리한 분석력을 활용하는 경지입니다.

그렇다고 이렇게 말하니까 도사가 되라는 말이냐고는 하지 마십시오. 도사가 된다는 말은 '품위학 콘체르토'에서는 적당한 단어가 아닙니다.

그런데 명상이란 단어까지 나오면 이젠 정말 도사이야기 나와야겠습니다. 명상은 눈을 감고 고요히 생각하는 것을 명상이라 합니다. 진짜 도사소리를 듣는 사람들은 오랜 세월을 그렇게 보낸 사람이라고 보아야 합니다. 그래서 습관적으로 눈을 감는데 품위적이어서 권할 만하다고는 말하지 않습니다. 도사학이 아니니까요.

명상도 결국은 자기성찰이며 방법이 다를 뿐 역시 사색의 범주라고 보아도 됩니다. 저는 사색과 명상은 용도가 다르다고 하였는데 이 명상은 되도록 듣고 싶고 보고 싶은 많은 것들을 절제하고 가려서 보고 듣는 용도로 쓰면 유용하다는 것입니다.

제 경우는 명상이란 단어대신 묵상(黙想)이란 말을 쓰는데 제가 쓰는 이런 글들은 주로 묵상에서 시작하여 착상(着想)이 되고 구상(構想)에서 초고(礎稿)가 열려 갑니다.

복잡하게 말한 이 말이 무슨 말이냐 하면 TV를 끄는 시간이 많다는 말씀입니다. 저는 TV에서 많은 구상을 이끌어 냅니다. 그러나 묵상하는 주제와 다른 내용이 방송으로 나오면 끄지 않을 수가 없습니다.

다시 말하면 나를 돌아보는 자성이 이런 과정을 거쳐야 숙성이 되고 품성이 되고 품위의 높은 언덕 위의 계단으로 올라선다고 그렇게 생각하는 것입니다.

여기까지 오는 데는 절대적인 것 중에 하나가 독서입니다. 책을 많이 보아야 하는데 인품을 품위로 올리려고 하면 첫째는 보는 책이 달라야 한다고 하는 참 어려운 문제가 가로놓여 있습니다.

책은 잘 못 보면 안 본 것만 못한 책이 많이 있어서 인품을 다스리고 품위의 영양이 되는 책을 본다는 것은 고르고 사는 것도 어렵지만 이런 책에 취미를 가지는 것이 쉽지 않을뿐더러 반복적으로 몇 번씩 읽는 습관도 어렵습니다.

제 경우는 당연 성경에서 잠언과 시편을 많이 읽은 경우입니다. 또 다른 한 가지는 외경에서 집회서와 지혜서를 성경만큼이나 자주 읽은 편입니다.

성경의 역사서와 중국의 역사서 그리고 한국사는 연표를 집중적으로 보는 편이며 그 연표를 통해서 당시를 사신 어른들을 떠올려 보기를 즐겨 하면서 글감이 되는 소재를 얻습니다. 다시 말하면 양서 중에 양서가 무엇인가? 이것이 독서와 묵상의 기본이 되면 좋다는 말씀입니다.

책이 점점 맥을 못 춘다고 모이면 자주 걱정들을 하고 있습니다. 인터넷이 책을 살 필요가 없게 만드니까 책을 사서 껴들고 보는 것이 오히려 불편하게 느껴 서점이 너무 많이 변하고 대폭 축소되는 경향이 뚜렷합니다.

인터넷에서 책장을 넘겨 보면 얼마나 간단하던지 이제 책이 그쪽으로 모여드는데 저는 전에 인터넷에 대학을 설립한 사람이면서도 책은 책으로 보라고 권하는 사람입니다.

책은 세 번 이상 읽을 책만 골라서 사서 열 번이라도 읽어야 한다고 보는 동시에 밑줄 그을 일이 없는 책은 밑줄 긋는 책보다 돈으로 치면 값어치가 적다고 생각하는 사람입니다.


네 번쨉니다. 예의도덕에서 부모님과 효로…… 효에서 위아래로 올라오고 거기서 자성으로…… 자성에서 사색과 명상으로 거쳐서 묵상으로…… 묵상에서 독서까지 왔습니다. 그러면 이제 오를 만큼 높은 정상에 오르셨습니다. 그러면 과연 내가 오를 만큼 다 올라왔는가 아직 더 올라야 하는가에 대한 자가 진단을 해 보실까요?


부모님이 확연하게 보이느냐고 하는 첫 시간 초등학교 도덕시간의 소중한 가치가 보이면 일단 합격입니다. 부모님의 사랑이 감사로 눈에 들어오고 생각사로 고맙게 여겨지신다면 이제 그야말로 철이 났다는 말씀입니다.

다음은 성장환경 그때 당시가 자주 떠오르고 그때 그 시간의 그 사건이 나의 오늘과 어떻게 연관된 줄이 되고 있는가가 선명할 정도로 눈에 보인다면 정상에 올라온 것이 맞다는 것입니다. 그런데 이게 또 무슨 말이냐고요?

살아온 날들에 대한 깊은 사색을 통하여 현재의 나를 살피는 것입니다. 그러면서 동시에 미래의 내가 느껴지는 것입니다. 단, 이 말은 저의 경우라는 사실을 참고하시기 바랍니다. 다 다를 수도 있겠지만 그래서 제 경우에는 후손들의 내일이 느껴진다고 하는 것입니다.

어떻게 살다가 세상을 떠날 것인가를 아주 깊이 생각하게 된다는 점입니다. 해야 될 말이 무엇이며 그 말은 얼마나 소중한 것인가를 심도 있게 되새긴다고 하는 것입니다. 따라서 말과 행동과 함께 그것의 가치를 손익처럼 따지고 계산기로 결과를 분석하게 된다는 말씀입니다.

내가 나다운 것에 관한 문제를 생각으로부터 체크하게 되고 아니면 치우고 맞으면 굳게 잡는다고 하는 것입니다.

나의 나다운 것에 대하여 끝없이 생각하고 나를 다스리고 연신 고치고 바꾸기를 반복해서 나의 삶의 질을 어떻게 하면 보다 높일 것인가의 문제가 사는 이유와 밀접하게 연관된다는 뜻입니다.

말로 하기가 어려운 생각의 바다를 누비게 되고 제 경우는 마침내 21회까지 갈 인성연구 분야의 문을 열게까지 되었다고 하는 사실입니다.


수많은 논리와 주장에 대하여 별다른 의식이 없어졌습니다. 매사에 자신이 생겨서 어디서 어떤 말을 하라고 하여도 별 두려움이 없고 세상의 어떤 학문과의 충돌도 없게 됩니다.

제법 품위를 갖췄다고 말하기에도 그런대로 논리와 원리가 형성된 것입니다. 한마디로 말하면 누구나의 모든 생각들과 말과 행동이 전부 이해가 가고 그의 입장을 내 입장처럼 공감하게 되었습니다.

하지만 양상과 양태가 저와 동일하리라고는 생각지 않습니다. 다만 스스로 흠결을 가려내서 부딪침이 없어지게 되는 것만은 틀림없습니다.

마침내 국가와 사회가 눈에 들어와서 인류의 장래가 어떤 방향으로 살아가면 좋겠다고 하는 판단이 명료해지게 됩니다. 나쁜 말로 하면 잔소리꾼이 된 것 같지만 잔소리가 아닌 꼭 필요한 생각과 말이 되어 상대방 누가 들어도 거부감이 없는 말이란 어떤 것인가를 분별하는 지혜의 눈이 떠져서 마침내 인생의 눈이 밝아지는 것입니다.

대통령을 욕하지 않습니다. 정치인을 헐뜯지도 않습니다. 모든 것이 다 그럴 수 있다고 생각되고 설사 부정과 비리에 혈안이 된 권력자들의 그렇게 된 원인과 과정도 눈에 보이고 또 아하 그래서 이렇게 되었다고 하는 과정이 도면처럼 눈에 들어옵니다.

이제 이 시간의 연구를 마치면서 자기중심적인 제 이야기가 주종이 된 것 같아서 죄송하다는 말씀을 드립니다. 참고만 하시라는 뜻입니다.

저와 여러분은 다를 것으로 인정하나 분명한 것은 품위는 높은 계단을 힘겹게 오르고 올라가야 그 위에 있다는 말씀으로 이 시간의 연구를 마치겠습니다.

# 직장인을 위한 특강

# # 직장이 가정을 지킨다

요즘 먹는 이야기가 인기더라
고요. 웰빙 식단 이야기라면 그걸로 요즘 강사는 성공합니다. 또 어디
가 아픈 데는 어떻게 어떤 운동을 하면 좋다고 하는 것―이것도 인기
끄는 연구입니다.

저도 그런 걸로 준비하면 어떨까도 생각해 보았습니다마는 제게는
그런 메뉴는 없습니다. 저는 '인생이란 무엇인가?'라고 하는 대명제 아
래 '직장이란 무엇인가?', '직장의 가치는 무엇인가?', '직장에서 성공
하는 것이란 무엇인가?' 하는 등등의 메뉴를 차려 가지고 왔습니다.

그러면 재미없으려나요? 여러분 생각에는 어떻습니까? 재미있을
것입니다. 재미도 있고 무엇보다도 참 맛이 좋을 거라고 확신합니다.

첫 번쨉니다. 저는 인성연구 분야의 작가이니만큼 인생이 주메뉴
입니다. 인생이란 무엇이냐? 사람이 왜 사느냐?―눈치를 보니까 고리
타분하게 나온다 싶으십니까? 미리 짐작하지 말아 주시기 바랍니다.
안 고리, 안 타분하게 나갈 거니까 안심하십시오.

사람에게는 사는 목적이 있습니다. 없는 분도 있다고요? 물으면 대답을 못 하는 사람 말입니다. 없는 걸까요? 있습니다. 있기는 있는데 말로써 대답할 자료정리가 덜 돼서 그렇습니다.

아무런 목적도 없이 산다는 사람은 단 한 분도 없습니다. 그러면 한번 물어볼까요? 아닙니다. 대답하기는 곤란한 질문인 줄 알기 때문입니다.

그러나 이때 제대로 대답을 잘 못 해도 전연 관계없습니다. 그렇다고 목적이 없는 것과는 무관하기 때문입니다. 어쩌면 꼭 대답할 말을 매끄럽게 잘 정돈해 놓을 필요도 없습니다. 여러분의 의식과 무의식 속에 사는 목적이 있기 때문에 말로 이래서다 저래서다라고 하는 것은 토론장도 아니고 연구를 할 일도 아니면 혼자 알고 느끼는 것으로 족하다고 해도 됩니다.


자, 그러면 이제 시작해 보겠습니다. 사람은 왜 사느냐? 답은『행복의 꿀을 따서 사랑하는 사람과 나누어 먹기 위해 산다』입니다.

벌이 왜 사느냐? 꽃을 찾아 날아가서 그 속에 든 꿀을 따서 집으로 가지고 돌아와 자기도 먹고 가족들도 먹여서 오순도순 나누어 먹고 살게 하기 위하여 벌들이 살아갑니다. 맞습니까?


벌은 꿀을 찾아 강을 넘고 산을 넘습니다. 그런데 벌은 그냥 꿀입니다. 밤나무에서 따면 밤 꿀이고 아카시아에서 따면 아카시아 꿀입니다.

그런데 사람이 따러 다니는 꿀은 꽃 이름이 붙은 그냥 꿀이 아닙니다. 그 앞에『행복의』이라고 하는 세 글자가 붙어 있습니다. 다시 말하면 사람이 왜 사느냐? 행복의 꿀을 따다가 행복을 누리며 행복하게 살기 위해서 사는 것이 저와 여러분입니다.

그러니까 벌은 꿀을 따고 꿀을 먹습니다. 그러나 사람은 행복을 따고 행복을 먹습니다. 벌은 꿀만 먹습니다. 그러나 사람은 돈도 먹고 사랑도 먹고 음식도 먹고 무엇보다도 행복이라고 하는 묘한 것을 먹습니다.

두 번쨉니다. 그런데 우리는 행복에 대하여 잘 모르고 삽니다. '무엇이 행복이냐?'라고 할 때 직업이 좋으면 그것이 행복한 줄로 착각합니다. 인생이 사는 목적과 직업이 다르다는 것을 까맣게 잊어버립니다. 판검사가 왜 사느냐? 여러분 판사가 재판을 하기 위해서 삽니까? 검사가 죄인을 잡기 위해서 삽니까?

우리가 이 대목에서 절대로 혼동하면 안 됩니다. 의사라고 해 볼까요? 의사가 사는 목적이 무엇입니까? 환자들 병을 고쳐 주기 위한 것이 의사가 사는 인생의 목적일까요? 그건 치료의 목적이지 사는 목적은 아닙니다.

이게 참 중요한 이야기입니다. 직업이 무엇이냐? 직업은 행복을 누리기 위한 수단입니다. 그러므로 행복이 인생의 목적이고 직업은 목적을 위한 방법입니다. 이 대목에서 우리는 크게 착각하고 있습니다. 엉뚱하게도 직업을 목적으로 알고 살아갑니다.

물론 내가 하는 일이 참 중요합니다. 그렇다면 그게 왜 중요하다는 것일까요? 직업이 행복을 지키고 가꾸게 하기 때문입니다.

벌이야기를 또 해 볼까요? 꿀이 얼마나 소중합니까? 그런데 그 꿀이 왜 소중할까요? 자기의 가족들이 먹어야 하기 때문에 소중한 것이므로 이 말은 가족이 소중하니까 그래서 꿀도 소중하다는 계산이 나오는 것입니다.

마찬가지로 우리의 직업이 얼마나 소중합니까? 문제는 그로 인해서 내 가족이 먹고 살고 행복해지기 때문입니다. 그렇다면 결국 그게 그 말이 아니냐고요? 말꼬리를 잡는 게 아니고 그건 그 말이 아닙니다.

의사면 무얼 하고 판사면 무얼 하느냐의 문제가 인생의 문제로 여전하다고 하는 사실입니다.

의사가 돈은 많이 버는 직업이라고 해서 그렇게 번 돈으로 목적이 되는 행복이라고 하는 연한 가지에 물을 공급하고 비를 내려 주지 못한다고 하면 인생은 목적이 고장 난 썩은 인생으로 추락합니다.

다시 말하면 의사의 아내가 마음으로 병이 들었다거나 아니면 그 많은 돈보다도 더 많은 낭비를 해서 그 돈도 모자란다거나 애쓰고 거두어 온 꿀단지가 어느 날 갑자기 깨트려지기라도 한다면 꿀 많은 게 행복한 것하고는 달라지는 셈입니다.

하지만 반대로 생각해 볼 수가 있습니다. 거리에서 포장마차를 하는 누가 봐도 힘든 일이 직업인 사람이 있다고 해 봅시다.

돈 잘 버는 의사라고 반드시 행복할까요? 그러나 리어카에서 포장마차를 하는 사람은 몸은 힘들어도 아들이 공부도 잘하고 아내가 늘 생글생글 잘 웃고 항상 불만이 없는 경우 말입니다.

한 집은 수단은 좋은데 목적은 망가졌습니다. 또 다른 한 집은 수단은 나쁜데 목적은 건강합니다. 누구의 인생이 복된 인생이겠습니까? 물어보나 마나입니다.

그러므로 직업은 행복을 위해 존재합니다. 그래서 직업에는 귀천이 없습니다. 그러니까 설령 내가 하는 일이 나의 적성에 맞지 않아도 그것은 수단이기 때문에 행복에만 이상이 없으면 직업은 연탄 리어카를 끌어도 그건 아무 상관이 없습니다. 이럴 때 저는 배추 고갱이 비유를 자주 인용합니다.

배추로 말하면 직업이나 부모는 배추껍데기입니다. 배추는 고갱이가 중요합니다. 껍데기는 어차피 벗겨 낼 거고 고갱이가 먹을 것입니다. 직업이 껍데기라면 고갱이는 행복입니다. 자식입니다. 알속입니다.

우리는 배추껍데기에 더 관심이 많습니다. 몸 편하고 남들이 존경하고 권세도 있는 직업이라면 저는 그것을 배추껍데기로 비교합니다.

문제는 속이 꽉 들어차고 고소하고 맛이 있는 고갱이를 잘 안은 배추냐…… 속이 팍 썩고 맛도 없고 고갱이가 부실한 배추냐의 문제입니다.

인생도 이와 같아서 겉으로 보는 것에는 아무런 의미도 없습니다. 겉 거죽은 다 썩어 뭉개진 것이라도 알속이 들어찬 배추라야 그것이 내실 차고 성공한 인생입니다.

그런데 왜 내가 하는 일의 가치를 내가 인정하지 않는가요? 배운 게 없어서 내가 이런 일을 한다고 무엇 때문에 기가 죽습니까? 속이 중요합니다.

부부 사이의 정이 중요하고 둘 사이에서 자라나는 아이들이 고갱이가 아닌가요? 고갱이를 위해서 무엇은 못 하겠습니까? 그러니 인생은 고갱이를 안는 것이 첫째입니다.

세 번쨉니다. 거죽도 뭉개지고 속도 안 찬 가슴 아픈 인생도 많습니다. 우선 속을 치료해야 합니다. 행복을 치료하고 자식을 가르쳐야 합니다. 인생의 성공이란 무엇이냐? 나의 수고가 줄어들어드는 것도 좋은 일이지만 보다 중요한 것은 고갱이가 건실하게 자라나는 것입니다.

그런데 고갱이에는 부부나 자식이나 행복이라고 하는 것도 중요하지만 또 다른 중요한 것이 한 가지 있습니다. 바로 나 자신을 갈고 닦는 일입니다.

저는 보릿고개 정상에서 어린 시절을 보냈습니다. 못 먹고 못 입고 못 배우고…… 전부 못 자 돌림입니다. 그래서 남들이 부러워하는 으리으리한 직업을 가져 보지 못했습니다. 돈도 못 벌었습니다. 그런데 제가 가꾼 소중한 고갱이가 있었습니다. 그것은 바로 누구도 가까이 하지 않으려고 하는 이 딱딱하고 어려운 인생문제에 대한 해답을 찾는 일에 나의 인생을 걸기로 한 것입니다.

그래서 저는 '인생이란 무엇이냐?'라고 하는 것 같은 질문에 대해서는 거의 꿀릴 게 없는 경지에 올라섰습니다. 전 세계적으로 인성연구 분야란 간판을 건 책을 쓰는 작가는 눈 씻고 보아도 없는데 저는 인성연구 분야를 세우는 작가로 삽니다.

세계 어느 대학의 학장이나 총장하고도 안 바꿉니다. 뿐만 아니라 이 세상의 어떤 대학교 총장이라도 인생에 대하여는 쉽사리 저를 이길 사람이 드물 거라고 생각하는데 이것은 교만도 자만도 아닙니다. 그만큼 저는 인생만사를 남보다 많이 공부하고 연구한 작가로 사는 사람입니다.

품위나 인생에 대하여는 제게 물어보십시오. 저는 여러분이 족히 납득할 만한 비밀의 열쇠를 가지고 있으며(혹여) 그래서 드디어 인생 연구를 위해 걷어붙이고 세계를 나다닐 생각입니다.

이렇게 연구를 하려면 어때야 하는지 여러분은 다 모를 겁니다. 철학박사나 심리학 박사나 총장교수님들하고 맞붙어서 적어도 인생문제만큼은 그분들이 모르는 것에 탁월하게 앞설 자신이 있어야 이런 자리에 설수 있는 내공이 생기는 것입니다.

물어보세요. 품위나 인생에 대해서는 모르면 몰라도 제가 막히면 안 된다고 해서 이미 준비된 질문을 벗어나지 못할 거라고 과신하니까요.

그럼 이제 제가 자문자답을 해 보겠습니다. 인생이란 무엇이냐? 여기에 대한 단 답은 『생각하는 것』이라고 하는 것입니다.

이 말은 이런 뜻입니다. 『인생은 생각하는 만큼 산다―』, 『인생은 생각한 대로 산다―』라고 하는 것입니다. 이게 생각학이라는 책이기도 하고요.

즉, 사람이 살아가는 것이 인생입니다. 이 인생은 어떻게 사는 것이냐? 바로 '생각하는 만큼 산다는 것이요, 생각한 대로 사는 것이 인생이다'라고 하는 말씀입니다. 이제 오늘 여러분과 같이 제 말이 맞느냐 틀리느냐를 분석해 보겠습니다.

사람이 사는 것은 그 사람이 어떤 생각을 가졌느냐고 하는 대로 살게 된다는 말에 인생의 원리가 들어 있다 한다면 정말 원리에 딱 들어맞는 말이 생각하기입니다.

여러분이 이 책을 산 이유가 바로 여러분의 생각이 그렇게 하는 것으로 결정을 했기 때문입니다. 만일 다른 책을 샀거나 어디로 놀러나 가야 되겠다—이렇게 생각했다면 여러분은 다른 데로 놀러 가셨을 것입니다.

직업도 마찬가지입니다. 내가 가수가 되겠다고 생각한 사람만이 가수가 됩니다. 내가 저 사람하고 결혼하겠다고 생각했으니까 부부가 된 것도 맞습니다.

그러니까 '인생의 원리는 생각하기 나름이다—'라고 하는 것이 결론입니다. 무슨 생각을 하느냐? 그러면 그렇게 된다는 것이 인생입니다. 그래서 꿈을 가지라 하고 그래서 인생의 목표를 정하라 하고 그래서 바르게 살라 하고 행복하게 살라고도 하는 것입니다.

무슨 일이라도 하겠다고 생각하는 사람은 실업자가 되어 놀지 않습니다. 아무것이라도 일만 맡기면 해 보겠다고 하는 사람은 이태백으로 어정거리지 않습니다.

"에이 그런 건 하기 싫어"라고 생각하는 사람은 자칫하면 백수가 되기 쉽습니다.

"그럼 넌 무얼 할래?" 그럴 때 "나는 미국유학을 가서 공부를 더 하겠다"라고 하는 사람은 영어책을 끼고 살면서 결국 나중에 보면 유학은 못 갔어도 몸은 미국에 가 있습니다. "넌 무얼 할래?"라고 물을 적에 "몰라"라고 하거나 "그건 하기 싫어"라고 하면서 책을 쳐다보지 않은 사람은 나중에도 백수 그대로입니다.


쉽게 말해서 '내가 무슨 생각을 하느냐?'라고 하는 것은 그 사람의 내일의 모습이고 그 사람의 미래로 확정됩니다. 그러니까 인생이란 생각을 잘해야 합니다. 그렇다면 이건 같이 사셨는지 모르겠으나 바로 생각학이기도 합니다. 그러면 과연 잘하는 생각하고 직장하고는 무슨 관계가 있을까요?

직장을 목적으로 정하면 일생 취업이 안 됩니다. 잘라 말하지만 직장은 목적이 아니라 직장은 수단인데 직장을 너무 중요한 목적으로 생각하고 고른다면 그 사람은 취직 못 합니다.

먼저 목적을 정해야 합니다. 장가를 간다든지 재혼을 한다든지 아니면 소설가가 되겠다든지 또는 기계를 발명한다든지…… 먼저 정해야 할 것은 정하지 않고 수단과 방법에 해당되는 직업을 생각하니까 취직할 데가 아무 데도 없는 것입니다.

아무거나 하면 됩니다. 맞아요, 하십시오. 그래서 하고 싶은 영어공부는 퇴근하고 밤에 하면 돼요. 유학가고 싶거든 빨리 유학을 목적으로 정하고 놀지 말고 아무거라도 하란 말입니다.

돈벌이가 적어도 상관이 없습니다. 남이 100만 원 벌면 나는 10만 원을 벌더라도 그게 무슨 상관이겠습니까? 우선 10만 원이라도 벌면서 목적을 가꾸다 보면 100만 원 벌 날이 오게 되어 있습니다. 처음에 당장 100만 원을 벌어도 300만 원 버는 녀석들한테다 대면 또 3분의 1밖에 안 되는 건 똑같습니다.


그러니 내 꿈을 위해서 내가 일을 하는 것입니다. 길가에서 뻥튀기 장사를 하건 봉고 트럭으로 배추장사를 하건 아니면 생선 장사를 하건 목적을 위해서 뛰는 것이 직장이고 직업입니다.

업(할 일)에는 주업이 있고 부업이 있다는 것 아십니까? 세상에 태어나서 내가 나의 인생의 목적으로 하는 것이 주업입니다. 그것이 사는 목적입니다.

가정으로 말하면 행복의 꿀로 맛있게 먹으면서 고갱이가 튼튼해지는 것이 주업입니다. 부업은 주업을 위한 보조수단입니다. 우리는 그것을 일컬어 직업이라고 부릅니다.

그렇습니다. 직업 맞습니다. 그런데 직업은 월급을 타고 돈을 벌기 위한 방법이지 인생의 목적은 아닙니다. 여러분 맞지요? 맞습니까?

자―이제 그렇다면 여러분은 여러분이 지금 하는 일이 얼마나 소중한가를 알았습니다. 남이 나를 어떻게 보느냐고 하는 직업에 대한 사치스러운 꿈도 허물어졌습니다. 문제는 내가 무엇 때문에 이 일을 하느냐고 하는 목적만은 점검해 보아야 합니다.

먹고 살기 위해서라고 하는 말에는 행복도 들어 있고 이제 말한 고갱이도 들어 있지만 좀 더 구체적이고 또렷한 목적을 튼튼하게 세운다면 더 좋을 것입니다.

내가 한 번 나같이 어려운 사람들을 위해서 불우이웃을 돕는 일을 해 보겠다고 하거나 늦게나마 어려서부터 간직했던 문학가의 꿈을 키워 보겠다거나 저와 같이 한 번 꼭 작가가 되어 보겠다거나 아니면 얼마든지 있습니다.

여러분이 생각해 왔던 그것이 어떤 것이든 귀하고 가치가 있는 것이라고 한다면 이제부터 그것을 인생의 목표로 정하는 것이 중요합니다. 그런데 이때 제가 가장 싫어하는 이런 말은 절대 하지 말아 주십시오. "내가 이제 뭘 하겠어?", "나이가 있는데 그게 되겠어?"라고 하는 말―말입니다.


사실 그런 생각이 들기는 들 수도 있습니다. 그러나 이 말은 성공과 목적과 직업을 혼동해서 그런 말이 나오는 것이랍니다. 예를 들어

수필가가 된다고 목적을 정했다고 해 봅시다. 내가 어떻게 이 나이에 무슨 수필가가 돼서 언제 빛을 보느냐고 하시렵니까? 바로 이 문제에 대한 말씀이 중요합니다.

목적은 이루기 위하여 세우는 것입니다. 이룬다고 하는 것이 성공이라면 성공하기 위하여 세운 목적이라야 세운 보람도 있고 애쓴 보람도 있다는 말 맞습니다. 그러나 저는 성공하면 더 좋지만 성공 실패의 여부를 떠나서 목적을 세우라는 말씀입니다.

수필가가 될 목적을 정했는데 책 한 권 내지도 못한다거나 책을 낸들 누가 살 사람이 있겠느냐고 하는 말이나…… 아니면 쟁쟁한 경쟁자들과 내가 게임이나 되겠느냐고 하는 말은 참 흠잡을 데가 없고 이치에도 맞는 말입니다.

그러나 제가 중요하다고 하는 말씀은 성공하지 못해도 내가 할 수 있는 만큼만 최선을 다하라고 하는 것입니다. 책을 내지 못해도 괜찮습니다. 누가 알아주지 않아도 괜찮습니다.

내가 좋고 남들에게 피해 주는 게 없으면 그것은 아주 훌륭한 인생의 목표로 손색이 없는 것입니다.

자꾸 써서 계속 쌓아 가십시오. 그러다 보면 첫째로 글이 좋아지게 될 것입니다. 그러다 보면 기회가 와서 출판도 할 길이 열립니다.

제가 처음에 뭐라고 했던가요? 생각하는 대로 사는 것 ─ 생각한대로 이루어지는 것 ─ 인생은 생각대로 살아진다고 하였습니다. 또 있습니다. 성공하지 못하면 어떻습니까? 꼭 성공하라는 보장이 있습니까?

목적은 내가 존재하는 나의 존재확인이며 내가 나 혼자서 기뻐하고 나 혼자가 만족하는 것으로 충분한 가치가 있습니다.

　프로 작가의 세계에 뛰어들어 일류수필가로 대단해지지 않는다면 그냥 아마추어 작가로 내가 나를 인정하면 그것이 흠 없는 인생의 목적이 되는 것입니다.

　그러므로 이제 묻기를 이렇게 물어야 합니다. "요즘 뭘 하셔?" 할 게 아니라 "요즘 무엇을 위하여 뭘 하시나?" 이렇게 물어야 합니다.

　쉽게 말해서 『왜 사니?』입니다. 나도 모른다고 하면 인생이 고달픕니다. 이래서 사는데 힘도 든다는 말은 이해가 가는 말입니다. 하지만 이래서 사는데 힘이 든다는 사람은 힘들어도 힘든 줄을 모릅니다.

　네 번쨉니다. 이번에는 세우는 목적에 대하여 간단하게 말씀드리겠습니다. 막상 어디서부터 말씀을 꺼낼지 모르겠습니다. 첫째는 욕심으로 세우지 말며, 둘째는 정의롭지 못한 목적을 세우지 말아야 한다는 것입니다.

　제가 느끼는 인생의 목적들 중에는 목적답지 못한 것을 목적이라고 세워 놓고 그런 것을 위하여 전력투구하다 낭패를 보는 분들이 많이 있습니다.

　지나친 예를 들게 되어 죄송하지마는 어디 경치 좋은 곳에 전원주택 한 채 예쁘게 짓고 거기서 맘에 드는 여자하고 살다가 죽겠다고 하는 유형의 사람들 말입니다.

　"아니 그 집에서 부인하고 살 게 아니라고?" 하고 물으면 "뭔 재미로 마누라하고 사는가?" 뚱딴지같은 말이 튀어나오는 사람도 있습니다. 마누라하고 살려면 그냥 있는 집에서 산대요. 정말 기가 차서 말이 안 나오는 경우입니다.

왜 이런 말을 하는 걸까요? 인생에 철이 없어서 그렇습니다. 인생의 참다운 행복을 몰라서 그렇습니다.

혹은 여러분 중에도 있을지도 모릅니다. 인생의 목적이 삐뚤어진 사람은 분명히 말씀드리는데 일이 안 된다고 하는 것입니다.

여러분도 그렇겠지만 저도 많은 사람들을 만나 보았습니다. 이상하게 일이 안 되는 사람이 있습니다. 형편이 필 것 같으면서도 끝에 가서 꼭 안 되는 사람이 있습니다. 저주받은 인생처럼 하는 족족 안 되는 사람—될 듯 될 듯하다가도 결국은 또 안 되는 사람—재수 옴 붙었다고 그러지요? 그런 사람이 우리 주변에 참 많습니다. 도대체 왜 그럴까요?

틀릴지도 모르겠지만 저는 자신을 돌아보아야 한다고 생각합니다. 이게 정답이다 그 말입니다. 왜 죽어라고 일이 안 되느냐? 조상 탓이 아닙니다. 재수 옴 붙어서도 아닙니다. 조상의 산소자리 탓도 아닙니다. 복 받을 생각을 하지 않아서 그렇다는 것이 정답입니다.

무엇이 들어오는 복을 막을까요? 더러운 생각입니다. 복을 쫓아내는 생각입니다. 아까 말한 남의 여자하고 전원주택에 가서 살 생각을 하니까 하늘이 알고 땅이 알아서 들어오던 복이 나가 버린 것입니다.

생각이 올바르면 이치에 맞지 않는 황당한 꿈에서 깨어납니다. 생각을 제대로 하면 아내와 자식에게 부끄러운 계획은 세우지를 않습니다.

전원주택 그까짓 것 사고도 남을 건데 아내하고 살 계획이 아니면 스스로에게, 나 자신에게 떳떳하지 못한 잘못된 생각입니다. 생각을 잘해야 인생이 행복한 건데 생각을 추하게 하면서 어찌 행복하기를 바라겠습니까?

제가 한번 물어봅시다. 돈이 생기면 그 돈으로 무얼 할 건데요? 돈이 생기면 먼저 술집으로 가는 사람도 많습니다. 돈이 생기면 먼저 옷가게로 가는 사람도 허다합니다. 돈이 생기면 안 그럴 것 같아도 대개가 하늘과 땅과 인간의 양심에 옳지 못한 쪽을 먼저 생각하는 사람이 태반입니다.

돈이 생기거든 맨 먼저 어디다 쓸 건지? 여러분 한번 생각해 보시기 바랍니다. 가령 천만 원의 공돈이 생겼다고 합시다. 제일 먼저 무엇을 하실 것입니까?

제가 권해 드리겠습니다. 첫째로 부모님께 필요한 것에 제일 먼저 쓰십시오. 두 번째는 비자금을 어느 정도 숨길 생각을 아예 하지 마십시오.

단 백 원짜리 천 원짜리 한 장이라도 아내가 싫어하고 남편이 싫어하고 자식한테 부끄러운 곳에는 만 원도 쓰지 마십시오. 돈을 아주 건강하게 써야 합니다.

남자라면 남의 여자들 데리고 식당에 가서 기분 내고 인심 쓰지 마십시오. 여자도 똑같습니다. 남편이 모르는 허세를 부릴 생각은 꿈에도 하지 마십시오.

떳떳하고 정당하고 당당하게…… 부모님이 아시고서 잘했다 잘 썼다고 칭찬할 데에만 돈을 쓰는 걸로 생각을 바꾸시기 바랍니다.

특별히 아내나 남편이 알아서 정말 잘했다고 하는 곳에만 쓰십시오. 철없는 아들에게 당신의 양심이 떳떳한 곳에만 지출하십시오.

제가 왜 아무 재미 없이 왜 그렇게 하라고 하는 것일까요? 인생이란 생각하는 대로 되는 것이기 때문입니다.

그렇다면 생각하는 것이 속이고 허세 부리고 술 퍼먹고 계집질하

고 그런 것이 올바른 것입니까? 그건 죄받을 짓이기 때문에 되면 될
수록 갈 길은 딱 한 곳 저주입니다.

　생각한 대로 살아지는 것이 인생이니까 강도질만 생각한다고 해
보십시오. 진짜 강도가 됩니다. 사기꾼도 별것 아닙니다. 남을 어떻게
든 속이려고 하면 속이는데 전문인 사람들만 만나게 되어 있습니다.
그리고 속이다 보면 자기가 또 속아 넘어갑니다.
　그런데 문제는 그 결과입니다. 수단과 방법에는 성공했는데 목적
은 이루지 못하고 감옥으로 가야 됩니다.
　거기 가면 또 감옥에 안 들어오고 속이는 것을 배울 수도 있습니
다. 그게 아니고 생각을 바꾸면 기술을 배우고 사색을 배우고 반대로
새로운 삶으로 인생이 거듭나는 인생역전도 가능합니다. 생각이 인생
의 주인이기 때문입니다.
　그러나 적게 벌더라도 남에게 피해를 주는 짓은 절대 안 한다-이
렇게 결심하고 힘들어도 나는 떳떳하게 살란다-, 하면서 동분서주하
고 불철주야 뛰어 보세요. 감옥이란 단어는 관계가 없어집니다.
　행복이 기다립니다. 올바른 생각의 결과는 법에서 잡아가기는커녕
상을 줍니다. 내가 어떻게 해서든지 TV에 그 인생극장 한 번 나가야
되겠다-결심하고 꿈에도 그 생각만 해 보십시오. 거기 나갈 길이 열
립니다.
　여러분들처럼 똑같은 직장에 나가도 무슨 생각을 어떻게 하느냐에
따라서 인생은 확확 달라집니다.
　일할 생각보다 놀 생각이 더 많은 사람은 밤만 되면 꼭 술자리가
생깁니다.

술을 좋아하는 사람에게는 술기회가 오고 바둑을 좋아하면 바둑을
잘 두는 사람만 보이고 노래 좋아하고 춤추고 노는 걸 좋아하는 사람
에게는 꼭 놀 일이 생기고 초청이 온다니까요?

그러므로 생각이 천박하지 않고 고상해야만 진짜로 행복한 목적을
세울 수가 있습니다. 일장춘몽이란 말—제가 참 싫어하는 말 중에 하
나입니다. 노세노세도 싫어하는 말이고 살면 얼마나 산다고 그렇게
사느냐고 하는 말은 역겹다 못해 넘어오려고 하는 말입니다.

여기 누가 그런 말 잘하시는 분이 계시면 저를 미워하지 말고 오늘
부터 그런 말씀은 딱 끊으십시오. 하루를 살다 죽어도 사람은 사람답
게 살다가 죽는 것이 옳기 때문입니다.

다섯 번쨉니다. 인간다운 사람은 사는 목적이 인간답습니다. 동물
처럼 나만 알고 남편은 모르는 사람은 사람이지만 동물과 다를 바가
없습니다. 성행위에서도 동물은 강하면 이깁니다. 힘의 논리가 성을
지배하고 암컷을 지배한다고 할 때 인간의 강함은 돈이 곧 능력이 되
고 돈이 강한 힘을 내기 때문에 돈만 있으면 성을 사고팔게 되는 것
은 동물성의 논리입니다.

동물이 어찌 인간의 행복을 쳐다보겠습니까? 돈 많은 남자라면 은
근히 좋아하고 그러면 그건 동물적이지 인간적이라고 할 수 없습니다.

인간적인 것은 힘겨워도 정조를 지키며 아내와 남편을 위하여 가
정을 지키고 인륜과 도덕을 가치로 알아 더러운 짓은 동물성이라고
거부합니다.

여러분 때로 힘드시지요? 인간성은 힘겨워도 참고 목적을 위하여

거부하지 아니합니다. 자식이 좋고 아내나 남편이 좋다면 나 좋은 대로 살지 않는 것이 인간성의 본질입니다.

그러니 저 듣는 데는 얼마나 산다고 재미있게 살자 하면서 동물흉내나 내는 이상한 짓은 하자고 하지 마세요.

더디고 힘들더라도, 설사 평생 고생이 되더라도 죽는 날까지 인간다움을 지키는 사람이 인간 최고의 인품이며 이게 품위입니다.

개같이 살아서는 안 됩니다. 인간같이 인간답게 살아야 합니다. 바르게 살고 어머니답고 아버지답고 아들답고 딸답고 며느리답고 사위답게 살아야 합니다. 그것을 위하여 세상에 태어났고 그렇게 살기 위하여 여러분이 직업전선에 뛰어들었습니다.

어찌 하는 일이 험하다 하겠으며 어찌 힘들다 하겠습니까? 몸은 힘들어도 인간의 가치와 인간의 사랑과 인간의 아름다운 사랑을 실천한다면 이세상의 어느 누구하고도 바꿀 수 없는 인생 최고의 훈장감이 되실 것입니다.


생각을 다시 하십시오. 복 받을 생각을 골라서 하십시오. 무엇이든 할 수 있다고 자신을 가지십시오. 안 되는 것은 없다고 강하게 도전하십시오. 돈이 적으면 적은 대로 쓰고 살면 됩니다. 첫째도, 둘째도 내가 나다운 삶을 나 자신이 찾아서 그렇게 살아야 합니다.

연탄을 가득 실은 리어카가 언덕을 올라가려면 때로 힘겨움에 내장이 쏟아지는 고통이 있습니다. 그러나 그것이 내가 사는 이유입니다.

꿀벌이 그 작은 체구로 산을 넘습니다. 몇 십 리를 날아간대요. 꿀을 따러 나는 꿀벌의 수고가 가족의 양식이 되는 것처럼 오늘의 모든 수고가 행복의 꿀이 넘치는 아내와 남편과 자식들의 양식이 되어 행복한 일생이 된다고 생각하면서 뼈가 부러져도 좋다고 헌신해야 하겠다고 하는 생각으로 새로운 결심을 굳게 하시기 바랍니다. 한 번 내 아들의 이름을 부르고 따라 합시다. "○○야, 네 아버지답게 살련다." 여러분의 앞날의 행복과 사랑이 넘치시기를 기원합니다.

# 제16장

# 종교인의 품위

# 타종교에 대한 배려는 종교인의 품위

우리가 사는 세상에는 종교를 가진 사람도 살지만 종교를 갖지 않은 사람도 삽니다. 종교 말고도 각각 형편처지가 다른 사람들이 70억의 인구를 이루고 살아가고 있습니다. 우리나라에도 5천만의 사람들이 자기가 되어 나 아닌 남들과 살고 있습니다. 이 말은 1대 5천만이라고 하는 뜻으로 나는 나 한 사람인데 상대는 5천만이라는 이야기입니다.

이때 5천만이 모두 나를 위하여 살아 준다면 얼마나 좋을까요? 신바람이 절로 날 것이나 꿈같은 말이고 현실은 반대로 내가 5천만을 의식하며 살아야 하는 것이 우리들 인생입니다.

이와 같은 순리를 거역하고 5천만을 내 손아귀에 넣겠다고 한다면 그 사람의 종말은 처참해집니다. 세계를 한입에 집어삼키려 했던 나치독일의 히틀러나 일본 군국주의처럼 내가 세계 속으로 들어가지 않고 세계를 내 속으로 들어오라고 하면 이치상 들어가지지도 않는 것이란 개인도 마찬가지입니다. 내가 5천만 속에 들어가서 사는 것이 흔히 말하는 웰빙 인생입니다.

　그렇다면 세상에 살면서 다양하게 만나게 되는 나 아닌 5천만 속에 나와 같지 않고 전연 다른 사상과 이념과 종교를 가진 사람들이 얼마나 많을까요?

　또 나하고 종교도 이념도 인생관도 같은 사람을 만난다면 얼마나 반가울까마는 역시 현실은 다른 종교와 사상을 가진 사람들을 많이 만나게 되어서 때로는 부딪치고 반갑지만도 않은 것이 사실입니다. 오늘은 이와 같은 다른 사람의 문제 중에서 특별히 종교문제와 품위에 관한 말씀을 드리겠습니다.

　첫 번쨉니다. 종교의 특성에는 상대가 내 종교를 알면 좋아하고, 상대가 내 종교를 적대시하고 비하하는 못된 것도 있습니다.

　내가 믿으면 좋은 거고 남이 믿는 종교는 나쁜 것으로 미리 한수를 접어 버리고 아예 들어 보려고도 하지 않는 부정적인 경우도 있습니다. 그래서 각자 종교가 다른 사람들이 만나면 먼저 긴장하고 공세를 펼 준비를 하기도 하고 얼른 수세를 갖추기도 하는 참 복잡한 감정들이 교차하는 것을 느끼게 됩니다. 이것은 저만 느끼는 것이 아니고 모두가 느끼는 종교로 인한 불편스러움입니다. 그러니 이 문제를 어떻게 하면 좋을까요? 그들에게만 맡겨두어서는 쉽게 해결하지 못할 것들입니다. 그들이란 종교인들과 그 종교의 지도자들 말입니다.

　신개념정신문화연구시리즈가 이런 문제를 짊어질 수 있을까요? 당연 감당치 못합니다. 종교와 종교 간의 불화라고 하는 문제는 인간이 사는 한 우리가 사는 세상에서 어쩌면 영원히 함께할지도 모르는 그야말로 사상만큼이나 어려운 종교 간 분쟁의 문제입니다.

　그래서 포기하는 말을 합니다. 타는 불에 기름을 퍼붓듯 꼭 종교전쟁이 더 무섭다고 하잖습니까? 그런데 이 말은 정말 도움이 안 되는 소리입니다. 그런 말은 되도록 안 하는 게 좋겠다 싶은데 꼭 그런 소리들을 하더라고요.

어쨌거나 신개념정신문화연구시리즈는 이 문제를 걸머질 사명자는 아닙니다. 신개념정신문화연구시리즈가 해야 할 일은 하지도 못할 이런 일에 끼어드는 것이 아닌, 인생의 목적이나 그래서 어떻게 살 것이냐고 하는 인생학적인 84개의 정규과목(생각학: 제1장 참조)도 벅차서 종교 간의 화해라고 하는 것과는 거리가 멉니다. 물론 인생과목 속에는 종교개요학이라고 하는 것과 불교와 기독교에 대한 과목도 있기는 있습니다.

그러나 신개념정신문화연구시리즈의 모든 과목이 인생을 위한 보조과목의 역할을 하는 것인 것처럼 이것도 말 그대로 개요 정도만 정돈하여 인생의 한 부분으로 개략만 체크할 것일 뿐이지 전문적인 신학의 학문탐구영역에는 미치지 못합니다.

그럼에도 불구하고 '품위학 콘체르토'에서는 일단 피할 수가 없는 것이 되어 '종교인의 품위'라고 하는 제목이 다가왔습니다. 왜냐하면 종교는 자주 각자 다른 것 때문에 아까운 품위가 깎인다거나 과대하게 높여진다거나, 아니면 그로 인해 나중에 실망을 한다든가 심지어는 교제가 끊어지기도 하는 등 이 문제는 대인관계에서 '품위학 콘체르토'적으로 모른다 할 수가 없기 때문입니다.


두 번쨉니다. 종교문제는 인생문제 그 이상이나 어렵습니다. 그래서 제가 신개념정신문화연구시리즈를 내면서 고민한 것 중에 하나가 바로 이 종교문제이기도 하였습니다.

이미 저는 기독교인이라고 밝혀 아시겠지만 그래서 고민한 것이 바로 신개념정신문화연구시리즈와 종교에 관한 이념정립의 문제였습니다.

저는 기독교신학을 배운 사람이기도 합니다. 그러나 종교지도자의 사명을 위한 수업이 아니고 찬양사역과 인성연구 분야 설립을 위한 것이 본래의 목적이었습니다.

하여도 이 문제는 이렇게 말한다는 것 자체에도 문제가 있을 정도로 여간 예민한 문제가 아니라는 것이 더 큰 고민거리이기도 하였습니다.

다시 말하면 종교서적이냐 무종교서적이냐 아니면 어느 쪽의 성향이냐고 하는, 정체성의 문제이기 때문에 이게 어렵다는 것이 고민의 핵심이었다는 말씀입니다.

어중간해서도 안 되지만 완전히 치우친다면 차라리 신학책을 써야 마땅한 것 아니냐는 내적 갈등도 있었습니다. 그러니까 인성연구 분야와 종교성향의 문제가 혼란하면 죽도 밥도 아니게 된다는 것과 함께 그렇다면 저의 신앙과의 이념적 상충에 대한 것을 어떻게 정립하느냐고 하는 것이 힘들게 한 것이었습니다.

결론부터 말씀드리면 이 문제는 이제 정립을 마쳤습니다. 『모든 종교를 아우르고』 『무종교도 수용하면서』 종교는 『어떤 종교라도 일단 전부 존중한다』는 것입니다.


모든 종교를 전부 인생의 일부라고 보고 그 이상의 신학적인 논쟁에는 개입하지 않는다고 하는 것입니다. 그러니 타기 어려운 외줄 타기 같다고도 볼 수 있습니다. 어찌 보면 참 아리송하게 들릴 수도 있을 것 같습니다. 말로 다 설명하기 어려운 그야말로 이념상의 보이지 않는 기준을 세웠다고 하는 것입니다.

아무튼 신개념정신문화연구시리즈는 종교문제에만큼은 일단 논쟁하지 않고 너그럽게 대하기로 하였습니다. 기독교고 불교고 모두 인생을 사는 사람 사는 이야기라고 이해하고 "그러냐? 그래 그건 잘 알겠다"라고 한 다음에 그렇다면 너의 인생에서 종교문제 말고 이 문제는 인생학적으로 어떻게 생각하느냐고 하는 종교문제 회피성 태도로 뜻하는 바의 인생본론으로 끌어들인다고 하는 것입니다.

그래도 제게는 하나님을 믿는 믿음이 있습니다. 그래서 할 수 있다면 인생들에게 하나님을 소개하고 하나님 앞으로 나오는 게 좋지 않겠느냐고 하는 제안은 하게 됩니다. 그러나 분명한 것은 종교와 인생을 한데 묶지는 않는다고 하는 것입니다. 그가 유교든 불교든 인생만 말하고 논하며 종교는 존중한다고 하는 것입니다.

또 중요한 것은 거절하는 사람에게도 기존의 종교인이 흔히 빠져있는 편협하고 독선적인 내 종교 제일가치주의를 주장하지 않겠다고 하는 것입니다. 거듭 말하면 타 종교도 인정 존중하며 중시한다는 중립 평행노선입니다.

이때의 중립이란 내 종교에 대한 배반도 아니며 타 종교로의 전행은 아닙니다. 어려운 것이니만큼 손을 대지 않는다고 하는 것입니다. 그분은 그분대로 존중하고 나는 나의 소중한 것을 간직하되 나의 소중한 것을 사상이나 이념으로 그분하고 충돌하여 피차간에 불편하지 않은 인생학적인 대처의 묘를 정립하였다고 하는 말씀입니다.


그러니까 신개념정신문화연구시리즈는 종교를 초월합니다. 종교문제는 강요하지도 지적하지도 바꿔라, 고쳐라, 교정하라고도 하지 않습니다.

옳다 그르다는 말도 안 되는 소리라고 해서 평하고 논하지 않을 것입니다. 그의 종교는 종교대로 두고 그가 그의 인생에 어떤 대처가 유익한가의 문제만 생각하기로 한 것입니다.

그러면서도 할 수 있는 한 우리나라 종교의 양대 산맥과도 같은 기독교와 불교를 늘 염두에 두고 항상 양방향의 견해를 펼치는 것이 신개념정신문화연구시리즈 학문의 틀이기도 합니다. 자, 그러면 이제 이쯤 말씀드리고 이번에는 종교와 인생으로 넘어갑니다.


세계까지 멀리 가지 말고 우리나라만 가지고 말씀드리겠습니다. 우리나라에는 앞서 말씀드린 종교의 큰 양대 산맥이 있다 했습니다. 그러나 보다 더 큰 줄기는 종교인과 무종교인이라고 하는 신자와 불신자입니다.

불신자가 더 많으냐 신자가 더 많으냐의 문제는 별개로 하고 우선 불신자나 신자나 사람은 신자라고 귀하고 불신자라고 해서 덜 귀하고, 더 정이 가고 정이 덜 가고 하는 사고를 하는 사람은 인성연구에서도 참 애먹이는 사람이라는 말씀부터 시작하겠습니다.

그런 사람이 어디 있느냐고요? 그런 사람이 꽤 있습니다. 자기와 같은 종교면 떡도 한 조각 더 준다니까요 그러나 신개념정신문화연구시리즈는 절대 더도 덜도 없습니다.

종교는 선택입니다. 물론 종교도 종교를 정하는 핵은 생각입니다. 생각의 구조를 살펴보면(생각학 참조) 생각학 제17장에 '생각의 힘'이라는 연구문이 실려 있습니다. 거기까지 가지 않아도 종교문제는 누구의 말을 듣느냐의 문제가 선택의 결과가 된다는 것은 알 만한 이야기입니다.

교수님의 말을 자세히 들으면 그렇게 생각하게 되고 그래서 교수처럼 살게 된다고 누차 말씀드렸듯이, 목사님을 만나 목사님의 이야기를 자세히 들으면 교회로 가게 되는 것이 인간입니다.

반대로 스님의 말씀을 자세히 들어 보면 그 사람은 불제자가 되는 것이 종교의 첫발이며 이게 인생에도 중요하게 적용되는 하나의 원리입니다. 그래서 바로 인생이란 누구의 말을 듣느냐고 하는 것이 인생 그 자체가 된다는 것입니다.

노름꾼의 이야기를 자세히 들어 보면 노름의 매력이 빠져서 노름하는 재미와 요령을 터득해 노름판으로 가게 되어 있습니다. 그러므로 인성연구에서 하는 말을 계속해서 자세히 들으면 갈 곳은 행복의 꿀이 넘치는 복된 인생길밖에 없습니다.

교회를 오래 나가고 목사님의 말씀을 많이 들은 사람은 목사님이 말씀하신 하나님과 성경의 말씀을 따라 영생과 구원의 길로 가게 되지만 점쟁이나 무속인을 만나서 계속이야기를 듣게 되면 굿을 하고 산제를 지내고 조상의 묘지를 파서 옮겨야 되는 정당한 논리와 합당한 이유를 이해하였기 때문에 누가 뭐래도 묘지를 이장하게 되어 있습니다.

스님의 말씀을 자세하게 오래 듣는 삶을 살다 보면 내가 않고 누가 해 줄 수가 없다는 자력종교, 타력종교에서 나를 다스리고 살 주인은 나라는 것을 알게 되어 불제자로서 수행정진하고 그 가르침을 따라 살게 됩니다.

이때의 문제는 옆에서 아니다, 틀렸다, 정신 나갔다, 하지 마라 하고 간섭하고 말리고 수군거리고 손가락질을 하는 등 나를 보는 사람들의 다른 의견이 문제입니다.

기독교인은 기독교 말을 하고 불교인은 불교의 말을 하고 무종교인은 무종교인의 말을 하는데 어떤 사람이고 간에 다 자기가 옳다고 아주 강하게 주장을 하거든요. 그러니까 이래서 바로 각기 다른 생각이 종교와 접목되어서 사상의 충돌이 일어나고 종교적 대치가 되고 심하게 말해서 종교전쟁까지 가게 되는 것입니다.

세 번째입니다. 그런데 문제는 이것이 인생을 사는 우리들의 삶을 아주 불편하게 한다고 하는 점입니다. 서로 견원지간처럼 마음 문을 걸어 잠그고 열어 주지를 않으니 '품위학 콘체르토'적으로 극한지경이 되어 버립니다. 그러니 이 일을 어쩌면 좋을까요?

인품이고 인격이고 품성이고 품위를 원천적으로 인정하지를 않아 결국 패가 갈립니다. 이에 대하여 어떻게 해석하는 것이 신개념정신문화시리즈의 견해일까요?

이렇게 된 원인의 첫째는 '품위학 콘체르토'에서 이미 말씀드린(제12장: 인생의 멋 참조) 멋스러운 인생을 사는 데 있어 버려야하는 온갖 쓰레기 같이 더러운 생각들이 이렇게 만들었다고 하는 것입니다.

멋진 인생을 가로막는 더러운 생각들이란 무엇일까요? 하도 많아서 여기에 다시 쓸 수는 없지만 간단하게 말하면 옹졸-치사-비열-추접-천박-유치-와 같은 것으로서 이는 고상이나 고고나 고매와는 거리가 먼 것이며 점잖음이나 넉넉함과 포용 부재가 원인입니다. 특히 편협, 패쇄된 종교사상도 중요한 악역을 맡기도 합니다.

내 형제가 무종교라거나 나는 불제자인데 형제는 기독교인이라면 과연 대화도 형제관계도 끊어야 할까요?

기독교 누가 어디에서 그렇게 가르치며 불교가 그렇게 가르칩니까? 아니잖아요? 종교가 다른 사람하고는 상대하지 말라고 말합니까?

이 세상에 그런 종교는 없습니다. 뭐라고 하는가요? 하나님을 모르는 백성은 오히려 더욱 사랑하라고 하는 것이 기독교 아닙니까? 제 말이 맞습니다. 그런 사람을 위해서 예수님이 오셨고 죽으셨지 이미 하나님을 잘 알고 영접한 사람만을 위해서 목숨을 버리신 것이 아니지 않습니까? 이건 뭐가 잘못되어도 여간 잘못된 것이 아닙니다.

불교인도 마찬가지입니다. 기독교인이 반역자는 아니지요? 불제자가 아니면 그저 우생이지 악인은 아니지요? 분명 이 점에서 불교가 더 포용적이라는 생각을 여러 번 했던 적도 있습니다. 종교 갈등이 생긴다면 기독교가 더 큰 원인제공자가 될까도 우려합니다.

기독교에게 또 묻습니다. 전도의 대상으로는 만나는데 전도가 안 먹히면 그때부터는 상종도 하지 말라는 말씀이 성경에 있습니까? 이단을 고집하는 사람과는 몇 번 권면하다가 안 되면 더 이상 논쟁하지 말라는 말은 있지만 아예 돌아서고 미워하라고 하지는 않았지 않습니까?

이건 특히 기독교인들이 더 심하고 더 나쁘다고 생각합니다. 제가 기독교인이니까 말하기가 더 낫군요. 기독교인들 그러면 못씁니다. 타 종교하고 그렇게 반목하면 안 됩니다. 그것이 옳지 않습니다.

더 가까이 친하게 지내지는 못할망정 마음속으로 거부하고 싫어하고…… 자기네들끼리만 웃고…… 그것이 천지와 우주만물과 인간을 창조하신 하나님이 본성입니까? 보기에도 그렇고 기분 나쁩니다. 정말 이 문제 무심코 넘길 일 아닙니다.

도대체 교회에서 그 많은 예배시간에 뭘 가르치고 뭘 배운다는 건지…… 예수만 가르치면 다가 아니라 이웃도 가르치고 그들을 감싸면서 전도보다 앞서서 사랑과 포용을 가르쳐야 한다고 외치면 성경 어디에 어긋나지요?

사랑타령은 독판하면서 그게 하나님이 하라고 하신 인간 사랑입니까? 그런 식으로 제 새끼만 알고 제 편만 아는 것은 동물성입니다('품위학 콘체르토' 제3장 참조).

제가 볼 땐 현 시대의 기독교인들 사랑 없거나 문제가 많습니다. 잡은 붕어한테 떡밥을 주는 바보가 어디 있습니까? 기독교인들은 자기들끼리는 사랑할지 몰라도 타 종교인들에게는 떡밥을 안 뿌립니다. 그러면 하나님은 전도를 안 하는 기독교인에게 무어라고 하실까요? 타 종교인들에게 친근히 하고 사랑으로 대하되 절대로 불화하지 말라 하실 줄 알아야 합니다.

이와 같은 종교의 비화목(분쟁)은 인간관계에서, 특히 우리나라에서의 경우에는 거의 기독교인이 문제를 일으킵니다. 저는 기독교인만 너그럽게 나오면 타 종교는 원만다고 생각합니다.


세 번쨉니다. 말이 나온 김에 제가 목사님들께 한 가지 건의를 좀 드리겠습니다. 교인들에게 타 종교에 대하여 반목하지 말라고 가르쳤으면 좋겠다는 말씀입니다.

내 종교가 좋고 옳다는 것은 다 잘 압니다. 그러나 듣도 보도 못한 타 종교인의 입장에서는 우리 종교에 대하여 우리처럼 알 수도 없고 인정할 지식도 없습니다.

또 약간 귀를 기울여 주면 사정없이 교회로 가자고 잡아끌 것이 분명하니까 갑자기 종교를 바꿀 수도 없고 끌려가기는 더욱 싫고 그러니 앉아서 편하게 하나님과 교회에 대한 자세한 말을 들어주기도 부담이 가는 것입니다.

뿐만 아니라 사람은 어느 한쪽에 몸을 담고 그쪽 이야기를 많이 듣다 보면 자신도 모르게 생각이 그쪽으로 치우치게 되어 있기 때문에 그래서 치우친 만큼 그쪽으로 정처가 형성되게 마련입니다.

다시 말하면 삶의 반경이 그 안으로 형성되어서 자연히 정신세계의 울타리가 그렇게 형성되게 됩니다. 그렇게 되면 그 사람은 교회면 교회요 절이면 절과의 관계로 생활의 방식이나 행동의 반경이 거기에 맞게 갖춰지게 마련입니다.

그런 사람을 갑자기 거기서 나와 교회로 가자고 하는 것은 그에게는 감당하기 어려운 삶의 혁명입니다. 더구나 잘 알지도 못하는 낯선 교회에 가서 과연 내 영혼과 내 마음이 평안을 누리게 될 거라고 하는 것에 대하여 걱정할 수밖에 없습니다.

그럼에도 강권하라 했다면서 강하게 교회로 가자고 잡아끌면 그 사람이 당황하고 입장이 곤란할 수밖에 없지 않겠습니까?

전도는 모험입니다. 생소한 세상으로 나가는 것처럼 불안하게 하여 바꾼다고 하는 것은 모험과 같다는 생각이 들 수밖에 없는 일입니다.

한 예를 들어 보겠습니다. 어려서부터 굿을 하는 어머니의 자녀로 태어나 굿하는 소리에 익숙한 사람이라면 굿하는 소리가 가장 편한 소리입니다.

반면 어려서부터 교회를 다닌 사람은 찬송가 소리가 편안하게 들립니다. 둘이 극과 극으로 달라서 한 사람은 굿하는 소리가 마귀소리

같이 들릴 것이고 한 사람은 찬송가소리가 마귀소리같이 들릴 일입
니다.

전도를 한다는 것은 받아들이는 사람의 입장을 곰곰 생각해 보는
데서부터 출발할 일입니다. 그러다 차차 불교면 불교에 익숙하게 도
와주고 기독교면 기독교에 친숙하게 해 주는 전도의 환경을 감안해
야 하는 것입니다.

그러므로 목사님들께 드리고 싶은 건의는 이렇습니다. 타 종교인
들도 사랑하고 친숙하게 지내라고 설교하시라는 것입니다. 절대 반목
하지 말라고 가르치라는 것입니다. 그 사람도 하나님이 부르시기를
원하는 사람이기 때문에 제쳐 버리지 말라고 가르쳐 달라는 주문입
니다.

인간은 살아 있는 한 살고 있는 그 날까지는 종교와 관계없이 존중
받아야 할 인격이 있고 권리가 있습니다.

이때 그가 어떤 종교를 가졌느냐고 하는 것이 차별이나 제외의 요
인이 되는 것은 옳지 않다는 말씀입니다. 신학논쟁은 어디까지나 신
학자들의 몫이고 평신도는 세상에서 살면서 불신자나 타 종교인과도
관계를 가지고 살아야 하는 것인데 편협하게 나와 종교가 다르다고
하는 것이 두 사람의 인간관계에 불편한 영향을 준다고 하면 그런 종
교가 오히려 인생을 힘들게 하고 말게 된다는 생각입니다.


네 번쨉니다. 현실은 그렇지 못합니다. 종교이야기가 나오고 상대
가 내 종교와 다르면 단방에 불편해하고 열려고 했던 마음 문을 닫아
걸게 하고 있습니다.

반대로 같은 종교면 지나치게 문을 열어 버려서 또 낭패를 당하는

경우도 적지 않습니다. 기독교인이 장로님을 만나면 금세 존경하고 믿는 것은 착한 것이지만 장로님도 시험에 들고 장로님도 판단을 잘 못해서 관계된 업무에 낭패를 보는 경우도 허다합니다.

또 한 가지는 기독교인 중에도 있지만 불교인 중에도 악한 사람이 있고 선한 사람이 있다는 사실입니다. 그가 어떤 종교를 믿느냐고 하는 것하고 그가 어떤 인간성을 가졌느냐고 하는 것과는 일치할 수 없습니다.

이 말은 기독교인이면서 기독교인답지 못한 사람이 있는가 하면 불교인이면서 불교인답지 못한 사람이 있다는 뜻입니다. 이때 중요한 것은 기독교인이면서 기독교인답지 못하면 더 큰 비난을 받는다고 하는 사실입니다. 교회 다니는 놈들이 더 나쁘다—세상에 흔하게 나도는 말입니다.

반대로 불제자가 더 나쁘다는 말은 별로 흔치 않습니다. 이건 왜 그럴까요? 진짜 더 나빠서 더 나쁘단 말을 듣는 것은 아니라고 생각합니다. 그만큼 기독교인답기가 어렵다는 말도 되지만 그렇게 말하는 사람도 소견이 좁다고 봐야 합니다. 그러므로 이제는 종교인의 품위를 논할 때가 되었습니다.


첫째는 무종교인의 품위입니다. 무종교인은 늘 종교를 가진 사람들의 전도대상이 된다는 것이 그들이 느끼는 불편입니다.

저도 무종교인의 세월이 26년이었습니다. 40여 년은 기독교인으로 살았으니 절반이 조금 못 되는 무종교인의 삶을 산 셈입니다. 제가 무종교인이었을 때의 느낌은 지금도 선연합니다.

자꾸 교회 가자 절에 가자 하는데 갈 마음은 없고 아주 불편하더라고요. 가만 내버려 두었으면 좋겠는데 귀찮게 자꾸 찾아오고 매달리니까 뿌리치는 것이 불편스러웠습니다.

문제는 가자는 사람이 대부분 무대포로 잡아끌다시피 하는 것은 정말 짜증났습니다. 그래서 나는 종교에는 관심 없다라고 거부했는데 나중에는 만나기도 싫더라고요. 만나면 또 그 소리를 할 게 뻔하기 때문입니다.

종교인의 자기 신앙이나 품위에 관한 말씀은 어쭙잖게 설 건드리지 말라는 말씀입니다.

자기가 기독교이면 기독교인이지 왜 나한테 자기가 좋다고 강권하느냐고 하는 거부반응을 가지게 하느냐고 하는 점입니다. 그러니까 종교인은 무종교인에게 지나치게 티를 내지 않는 것이 종교인다운 인생의 품위입니다.

좋으면 너나 실컷 다니라고 생각하는 사람한테 귀찮게 치근대고 이해도 안 가는 이야기를 자꾸 꺼내는 것은 사람의 심기를 건드리기만 할 뿐 전도에 도움이 되는 것과는 상관이 없다는 것입니다.

그저 묵묵하게 자기 종교의 본분을 종교인답게 행동으로 옮기면서 항상 무종교인이 볼 때 존경받는 품위를 지키기만 하면 된다는 것입니다.

결국 무종교인들한테도 사람 좋다는 말을 자꾸 듣기만 하면 그로서 그의 품위가 무종교인들이 보기에도 100점을 맞으면 된다는 것입니다.

그러다 어느 땐가 기회를 보아서 전도할 분위기가 되면 그때는 주절거리지 말고 아주 간단하고 짧게 자기 종교의 유익함을 전하면서 가볍게 권해 보되 단안을 내리라고 다그치지 말고 생각해 보라고 하는 여유를 주는 것이 종교인다운 종교인의 품위라고 본다는 것입니다.

제발 귀찮게 시도 때도 없이 종교이야기를 남발하지 말자고 하는 것입니다. 가만있다 보면 상대가 물어 올 때가 있게 돼 있고 그때를 기다릴 일입니다. 인자하고 점잖게, 그리고 상대가 편안하게 너그럽게 인간적인 인품을 보여 주는 것에만 철저하면 무종교인들과의 품위문제는 100점이라고 하겠습니다.


다섯 번쨉니다. 지금부터가 어렵습니다. 기독교인이 불교인과 만났을 때, 불교인들이 기독교인들과 만나게 될 때, 경우가 많겠지만 한 가지만 더 말씀드린다면 기독교인이 기독교 중에서도 이단종교인들을 만나게 될 때, 불교인들이 무속인들을 만나게 될 때, 그러니까 엇박자를 넣으면 1 대 3이니까 12가지 경우인가요?

지금은 이와 같은 종교인과 종교인들 간의 피차에 해당하는 종교인다운 품위에 관한 말씀입니다.

참 복잡하고 어려운 문제여서 가급적 줄이고 쉽게, 쉬운 경우로 한두 가지만 언급하려고 생각합니다.

첫째는 불교인을 만난 기독교인의 품위입니다.

저의 기본생각은 불교에도 기독교인이 배워야 할 것이 있다고 인정해 주는 자세를 가지라고 하는 것입니다. 그보다 먼저 가져야 하는 마음의 자세는 기독교에 대하여 들을 기회가 없는 사람이었다라고 하는 생각입니다.

이것은 제가 무종교인이었을 적을 떠올려 보면 어렵지 않은 생각입니다. 기독교에 대하여 모르니까 그때는 지금처럼 기독교가 소중한 것은 짐작도 못했습니다. 그래서 교회 다니는 사람을 보면 이해가 가지 않았습니다.

특히 예수님에 대하여 모르니까 하나님은 뭐고 예수님은 무엇인지를 몰랐습니다. 예수를 믿으라고 하다가 하나님을 믿으라고 하면 두 사람을 다 믿으라는 건지 도무지 깜깜이었습니다.

불교인들도 마찬가지입니다. 예수님이고 하나님이고 하나님이 천지를 창조한 것을 깜깜 모를 수밖에 없습니다. 그러니까 아무것도 모르는 입장에서 절에 다니며 불공을 드리고 자기를 닦고 자비를 배우면 그것이 선하게 살아서 복을 받는 길이라고 하는 믿음으로 불제자가 되어 자기를 찾고 선을 배우는 것이 얼마나 착한 인품인가를 이해해야 합니다.

뿐만 아니라 그들은 그렇게 살면 극락왕생한다고 자기의 정성을 모으는 최고의 방법으로 절을 찾아가서 자신을 돌아보며 스님들의 설법을 듣고 자비를 실천하며 살겠다고 생각하는 사람들입니다.

다시 말하면 평생 쌀밥을 먹어 보지 못한 사람이 쌀밥 맛을 알 턱이 없습니다. 기독교인의 입장에서 보면 쌀밥 대신 보리밥만 먹는 것과 같다는 생각이 드는 사람이라서 어쩌면 기독교에 대하여 어떻게 가르쳐 주고 그를 하나님께로 데리고 올 것인가에 대한 내가 믿게 되어 받아 누리는 복을 저들에게 알게 해 주어서 갚아야 할 대상입니다.

그런데 무지막지하게 막 밀어 대는 것입니다. 부처는 영생이 없다. 불교에는 구원이 없다. 그것은 우상숭배다. 어리석은 길에서 나와야 한다. 등등 감당도 못 할 말만 하고 나 좋은 것만 반 강제적으로 밀어 대니까 이제는 너는 잘난 게 뭐냐고 하면서 목사가 바람을 폈다더라─교회장로라는 사람이 사기를 쳤다더라─하는 등 기독교의 흠집을 들추는 반감이 나오는 것입니다.

그러니 기독교인이라면 겸손해야 합니다. 불교인과 만나면 불교이야기도 성의껏 들어주어야 합니다. 하나님을 모르는 사람이니까 들어줄 만큼 들어주고 10분 들었으면 10분만 들어 달라고 하고 더 이상 내가 옳다는 고집스러운 말싸움은 피해야 합니다.

급할 게 없습니다. 기회는 또 다음에도 얼마든지 있습니다. 단방에 쇠뿔 뽑듯 하려다가 싸우기라도 하는 날이면 아무리 좋은 기독교라도 감정이 상해서 아예 문을 닫아 버립니다.

그러니 불교인을 만나면 그들의 종교를 칭찬하고 장점을 말해 주는 너그러움이 품위입니다. 그런 게 없다고요? 제가 볼 땐 많습니다.

불교는 지극정성입니다. 108배를 올린다든지 3천 배를 올린다든지 큰스님들의 무욕이라든지…… 특히 참선이라고 하는 자기 성찰이 기독교보다 많이 앞선다고 보입니다.

기독교에도 회개라는 단어가 있지만 기독교인보다 불교인들의 참회가 천주교인의 고해성사보다도 한층 격이 높고 진솔하다는 것이 제가 받는 불교인들의 믿음입니다.

가부좌를 틀고 앉아 벽면기도를 100일 동안 드렸다는 이야기도 듣노라면 기독교인들은 부끄러운 일입니다. 교회 간다고 부산을 떠는 기독교인의 정성과 절에 간다고 부산을 떠는 불교인들의 정성은 불교 쪽이 나은 것 같더라고요.

아무튼 불교는 과거 우리 민족이 호국불교라고 했던 것과 같은 국가 기여 또한 인정해야 합니다. 기독교가 들어오기 전이기는 했지만 국가적으로 위기를 맞으면 불교가 나섰던 일이 많았습니다.

그러니까 그와 같은 불교의 호국정신과 자기 수양과 자기 성찰과 지극정성은 당연 바르게 살고 착하게 살기를 추구하는 칭찬받기에 족하다고 하는 것이 불교의 장점입니다.

　반대로 불교인들이 기독교인을 만난 경우가 또 있습니다. 제가 불교인이 아니라서 불교인이 보는 기독교인들은 어떻게 보이는지 잘은 모르겠습니다. 그러나 제가 볼 때 불교인들은 기독교인에 대하여 별다른 거부감은 갖지 않는다고 보인다는 것입니다.

　다시 말하면 불교인들은 좋게 말해서 얌전합니다. 심성은 더 낫다고 보인다니까요.

　상대가 기독교인이 되어 절을 안 하는 것에 대해서도 그냥 그러냐고 인정하고 이해하고 말더라고요. 그러니 사실 종교 간의 갈등은 불교가 문제를 일으키는 게 아니고 고장은 주로 기독교에서 나는 것으로 보입니다.

　기독교인들은 나름대로 너무 독선적인 면이 있게 보입니다. 똑똑한 척은 독판하는데 다소곳하게는 보이지 않는 것입니다.

　말하자면 불교인들은 기독교인들을 별로 밉게 보지는 않습니다. 그러나 단 이것은 한 가지 지적하고 싶은 게 있습니다.

　착하게 살려고 교회도 나가는 게 아니냐는 것이며 불교인들은 모르기 때문에 교회 다니는 것도 자기 식으로 착하게 살기 위해서 나가는 것으로 오해합니다.

　착하게 사는 것도 포함은 되었으나 그것은 아니거든요. 그러다 보니까 교인이 그렇게 살면 되느냐고 하는 교인을 흰 옷 입은 천사로 보는 사시적인 시각입니다. 그래서 자꾸 기독교인들의 흠집이 자주 눈에 뜨이는 것이 문제입니다.

이제 둘이가 다 종교인인 만큼 결론적으로 종교인의 품위에 대하여 마치는 말씀을 드리겠습니다.

데려갈 수 있으면 사찰로 데리고 가시고 데려갈 수 있으면 교회로 데려가시고 그것은 만난 당사간의 교감의 문제라서 누구도 막지 못합니다. 단 중요한 것은 서로가 사랑의 눈으로 상대를 보라고 하는 말씀입니다.


천국이니 지옥이니 하는 신학적인 문제에 목숨을 걸어야 하는 것은 종교문제를 논하는 학자들의 몫입니다. 믿으면 천국이요 믿지 않으면 지옥이라는 극단논리는 교회에서 하는 말이지 절에서 하는 말은 다릅니다.

다르니까 쳐부숴야 하고 꼼짝도 못하게 묶어 버리고 아예 죽여 버려야 할까요? 우상 신앙에서 깨어나라고 부처를 때려 부숴야 기독교인다울까요? 욕하고 싫어해야 할까요?

우리가 믿는 종교가 거룩하고 신령한 하나님이나 부처님의 자비에 역행한다면 깊이 생각하고 슬기롭게 대처하고 행동해야 한다고 생각합니다. 종교인의 품위는 충돌하지 않을수록 높아집니다. 만나면 응얼거리고 싸울 게 아니라 피차가 서로를 존중하고 터놓고 이야기하되 얼굴 붉히는 일은 없어야 한다는 것입니다. 그것이 나의 종교에 오물을 묻히지 않는 품위라고 생각합니다.

# 대전기능대학
# 인생특강 1부

****안내 말씀입니다**** 제17장~제19장까지는 2005년 4월 15일 대전기능대학에서 3차례 가졌던 저자의 인생특강을 싣습니다. 이 특강은 품위 있는 삶에 대한 종합편이므로 생각학+대화학+'품위학 콘체르토'=행복한 인생…… 이라는 등식을 나타냅니다. 단, 신개념정신문화시리즈 1, '생각학'과 신개념정신문화시리즈 2, '대화학', 그리고 본 '품위학 콘체르토'에서 특강이 필요로 하는 내용을 중복 차용하기도 하였음을 알려 드립니다.****

저는 오늘 참 색다른 주제를 가
지고 여러분 앞에 섰습니다. 그것은 『**인생이란 무엇이냐?**』라고 하는
것과 『**어떻게 사는 것이 인생이냐?**』라고 하는 아주 묵직한 주제입니다.

오늘 제가 강사님이라고 정중히 소개를 받고 방송이나 교회가 아
니라 대학교요 장시간이라는 측면에서 보면 두 번쨉니다. 여러분도
저를 처음 보시지요? 제가 라디오방송은 좀 했지만 그래도 잘 모르실
것입니다.

TV에 나와야 알아줘요. 강사도 탤런트처럼 그 도울 선생 같은 분
보세요. 원래 대단한 분이신 데다가 TV에 나와서도 그렇게 잘하니까
얼마나 인기가 있습니까? 아마 여러분이 모시려면 쉽지 않을걸요. 하
기야 강사가 뭔데 오라면 와야지─국가에서 세운기능대학에서 오라
면 핑계 대지 말고 냉큼 와야 되는 건데 잘 모르겠어요.

강사도 TV에만 나오면 일약 대스타가 되는 세월입니다. 그런데 저
는 TV에는 출연해 본 적이 없습니다. 그러니까 초보자입니다. 왕 초
보인 셈이지요. '초짜'라고도 하고요? 그러나 저도 곧 TV에 얼굴을 보

여 볼 생각입니다.

거기 안 가고는 누가 알지를 못하니까 이렇게 와서 연구발표 한 번 한다는 게 참 어렵습니다. 강사가 누구냐고 할 때 TV에 나온 강사다 그러면 K.S강사 자격증 받은 사람으로 인정받습니다만 사실 강사자격증은 대학에서 주어야 하고 여러분의 이 기능대학에서 주어야 하는데 방송국이 대학보다 더 높은 눈으로 평가하니까 자격증이라고 준 게 없어도 얼마나 대단합니까?

말하자면 공개테스트, 공개검증, 그러니까 TV에 몇 번 얼굴 비치면 그때부터 강사초청이 밀려든다 하니 대학교보다 방송국이 주는 자격증이 훨씬 대단하여 웃을 수도 없는 일입니다.

게다가 TV에 나가서 한 20~30명 청중을 한 번 진탕 웃겨 버리면 강사 프리미엄이 쫙 올라가 버린답니다. 웃기는 게 그게 참 묘한 것이라 사람의 마음을 연다고 표현하는데 실은 여는 게 아니라 푹 내려놓게 하는 현상입니다.

정이 흘러서 묶여지게 하는 것이 웃음입니다. 그러니 저도 어쩔 수 없이 TV에 나가야 할 것 같은데 그것도 시험을 보는 것처럼 참 어렵습니다.

아직 알아본 바는 없지만 최소한 연구 발표한 비디오 동영상을 보내 보라고 하지 않을까요? 저도 이 학교에 그걸 보내고 왔어야 하는데 다행히 교수님 한 분이 가시면 좋겠다기에 거꾸로 제가 부탁을 했더니 그걸 보내라고는 않더라고요. 오늘 이 시간 여러분이 잘 보시고서 앞으로 잘 나가겠는가 가다가 막히지는 않겠는가 선을 잘 보아 주시기 바랍니다.

신개념정신문화연구시리즈는 다른 대학이나 학문에서 별것 아니라고 밀쳤거나 어렵고 골치 아프다고 해서 뺐건 간에 '인생이란 무엇이며 어떻게 살아야 할까?'라고 하는…… 무형의 인생을 하나의 학문으로 틀을 짜고 체계를 정립해서 일단 인성연구 분야로 간판을 걸고 가는 연구시리즈입니다.

분명 인생이란 이런 것입니다라고 하는 나름대로의 숭고하고 고결한 인생의 원리와 원칙을 진리와도 같이 학문으로서 존재할 수 있는 기초 체계화 작업이 거반 마쳐졌기 때문에 이제 방안퉁소요 경칩개구리였던 제가 이렇게 밖으로 나오기 시작하는 것입니다.

자, 그러면 인생이 무엇이냐? 먼저 신개념정신문화연구시리즈의 12개 정규과목을 만나는데 그 첫 번째가 부모학입니다. 부모학이란 과목넘버 제1번 인생이란 무엇이냐고 하는 것의 암묵적 정답을 주는 과목입니다.

"인생?" 저는 서슴없이 대답합니다.

『"인생이란 부모님이 나를 낳는 것으로부터 오는 것이다."』『인생이란, 나의 부모님께서, 나를 낳아 주시는 것으로부터 시작된 것이다.』맞습니까? 틀립니까? 맞습니다. 인생이 무엇인가의 문제에서 어디서부터 오는 것인가는 명확하게 알았습니다.

알고 보니까 이 얼마나 쉽습니까? 인생이 무엇이냐를 알려면 어디서부터 온 것인가를 먼저 알아야 되는데 이제 이것을 알았으니 우선 인생의 첫 단초는 손에 잡은 것입니다.

인생은 부모님이 계셔야 태어나고―태어나면 젖을 먹여 주어야 성장하고―그렇게 시작된 것이 인생의 시초라고 하는 것이 아주 최대한 축소해서 간단하게 원리만 말씀드린 인생의 근원이라고 하는 답변입니다.

이렇게 시작한 인생은 내가 무엇을 하느냐의 문제와, 사는 이유가 무엇이며 어떻게 사는 것이 보람찬 인생이냐고 하는 등등 유식을 떨면 한도 끝도 없는 인생의 과제들을 만나게 됩니다.

그래서 이런 것들을 인생의 무거운 짐이다─인생고개다─라고 들 말하는데 인생이야기를 이렇게 시작해 보았자 오늘 세 시간 가지고는 춤동작 나래 짓 하나의 동작을 벌이기에도 짧습니다.

첫째는 인생이란 부모님이 나를 낳으심으로 시작한다 했으니 부모학입니다. 그래서…… 이렇게 12개 과목이 떠오릅니다.

| 부모학 | 아버지학 | 어머니학 | 부부학 | 남편학 | 아내학 |
| --- | --- | --- | --- | --- | --- |
| 청년학 | 자녀학 | 며느리학 | 시부모학 | 노년학 | 불륜학 |

보면 간단해서 다시 한번 과목 과목들을 짚어라도 봐야 할 것 같습니다. 부모가 나를 낳으심으로 인생이 시작되니 첫째가 부모님을 알아야 인생을 안다고 해서 부모학이요,

나를 낳고 기르신 부모는 아버지와 어머니로 역할과 주신 정이 다르니까 이번에는 아버지를 알고 어머니를 알면 인생을 안다고 해서 아버지학과 어머니학이었으며,

인생은 결국 남남 간에 부부가 되어 사는 것이므로 부부학인데 남편은 무엇이며 아내란 무엇인가를 알자는 것이 남편학과 아내학입니다.

여기까지가 여섯 과목인데 청년학, 자녀학, 며느리학, 시부모학, 노

년학, 끝으로 불륜학까지 전부 12개 과목을 떠올려 볼 수가 있습니다.
허나 이 정도 뿐이라면 얼마나 간단하겠습니까?

이것은 서론이고 본론은 72개의 정규과목이 꽉 들어차 있습니다.
그러니까 총 84개 정과목을 생각해 볼 수가 있습니다.

1개 과목을 약 20회씩 연구한다면 전부 1,680가지입니다. 전체를
다 연구하려면 꼬박 십 수 년, 게으른 사람은 평생을 두고 쓰고 읽어
야 될 엄청난 분량입니다.

저도 아직 연구문을 다 써내지도 못한 상태고요. 앞으로의 평생 하
루에 한 시간 분량의 연구문을 써야 다 채울 수 있는 엄청난 분량입
니다.

일단 각각의 과목마다 20강씩의 연구별 수제가 되는 뼈대라 할지
제목은 다 완성해 놓았으니까 기초 작업은 다 되어 있습니다.


서론만 12개 과목에 360가지이지마는 그러나 겁낼 것은 없습니다.

첫째는 전부 재미있는 이야기로 가득 차서 시간 가는 줄 모르게 들
으실 수 있기 때문입니다. 그리고 본론으로 넘어가게 되는데 본론은
72개과목이나 되어서 다 짚어 드린다는 것도 무리입니다마는 제명만
훑어보시겠습니다.


| 부모학 | 아버지학 | 어머니학 | 부부학 | 남편학 | 아내학 |
|--------|----------|----------|--------|--------|--------|
| 청년학 | 자녀학 | 며느리학 | 시부모학 | 노년학 | 불륜학 |
| 생각학 | 대화학 | 품위학 | 정체학 | 관계학 | 습관학 |
| 세대학 | 성공학 | 실패학 | 사랑학 | 재물학 | 미래학 |
| 직장학 | 조상학 | 후손학 | 밥상학 | 인생잡학 | 욕설학 |
| 고고학 | 유언학 | 연구학 | 토론학 | 분쟁학 | 착각학 |

| 기독교개요학 | T.V<br>종합학 | P.C<br>종합학 | 여행<br>레저학 | 건강<br>요리학 | 채권<br>채무학 |
|---|---|---|---|---|---|
| 용모학 | 명상학 | 기도학 | 감사학 | 양심<br>도덕학 | 근심<br>걱정학 |
| 국제학 | 과부학 | 독신<br>인생학 | 모자<br>인생학 | 독거<br>노년학 | 고독학 |
| 스승학 | 제자학 | 친구학 | 상사학 | 동료학 | 후배학 |
| 행복학 | 결혼학 | 침상학 | 이혼학 | 재혼학 | 취미,<br>여가학 |
| 사이학 | 정신<br>장애학 | 지체<br>장애학 | 삶의<br>가치학 | 종교<br>개요학 | 불교<br>개요학 |
| 인생<br>교육학 | 인생<br>교습학 | 원리와<br>사리<br>분별학 | 인생<br>심리학 | 심성교정<br>계도학 | CEO학 |
| 사이존<br>인생학 | 인생<br>경제학 | 환란<br>방지학 | 환란<br>대처학 | 고전과<br>인생학 | 고전과<br>인생.2 |

　　기본 12과목을 지나면 맨 첫 번째로 만나는 생각학에 대하여는 그냥 넘어가면 안 됩니다. 왜냐하면 인생 무엇이냐고 하면 본질상 인생이란 생각하는 것이라고 하는 것이 인성연구 분야의 간판과도 같은 것이기 때문에 생각학은 지금 이 책과 동시에 출판하는 책입니다.

　　그럼 이제 한 초등학교 4학년 수준 정도로 올라가 보겠습니다. 인생이란 무엇이냐? '인생이란 생각하는 것이다'라는 것입니다. 사람이 살아가는 것이 인생입니다. 그러면 살아가는 것은 무엇이냐? 끊임없이 생각하는 것이 살아가는 것이라고 하는 말씀입니다.

　　물론 사람에 따라 견해를 달리하는 것이 인생이기도 합니다. 인생은 예술이다. 이렇게 말하는 사람이 있습니다. 또 인생은 나그네다 이렇게 맥 빠지는 말을 하기도 합니다.

　　제법 수준이 있는 말은 인생은 문학이다 하는 말로서 '문학이 인생이다'라고 하는 말도 있습니다. 또 인생은 고해라고도 말하고 인생은 그렇고 그런 거라고도 하는 또 어처구니없는 말을 하는 사람들도 있습니다.

갖가지 인생에 대한 정의를 내리는 수많은 말들을 곰곰 생각해 보았습니다. 그 결과 제가 인성연구를 위해 세운 초석으로 앉힌 인생의 해답은 역시 '생각하고 말하고 행동하기(思語行)'라고 하는 것입니다.

혹 저와 견해를 달리하시는 분이 계시더라도 이제 과연 인생이란 무엇이냐고 하는 문제를 놓고 인생의 시초는 '생각'이라고 말하는 제 말씀을 귀담아들어 주시기 바랍니다.

왜 인생이란 생각이라고 하는 것일까요? 제게는 더 이상은 찾아낼 수 없는 정답이 생각입니다. 왜냐하면 인생을 결정하는 모든 것의 원자는 생각이기 때문입니다.

다시 말하면 사람은 생각하는 대로 사는 것이라는 뜻입니다. 어떤 생각을 하느냐고 하는 것이 그대로 인생이 된다는 주장입니다. 그러니 인생을 알려면 인생의 비밀스러운 생각의 신비를 깨우쳐야 합니다.

생각이란 것이 무엇이냐? 말을 결정해 주는 '생체'입니다. 생체란 말 들어 보셨습니까? 육체가 있고 영체가 있다는 것은 아시지요? 생각의 실체가 생체입니다.

이렇게 되면 이제부터 어려워지기 시작합니다. 인간론으로 비화되는 순간입니다. 인간이 무엇이냐? 육체와 영혼으로 2분설을 주장하는 학자가 있고 육과 영과 혼으로 3분설을 주장하는 학설도 있습니다. 이렇게 되면 더 복잡해지니까 쉽게 가 보자고요. 인간이란 무엇이냐? 몸이 있고 생각이 있는 것이 인간이다 그 말입니다.

생각은 보이지 않는 또 한 사람의 나와 여러분입니다. 이 생각이 바로 그 사람을 말하게 하고 행동하게 합니다.

그러니까 인생은 생각만 잘하면 멋지게 살 수 있습니다. 반대로 생각을 잘못하면 고해보다 더 아픈 괴로움에 허덕일 수밖에 없습니다.

그래서 인생을 말하려면 몇 년도 부족하다는 것을 알았습니다. 하지만 초고속 인터넷 나노 시대인데 그건 신개념정신문화연구시리즈의 학문으로 파고들어 오는 사람들과 할 이야기고 핵심이 되는 중요한 것만 우선 파악하자고 하는 것입니다.

인생은 내가 어떻게 생각하느냐로 결정되는 것이라고 하는 사실입니다.

잘못된 생각은 인생을 망칩니다. 그래서 생각에 대한 연구를 잘하고 생각을 핸들처럼 잘 조작하고 부릴 줄만 알면 인생처럼 즐거운 것이 없습니다.


이걸 파고들어 가서 샅샅이 헤집어 들어가자고 하는 것이 바로 인생이며 생각학입니다. 그렇다면 어째서 생각이 중요한 것인가에 대한 예를 들어 보겠습니다.

내가 앉고 싶으면 앉습니다. 눕고 싶으면 눕고 밖으로 나가고 싶으면 나가면 됩니다. 이 모든 것은 생각이 결정하는 것입니다. 미국으로 유학을 갈 생각을 하면 결국 유학을 갈 수 있습니다. 그러나 금고를 털어 보겠다고 생각하면 금고를 털어서 결국 감옥에 들어가게 됩니다.

그러면 여기서부터는 대학이 아닌 독자 여러분을 보고 말씀을 계속하겠습니다. 자-여러분이 어떻게 이 책을 사셨을까요? 사야 하겠다고 생각했기 때문에 샀습니다. 제조업을 할 것이나 유통업을 할 것이냐? 생각해서 결정한 대로 하는 것이 사업입니다. 평생 공부를 해서 교수가 되는 생각만 하는 사람은 언젠가는 교수가 되게 되어 있습니다.

그러니까 인생에는 어떤 특별한 비밀은 없습니다. 내가 앞으로 어떻게 살게 될 것인가? 이 문제를 가지고 말씀드리면 내가 어떤 생각을 하느냐고 하는 것으로 미래를 미리 보는 것도 가능합니다.

중국말을 열심히 배우면서 중국 가서 사업을 하겠다는 생각만 계속 하는 사람은 내년이고 후년이고 결국 중국에 가 있습니다. 어떤 생각으로 무엇을 행동에 옮기며 어떤 말을 하느냐고 하는 것이 인생을 결정합니다.

사회사업을 해 보겠다는 말을 입에 달고 사는 사람은 잘하건 못하건 결국 사회사업을 하게 되고 저와 같이 인성을 연구한다고 생각을 세우고, 인생작가가 될 생각만 하는 사람은 어쨌든 작가로 사는 것이 인생입니다.

그러니 생각을 잘해야 합니다. 인생이 고달픈 사람은 고달픈 생각을 한 경우입니다.

가령 남의 부인이 마음에 든다고 어떻게든 해 보려고 하는 생각이 가득 찬 사람은 그쪽에만 신경을 쓰게 되고 결국 그 여자의 연락처를 알아냅니다. 그러고는 만나려고 애를 쓰다 보면 만날 기회가 옵니다. 생각을 잘못한 경우입니다.

그 결과 그 사람은 어떻게 되겠습니까? 부부가 불화하고 결국 가정이 깨지고 그래서 들어가 앉아 있는 곳이 감옥입니다.

생각은 이와 같아서 우리의 인생을 주장합니다. 이쪽이냐 저쪽이냐? 행복이냐 불행이냐? 성공이냐 실패냐? 이혼이냐 아니냐? 모든 것의 주인이 생각입니다. 그래서 인성연구 분야의 기초가 되는 학문이 바로 생각학입니다.

생각이라면 제가 누구보다도 많이 한 사람입니다. 생각학 박사가 없으니까 그렇지 이런 박사제도가 생긴다면 제가 1호 박사에 도전해도 되겠다고 생각합니다.

자—이제 그러면 생각의 근원부터 말씀드릴까요? 생체라는 말은 들어 보셨지만 생속이란 말은 처음 들으시지요? 먼저 생각이라고 하는 것이 얼마나 빠른 것인지를 알아야겠습니다.

사람의 몸은 걸어서 한 시간에 4km를 갈 수 있습니다. 자동차는 시속 100km를 갑니다. 비행기가 제일 빨라서 초음속 제트기가 있다고 하는데 이건 초속 331m이니까 시속으로 치면 약 2,000km를 날아가는 속도입니다.

그보다도 빠른 것은 광속입니다. 광속은 시속으로는 계산도 못 하고 초속이 10만km나 되니까 1초에 지구를 두 바퀴하고 반을 돌아치는 것이 빛의 속도입니다.

하지만 빛보다도 더 빠른 것이 있는데 그것은 영속입니다. 영속이란 하나님의 영을 빠르기로 말하는 신개념정신문화연구시리즈에서 만든 말입니다.

영속은 광속보다 더 빨라서 이 광대한 우주를 거리로 말할 때 광속단위가 아니라 광년단위를 사용해서 몇 만 광년이란 말을 사용합니다.

좌우간 이게 무슨 말인지도 모를 정도로 현재 지구에서 가장 먼 거리에 있는 항성까지의 거리는 밝혀진 것이 230억 광년의 거리에 있다는 말을 듣습니다. 그러나 영속은 230억 광년을 1초에도 오고 간다고 하는 것을 부정하는 학자들이 없습니다.

한순간 동시에 우주에도 지구에도 산에도 바다에도 편재하시고 무소부재하다고 하는 것이 하나님의 영입니다.

생각의 속도를 생속이라고 하겠는데 그렇다면 생속은 얼마나 빠를까요? 광속이나 광년보다는 빠르고 영속보다는 좀 느리다고 하겠습니다.

생각의 재료가 되는 것을 두 가지로만 말하면 보는 것과 듣는 것입니다.

보는 것이 생각을 떠올리는 재료가 되는데 가령 이 꽃을 본다고 하면 살아온 50년 동안에 보아 왔던 모든 꽃들까지 동시에 보는 것이 생속입니다.

언제 어디서 이 꽃을 보고 두 번째라든지 세 번째라든지 감지하는데 이때의 생각의 빠르기는 광속을 초월하여 당시 누구와 어디서 비오는 날 낮에 무슨 일로 그곳에 갔다가 그때 보았던……이라고 하는 셀 수도 없는 백 가지, 천 가지를 한꺼번에 쫙 같이 보는 것이 생각의 속도입니다.

그러므로 생각의 속도는 찰나에 천만 리를 넘어갑니다. 한순간에 100년을 뛰어넘습니다. 이렇게 빠른 생각이 순식간에 우리가 할 말을 정해 주고 이어서 행동할 원인이 되어 주는 것입니다.

생각을 너무 빨리 해서 실수를 하는 것은 없습니다. 다만 속도 문제가 아니라 선택과 결정의 문제입니다.

전화를 할 거냐 말거냐? 그리로 갈 거냐 말거냐? 살 거냐 말거냐? 웃을 거냐 울 거냐? 화를 낼 거냐 좋은 말로 할 것이냐? 들어가고 나가고의 문제와 앉고 일어서고 눕고 TV를 보고 말고까지의 우리가 사는 전부를 생각이 관장하는 것입니다.

그러므로 늘 교수님의 말을 들으면 교수같이 살지만 사기꾼의 말을 들으면 사기꾼이 됩니다.

노름꾼하고 어울리고 그의 말은 들으면 그와 같이 노름을 하게 되는 것입니다. 이와 같은 현상을 생각의 힘이라고 합니다. 이 힘은 생각을 움직이는 에너지의 힘입니다.

이 힘은 주로 아는 것에서 나오기 때문에 그래서 아는 것이 힘이라는 말을 하게 됩니다.

사람이 배워야 한다는 것도 바로 이와 같은 이유 때문입니다. 배워서 아는 것은 힘이 되어 생각을 움직이기 때문에 배운 사람의 생각과 배우지 못한 사람의 생각은 생각을 움직이는 힘이 다릅니다.


우리가 우리 기능대학에서 학문을 배우는 이유는 바로 생각을 다스리기 위해 힘을 비축하기 위함입니다.

힘이 없으면 일어서 걷고 달릴 수가 없는 것처럼 배운 것이 없으면 생각을 제대로 할 힘이 없기 때문에 아무 말이나 받아들이고 결정을 잘 못 내려서 인생이 실패하고 말게 됩니다.

그래서 내가 무엇이 되기 위하여 어떻게 해야 된다고 하는 생각다운 생각을 하느냐 못하느냐의 관건은 아는 것입니다. 보는 것이고 본 것이고 듣는 것이고 전에 들어서 간직해 둔 말입니다.

보는 것이 천박하고 이치를 무시한 허황된 것을 보는 사람은 자기가 본 것이 그런 것이기 때문에 이치가 어긋난 것도 발견하지 못합니다. 생각의 힘이 강해서 나의 힘이 이끄는 대로 끌려갑니다. 잘 모르니까 어떤 사람이 말하는 대로 그런가 보다 하고서 따라가서 낭패를 당하고 맙니다. 그래서 잘못 생각하기 쉬운 문제를 만날 때 조심해야 하는 것이 인생입니다.

"언니 나 이혼해야 될 것 같아." 이렇게 말할 때 "그런 놈하고 이혼해 버려라 나 같으면 벌써 이혼했겠다"라고 하는 말을 듣게 되면 생각이 그쪽으로 치우치게 됩니다.

그래서 보고 듣고 배우는 것에 게으르면 생각이 그 범위 안에서 헤어나지를 못합니다.

이런 현상을 생각장애현상이라고 말합니다. 생각하는 기능이 마비된 생각장애현상은 사리를 스스로 판단하는 능력이 약합니다.

얕은 식견으로 허황된 생각을 하거나 삐뚤어진 생각을 끝내 고집하고 그게 자기의 개성인 양 착각합니다. 흔히 말하는 꼴불견이란 이런 생각장애인입니다.

"난 한번 한다면 한다." 이게 멋진 건 줄 알지만 문제는 "죽어도 한다"고 하면 이건 이제 생각장애현상입니다.

나를 지키는 일이라면 죽어도 해야 할 가치가 있습니다. 그런데 생각장애인은 생각의 재료도 틀렸고 만든 과정도 대충이고 결정한 내용도 엉망진창이라 이치에 맞지도 않은 것을 남자가 한번 한다고 한거니까 끝까지 가 본다고 말합니다. 우리가 말하는 어리석은 사람도 이와 같은 생각장애인입니다.


인생은 생각관리입니다. 생각의 구조를 제대로 분석하고 생각의 제조과정을 품질관리하듯 철저히 감독하고 만들어진 생각을 원자폭탄처럼 터트리면 효능이 있어서 악질이 제거되고 원리와 원칙이 굳게 서는 생각다운 생각을 할 수 있어야 그 사람의 인생이 인생다운 인생으로 복된 인생이 되는 것입니다.

그렇다면 과연 올바른 생각으로 복된 인생을 산다는 것은 무엇일까요? 생각으로 먼저 확고부동하게 인생의 목표를 정해야 합니다.

나는 판사가 된다든지 교수가 된다든지 교수가 되면 무엇을 전공해서 어떤 교수가 된다든지…… 생각은 설계도면과 똑같이 아주 정밀하고 완벽하게 높이와 넓이를 빈틈없이 잘해야 합니다.

6.3빌딩보다 더 높은 117층 빌딩이 세워진다는군요. 어떻게 그 높은 빌딩을 세운다는 것일까요? 구조적으로 비중과 하중이 117층의 높이와 무게를 견뎌 낼 수 있고 외풍과 내진에 하자가 없는 완벽한 설계를 단 1mm의 오차도 없이 트럭으로 두 대, 석 대 분의 설계도면을 몇 년간 그려야 합니다. 그러고는 그린 도면대로 시공을 해야 합니다.

인생도 이와 같습니다.

무엇을 위하여 어떻게 사는 것이 117층보다 더 높고 고귀한 나의 일생을 끄떡없이 세울 수 있느냐고 하는 문제입니다. 다시 말하면 운 좋게 어느 날 갑자기 내가 행복할 수는 없다는 말씀입니다.

117층을 설계하듯 빈틈없이 인생설계를 잘해야 합니다. 국회의원이 되고 싶다고 하면 국회의원이 되는 도면을 그려야 하고 교수가 되려고 하면 교수가 되는 도면을 이치에 맞게 그려야 합니다. 이것을 인생의 목표라고 부릅니다.

왜 사느냐? 이것이 목표입니다. 무엇 때문에 사느냐? 이것이 목표입니다. 밥은 왜 먹느냐라거나 공부는 무엇 때문에 하느냐고 하는 것이 목표입니다. 그래서 자기가 세운 목표가 살아가는 목적이 되는데 이때 많은 사람들은 직업과 목적을 혼동합니다.

판검사가 되기 위하여 산다? 의사가 되기 위하여 산다? 교수가 되기 위하여 산다? 이것은 무엇을 직업을 선택할 것이냐의 문제입니다. 그러니까 판검사가 되어서 무얼 할 것이냐고 하는 것은 그 자체가 직업이지만 목적은 아닙니다.

제 말을 잘 들어 보세요. 판사가 재판하기 위하여 살까요? 그보다 판사가 사는 이유는 따로 있습니다.

판사는 직업이고 인생이 사는 목적은 따로 있습니다. 바로 아내와 자식을 잘 먹이고 입혀서 행복하게 해 주어야 하겠다고 하는 것이 인생의 목적입니다.

직업이 목표라면 목적은 행복이라고 하면 좋겠군요. 또 있습니다.

인생에는 또 가치와 사명이 있습니다. 내가 왜 사느냐? 이 문제에서 아내와 자식을 행복하게 해 주는 것만 가지고는 인생설계가 완벽하다고 할 수 없는 삶의 가치가 있습니다. 그것은 바로 그렇게 함으로써 내가 기쁘고 보람찬 나의 수고한 가치입니다.

이렇게 해서 인생에 대한 세 가지가 나타났습니다. 무슨 일을 하느냐? 이것이 직업입니다. 왜하느냐? 이것이 행복입니다. 그래서 어쩌겠다는 것이냐? 이것이 보람이고 가치입니다. 이때 총체적인 인생도면은 세 번째가 전체를 아우릅니다. 그것이 바로 내가 사는 이유라고 할 수 있는 시대적인 사명입니다.

저는 한때 창업컨설팅 사업자를 가지고 창업대행을 하는 일을 한 적이 있습니다. 직업은 그것이 제조업이든 의사든 판검사든 누구나 직업은 힘겹습니다. 내 직업이 나의 사는 즐거움이며 나의 직업이 재미있어서 인생을 산다는 사람은 없습니다.

때로는 때려치우고 싶을 때도 많은 것이 직업입니다. 직업은 누구에게나 항상 부담이고 늘 스트레스입니다. 그러나 직업은 절대적으로 필요합니다. 그 직업으로 인하여 아내와 자식을 부양하기 때문에 힘들다고 직업을 소홀히 할 수 없기 때문에 직장생활이 아무리 짜증나도 하지 않으면 안 됩니다.

그래야 가족이 먹고 살 것을 공급하기 때문입니다. 그러니까 아버지는 힘이 들어도 가족들은 살아갑니다. 그러니 직업은 곧 가정의 행복을 지키기 위한 수단입니다. 목표는 가족의 행복입니다.

내가 왜 사느냐? 저의 경우 돈 벌어서 남매를 먹이고 짝을 지우고…… 이것만으로 사는 것은 반밖에 못 그린 반쪽인생입니다. 나머지 반쪽을 마저 갖춰야 완전한 인생인 것입니다.

구부러진 인생을 교정할 방법은 없는가? 아픈 상처를 치료할 방법은 없는가? 부서진 가정을 복구할 길은 없는가? 스스로 헤쳐 나가지 못하는 사람을 이끌 방도는 없을까? 수렁에 빠진 사람을 건져 주고 생각을 잘 못하는 사람을 일깨우고…… 인성연구 분야는 세계 어느 나라 어느 대학보다 정말 할 일도 많고 특히 아주 고귀하다고 하는 것 때문에 밤을 새우고 머리를 싸매는 것입니다.


지금 제 가슴속에는 우리가 사는 현대에는 인생교육이 소금이라는 생각으로 가득합니다. 작은 제 두뇌 속에는 맛깔나게 보이는 싱싱한 배추겉절이가 수북한데 먹어보면 소금이 빠졌다고 하는 생각이 가득 찼습니다. 소금이 무엇일까요?

소금은 인간성입니다. 인간성이란 인간다움이며 인간만이 누릴 수 있는 삶의 맛입니다. 이 소금이 없는 진수성찬이 갈수록 화려하지만 결국 살맛을 모르게 합니다. 예의 도덕이 땅에 떨어졌다? 이런 말로는 부족합니다. 좀 더 강하게 말씀드리면 인간성이 파괴되고 그 자리에 동물성이 들어앉아 버렸다고 하는 것입니다.

인생을 알려면 인생의 눈을 떠야 합니다. 사람에게는 눈이 있습니다. 눈을 다치면 아무것도 보지 못하는 것 이게 눈입니다. 눈을 치료해야 사물을 볼 수 있습니다. 장애 가운데 시각장애자보다 더 큰 장애도 없을 거예요 아마.

그런데 눈이 멀쩡해도 지안이 어두우면 또 눈 뜬 봉사입니다. 생각학에 보면 옛 중국고사에 소가된 선비라는 글이 있습니다. 무식하면서 유식한 척하는 선비에게 이웃에 사는 한 선비가 어려운 말로 편지를 써서 보냈답니다. 마침 척하는 선비는 그때 귀한손님과 대화 중이어서 하인이 가지고 온 편지를 받고 무식을 면하려고 자세히 들여다보았답니다. 그러고는 편지를 하인에게 도로 주면서 알았다 간다고 하여라라고 하고서 이웃동네 선비한테로 갔습니다. 편지에는 무어라고 써 있었을까요? 내가 보내는 하인한테 소를 좀 보내 달라고 썼는데 글을 모르니까 자기가 갔으니까 사람이 소가 된 격입니다. 그래서 무식하면 소가 된다는 고사입니다(생각학 참조).

눈은 떴는데 공부를 안 하면 소가 됩니다. 인간의 눈은 영어를 배우면 영어를 보지만 배우지 않으면 한문을 못 보는데 이것이 지식의 눈입니다.

문맹자라고 하다가 컴맹자라는 말이 나왔는데 '생'맹자라는 말은 처음 듣지요? 색깔이야기가 아니라 생각장애를 가진 사람이 생맹자입니다.

인생의 눈을 뜨지 못하면 인생을 동물처럼 천하게 살 수밖에 없습니다.

인생의 눈을 떠야 내가 사는 이유가 보이고 내가 꾸미는 나의 인생 건물의 도면이 보입니다. 내가 살고 있는 현재의 내가 또렷하게 보입니다. 어디가 어떻게 고장이 났으며 어떻게 고치면 건물이 무너지지 않을 것인가를 알게 됩니다. 건물이 무어냐고요? 건물이 바로 인생입니다.


한 사람의 인생은 6.3빌딩보다 더 소중합니다. 빌딩 백 개하고도 바꿀 수 없는 것이 인생입니다.

기독교에서는 한 생명이 천하보다 귀하다고 하고 있습니다. 천하라고 한다면 우리가 사는 이 지구 땅덩어리를 말합니다. 지구 속에는 6.3빌딩이 천 개, 만 개가 세워져 있습니다.

가령 제가 생각하며 장차 세우려고 애를 쓰는 인생대학이라 할 경우 부지 10만 평은 모래알 한 개 정도입니다. 누가 실력이 있으시거든 신개념정신문화연구시리즈로 지구의 값을 적은 견적서 좀 보내 주시겠습니까? 이미 내놓은 견적으로는 451경 1,236조 원이라는데 혹 아십니까?

대전 계족산에를 갔더니 거기에 계족산의 산값을 적어 놓은 게 있더라고요. 보니까 계족산이 5조 몇 천억 원이라고 써 있었습니다.

한참을 보다가 계산기가 틀렸거나 아니면 공식이 틀렸다고 생각했습니다. 계족산을 저렇게 만들려고 한다면 첫째로 암석제작비도 제작비지만 사람의 핏줄과도 같은 마르지 않는 물줄기제작이 어찌 5조니 10조니 하는 돈으로 되겠습니까?

그런데 사람을 하나 만들려고 하면 지구를 몽땅 갈아도 한 사람을 만들지 못한다는 것 아십니까? 사람의 육체를 이루는 모든 성분이 지구에 다 있다고 해도 우리의 혈관 한 가지만 만들려고 해도 10만km나 되니까 이 지구를 두 바퀴 반을 돌려야 하는 빛의 속도지요? 그래도 지구 속에 혈관 10만km를 만들 재료가 있다고 쳐 봅시다. 없는 것이 있는데 그것은 지구 백 개를 쪼개고 부숴 봐도 만들 수 없는 '생각'이라고 하는 특별한 생체입니다.

이렇게 고귀한 인간의 생명과 가치는 TV 136억 7천3백만 대에 달하는 두뇌 속에, 생각이라고 하는 우리가 측량하지 못하는 생체로 존재하고 있습니다.

136억 개의 두뇌가 평생 1억 개도 못 쓰고 죽는 아까운 인생들은 인간성이라고 하는 고귀한 성분 대신 동물성이라고 하는 퇴화되고 미완성된 성분으로 자기가 자기를 방치함으로써 인생이 피곤하게 된다고 하는 것입니다.

그렇다면 저의 인생은 어떠냐고요? 저는 여러분이 모르시는 인생의 단 꿀을 먹는 사람입니다. 그게 무엇일까요? 136억 개의 생각의 창고에서 무한대로 꺼내 오는 인생의 비밀스러운 이치를 깨닫기 위해 찾아내어 보겠다는 보람입니다.

# 대전기능대학 인생특강 2부

인간성과 동물성의 문제는 첫째가 배우느냐 배우지 않느냐고 하는 것입니다.

사람도 처음에는 여우나 늑대처럼 동굴에서 살았습니다. 그러다 집을 짓기 시작하였는데 나무와 흙으로 짓다 이제는 콘크리트로 철근으로 H빔으로 짓고 고급내장재를 사용해서 전자시스템으로 초현대식 아파트를 짓고 빌딩을 짓습니다.

그러나 동물은 여전히 굴속에서 그냥 삽니다. 까치는 창조 이래로 여전히 나뭇가지로 백 년 전이나 천 년 전이나 똑같은 집을 그대로 짓고, 산새도 여전히 마른풀들로 영원히 그 모양 그대로 지붕을 덮지 않고 똑같은 집을 짓고 거기서 새끼를 낳아 기르고 삽니다.

동물들은 왜 더 좋은 집을 짓지 않으며 토끼는 왜 먹을 풀을 재배하고 농사를 짓지 않는 걸까요? 처음에 부모가 가르쳐 준 대로 알고 있는 지식에서 더 배우지를 않아서 그대로입니다.

이렇게 볼 때 사람도 배우지 않으면 동물과 같아집니다. 배우기를 중단하는 것은 인간에게도 남아 있는 동물성의 찌꺼기 탓입니다.

학교를 졸업했으면 그만 배워도 되는 겁니까? 까치집만 지을 줄 알면, 힘든데 자꾸 더 배워서 뭘 하느냐? 이게 동물성입니다. 나이가 몇인데 지금 무슨 공부를 하겠느냐? 이게 동물성입니다.

눈도 어두운데 컴퓨터를 지금 어떻게 배우느냐? 이게 동물성입니다. 인생 살 만큼 살았는데 지금 와서 무슨 인생을 더 배우겠느냐? 이것도 동물성입니다.

사람이 배우는 것을 중단하면 이제부터는 인간을 지배하는 인간성은 동물성으로 바뀌고 맙니다.

동물성의 특징이 무엇일까요? 첫째가 나밖에 모르는 것입니다. 나만 좋으면 남이야 어떻든 내 배만 부르면 너는 죽어도 나는 잡아먹겠다고 하는 것이 동물성입니다.

당장에 힘의 논리가 왕권을 차지하는 격입니다. 강하면 이긴다는 이 힘의 논리는 동물의 세계에서 양육강식의 진리가 되어 있어서 약한 자는 죽어야 하고 강한 자는 누리게 됩니다.

네 아내, 내 아내도 없습니다. 강하면 아내도 빼앗는 것이 동물의 세계입니다.

인간적이고 사랑이고 나누는 것은 없습니다. 남이야 죽거나 말거나 나만 잘살면 된다는 이기주의는 동물주의라는 말로 바꿔도 되는 말입니다.


또 있습니다. 동물성의 본질에는 내 아내는 여자로 보이지 않고 남의 아내가 더 예쁘게 보이는 음란과 불륜입니다.

그러니까 돈을 버는 목적이 별장하나 짓고 거기서 맘에 드는 여자하고 새로 만나 남은 여생 그 여자와 행복하게 살고 싶다고 하는 동물의 왕국건설과 같은 천박한 생각이 가득 찬 비인간적인 사람도 많습니다.

왜 비인간적이라 하느냐고요? 나만 알고 내 마누라 말고 점찍어 놓은 다른 여자하고 거기서 재미보고 살다가 죽는 것이 인생의 낙이라고 생각하기 때문입니다.

한번 죽으면 그만이라고 하지 마세요. 젊어서 즐겨야 한다고도 하지 마세요. 사람이 소가 되고 개가 되어서는 행복의 꿀단지가 깨져 버립니다.

그러나 인간성이 동물성을 눌러 버리면 단번에 너(상대)를 압니다. 나의 반대가 너지요? 너는 아내입니다. 너는 이웃입니다. 너는 약한 사람입니다. 너란 사랑이며 너는 나눔입니다.

나만 알고 나만 챙기기에 정신없는 인생은 살아 보았자 괴롭습니다. 내 욕심대로만 생각하고 행동하는 사람은 보나마나 감옥이 안방입니다.

하지만 사람은 힘에 약합니다. 힘이란 무엇일까요? 인류학에서 말하는 멧돼지론입니다. 멧돼지론이라는 게 뭔지 아시지요? 남자는 멧돼지만 잘 잡으면 최고라고 하는 것입니다. 남자가 멧돼지를 잡아서 둘러메고 집으로 돌아오는 걸음걸이는 그야말로 남성미 만점입니다.

여자들이 멧돼지를 둘러멘 남자를 보면 환장을 한다는 것이지요. 이것은 인간 남녀의 본능입니다. 그런데 남자가 하루에 멧돼지를 두 마리, 세 마리를 잡으면 그걸 산에다 숨겨 놓았다가 요즘 말로 하면 룸살롱으로 메고 간다는 것 아십니까?

힘이란 무엇이냐? 힘이란 남자의 힘과 여자의 힘이 있는데 원초적인 힘의 원리는 남자라면 멧돼지요 여자라면 남자가 예쁜 여자에게 둘러메고 간다고 해서 미모입니다.

돈 있는 남자와 예쁜 여자―이것은 인간의 본능이지만 인간성이 동물성에 가까운 원시 유인원 시대의 인류학적인 원초적인 인간론을 말할 경우입니다.

그래서 그런지 여자는 조건 없이 돈 있는 남자에게 관심이 많습니다. 내 남편이 돈을 잘 못 벌고 옆집 신랑이 돈을 잘 벌면 여자는 옆집 신랑이 더 멋지게 보인다고 하는 것이 동물성입니다.

남자도 마찬가지입니다. 돈이 많아지면 내 여자는 못생기게 보이고 딴 여자는 예쁘게 보인다면 이것도 동물성입니다.

동물성 중에 가장 대표적인 것은 바로 불륜입니다. 배우자가 있는 남녀가 배우자 아닌 남녀와 성관계를 갖는 것이 간통인데 간통법 없애자는 발상도 동물성을 옹호하는 발상입니다.

인간성이란 내 아내가 고생하고 애쓰고 늙어 갈수록 애처롭고 사랑스러운 것이 인륜적인 인간성인데 그런데 갈수록 정이 떨어진다고 한다면 배우지 않아 동물처럼 늘어나서 인간성이 방전된 탓입니다.

인생의 비밀상자를 열어야 합니다. 늦지 않았습니다. 한 세대가 가면 또다시 다음 세대가 와서 살아가는데 무엇보다도 이 세상을 동물의 왕국으로 만들어서는 안 된다고 하는 것이 이 시대를 사는 여러분과 저의 시대적 사명입니다.

우리는 어떻게 살아왔는가? 그런데 우리의 후손들은 어떻게 살고 있는가? 갈수록 평균수명이 늘어난다고 좋아할 일이 아닙니다. 갈수록 인간성의 질이 좋아져야 오래 살 가치가 있습니다.

황혼이혼으로 외로운 사람들이 오래 살면 무얼 하며 부모도 모르는 자식들하고 장수하면 무엇 하겠습니까?

인간을 낳았는데 인간이 인간을 키운 게 아니라 동물이 기른 격입니다. 사람의 생각을 하고 사람의 행동을 해야 하는데 동물의 말과 행동을 한다면 오래 사는 게 중요한 게 아니고 인간답게 사는 것이 중요해집니다.

인생 상자의 뚜껑을 열어야 합니다. 내 인생 나의 상자는 내가 열어야 합니다. 그 안에 무엇이 들어 있습니까? 생각이 들어 있습니다.

잘못된 생각과 잘된 생각이 들어 있습니다. 잘못된 생각은 걷어 내야 하겠지요? 냉장고를 청소하듯 인생을 청소하면 탈취제를 넣지 않아도 냉장고 안은 청결합니다.

인생이 냉장고라면 버려야 할 것이 무엇이겠습니까? 반목+분쟁+이혼하자 같은 것들입니다.

오염된 인생의 쓰레기도 버려야 합니다. 잘못한 생각으로 고집스럽게 움켜쥐고 냉장고 안을 오염시키는 더러운 것들을 가려내야합니다. 욕심+무례함+대충+대충입니다. 특히 배우지 않아서 무식한 것을 배움으로 닦아 내야 합니다.

버려야 할 것들이 수두룩하게 쌓여진 인생은 당연 악취가 날 수밖에 없습니다.

남을 시기하고 툭하면 혈기가 등등하고 걸핏하면 방탕하고 하루건너 만취해서 몸을 가누지 못한다면 인생은 더러워질 수밖에 없습니다.

원칙을 무시하는 부정과 비리에서 돌아서야 향기로운 인생을 살아가는데, 음행으로 즐거움을 삼으려 한다면 인생은 부패하지 않을 수가 없게 됩니다.

저질스러운 생각을 하면서도 그것이 나의 인생에 기쁨이 되기를 바라는 생각장애가 우리의 인생을 병들게 하고 있습니다. 수치를 모릅니다.

걸핏하면 쏘아붙여서 감정을 상하게 만듭니다. 독설을 퍼부으면서도 그것이 옳은 줄로 착각합니다. 음탕한 생각과 행동이 나를 지배하여도 계속 버리지 않아 냉장고 문을 열 수가 없습니다. 계속 걸어 잠근 닫힌 문을 열어야 합니다.

생각을 바꿔야 합니다. 좋은 관계로 서로의 목적이 달성되는 관계학의 거울에 나를 비쳐 보고 얼룩진 오물을 닦아 내면 인생은 깨끗하고 맑아집니다.

삶의 보람된 생각을 하고 사랑받기에 알맞은 생각과 상대가 받기에 행복한 사랑을 해 주어야 합니다. 존경받고 칭찬받는 인생이 되어 나의 삶이 보람차고 후손에게 본을 남기는 삶을 찾아 피차가 상생하는 방도를 생각하는 것이 인생을 가꾸는 것입니다.

가르침 받기를 꺼려하시나요? 안 됩니다. 교훈이라면 밤을 새우세요. 온유하고 자비로우며 인내하고 품어 안으셔야 합니다. 무엇이 고상한 생각이고 무엇이 참 멋진 생각인가를 생각해 보아야 합니다. 그래서 스스로가 당당함을 가져야 참다운 멋이 넘치고 아름답고 우아하며 세련된 품위를 발할 수 있습니다.

이를 위해서 오늘부터 행동에 들어갈 만한 것은 우선 효심입니다. 아침저녁 부모님께 문안드리세요. 따로 계시면 하루 두 번은 꼭 전화라도 드리세요.

아내에게도 자녀들에게도 할아버지, 할머니께 문안전화 드리는 것을 가르치려면 여러분 자신이 먼저 행동으로 보여 주는 것이 좋은 생각입니다.

이 시대의 인생창고는 쓸 것보다 못 쓸 것이 더 많이 쌓여 있습니다. 인생을 교훈하는 많은 스승님들께서는 이제 영어, 수학은 후배들에게 맡기고 인생강단으로 오셔야 합니다.

어른들이 나서고 많이 배운 분들이 앞장서고 돈 있는 부자들이 나서야 합니다. 인생을 복되게 살 길을 만들어 주고 빛을 밝혀 주어야 합니다.

너무 오랜 세월 동안 인생 상자가 덮여만 있었습니다. 인생의 눈이 감겨 있었습니다. 소고기를 많이 먹여 내 자식을 튼튼하게 키우는 쪽으로만 치우쳤습니다.

그 결과 돈이 생기는 것이라면 수단과 방법을 가리지 아니하며 한때의 즐거움을 좇아 향락에 빠져듭니다. 인생이란 두 글자만 나오면 고리타분하다고 아예 잠긴 문을 열쇠로 걸어 버립니다.

노래가사들이 우리의 인생을 병들게 해 버렸어요. 국회의원까지 지낸 최희준 씨가 불렀던 하숙생이란 노래 기억하시지요? 한때 라디오 연속극 중에서도 역사드라마를 많이 쓰셨던 극작가 한운사 선생님이 쓴 가사였으니까 권위가 있었지요.

**인생은 나그네길 어디서 왔다가 어디로 가는가 구름이 흘러가듯 떠돌다 가는 길에 정일랑 주지 말자 미련일랑 두지말자 인생은 나그네길 구름이 흘러가듯 정처 없이 흘러서 간다.**

오래된 노래인데 여러분들 혹 아세요? 그러니 인생을 나그네길이라고 그것이 인생이라고 그렇게 덮어 버린 것이 인생입니다.

얼마나 허전하고 공허한 가사입니까? 어디서 왔다가 어디로 가느냐? 저게 아니고 여러분은 이미 아셨습니다. 어디서 왔다고요? 첫 시간에 말씀드렸습니다. 부모님께로부터 온 것이 인생이라고…….

그러니 제대로 말(노래)했어야 합니다.

**인생은 생각의 길 아버님 어머님 사랑에서 태어난 인생……**

인생이라고 하는 엄숙하고 경건하다 못해 거룩하고 신성한 문제를 한 마디 노랫말 가사로 세상을 흔들어 버려서 인생이야기가 상처투성이가 되었습니다.

**인생은 미완성 부르다 만 노래……**

**인생은 미완성 쓰다가 만 편지……**

이런 말들이 엉터리 인생론으로 세상을 물들였습니다. 물론 많습니다. 톨스토이의 인생론이라든가 동양으로 오면 맹자의 성선설도 있고 순자의 성악설도 있습니다. 그리고 신개념정신문화연구시리즈도 새로 태어났고요.

그러나 그 어느 누구의 말도 믿으면 안 됩니다. 바로 저와 여러분이 생각하고 실천해야 되지 미국 사람도 못 믿고 중국 사람에게 맡겨서도 안 됩니다. 학자들한테도 맡기나 마나입니다.

국내에 대학이 400개가 넘다지만 인성연구 분야는 없다는 것이 이를 말해 줍니다.

물론 윤리과목이 있습니다. 거기서 효도도 가르치고 인간의 자세도 가르칩니다. 윤리실천 운동을 하시는 훌륭한 분들도 계십니다. 그런데 아내와 남편을 가르치고 어른을 가르치는 데 팔을 걷어붙이지 않고 강 건너에서 불 끄겠다고 물을 뿌리는 형국입니다.

제가 인생 초년강사라고 말씀드렸지요? 드릴 말씀은 많고 시간은 지나가고요. 욕심 같아서는 세 시간 아니라 네 시간이라도 더 하고 싶은 많은 말들이 있습니다마는 다시 또 좋은 기회가 오리라고 믿고 줄인다고는 하지만 줄이는 것도 쉽지는 않군요.

인생은 생각입니다. 맞습니다. 이 생각은 눈으로 보거나 귀로 듣거나 알고 있는 지식이라고 하는 세 가지 생각의 재료를 토대로 해서 만들어집니다.

그렇다면

**잘 보고 잘 듣고 잘 알기만 하면 인생은 넘어지지 않습니다.**

맞습니까?

**잘 보고 잘 듣고 잘 알고…….**

라고 하는 이 세 가지를 한 마디로 줄이면 무슨 말이 될까요? 맞고 틀리고는 문제가 아닙니다. 잘 보고 잘 듣고 잘 알고를 한마디 단 세 글자로 줄이면 『**배우자**』입니다.

무엇을 배울까요? 영어, 수학이 아닙니다. 인생을 배워야 한다는 것입니다. 나는 누구인가? 아내는 누구인가? 태어남은 무엇이며 죽음은 무엇인가?

호랑이는 죽으면 가죽을 남기고 사람은 죽어서 이름은 남긴다? 글 쎄요, 저는 좀 달리 생각합니다. 즉, 사람은 죽어서 생각을 남깁니다. 뜻을 남깁니다. 이제는 저나 여러분이나 다들 장수합니다.

저도 오래오래 살아 볼 랍니다. 여러분들도 오래오래 사십시오. 그리고 반드시 가정과 자녀에게 – 이웃에게 – 사회에게 – 혹은 국가적으

로 아주 소중하고 값진 뜻을, 좋은 생각을 남기셔서 고상하고 고고하
고 고매하며 우아하고 멋진 인생의 향기를 드날리시기 바랍니다.

조그만 더 하겠습니다. 인생이란 무엇이냐고 하는 것은 1,000명이
면 1,000명이 각각 다 다르게 대답하는데 먼저 크게 세 가지 부류로
나누어지는 것을 알았습니다.

『대단형』과 『소단형』과 『무시형』입니다.

대단하게 생각하는 사람과, 별것 아니라고 생각하는 사람하고, 아
예 무시하고 사는 사람입니다.

여러분은 어떻게 생각하십니까? 대단입니까, 소단입니까, 무시합니
까? 그런데 셋 다 들어 보면 아니라고는 못 합니다. 결론은 자기가 그
렇다면 그런 것이 그 사람의 인생관이고 인생론이라서 종교문제처럼
믿든 말든 자기 자유니까 그렇게 생각한다면 아니라고 말하기 곤란
하더라고요.


저를 따르는 후배가 한 사람 있는데 그 후배가 하는 말이 "아니다"
소리를 하면 누구나 싫어한답니다. 맞는 말입니다. 자식들도 틀렸다
고 하면 좋아하지 않는대요. 맞는 말입니다.

"그래 네 말이 맞다" 이래야 좋아한대요. 여러분도 그렇습니까? 그
래요, 그 말이 맞을 겁니다. "아니다 고쳐라" 소리를 했다 하면 누구
나 마음 상하는 것이 인생의 특성이다 그 말입니다.

그러거나 말거나 "아니다", "고쳐라" 소리는 않기로 하고, 그러면
이제 여러분은 어디에 속한 인생관을 가지고 사시는지 한번 체크해
보시겠습니까? 먼저 무시형입니다. 아주 거북하게 나오는 형으로부터
시작하겠는데 좀 듣기에 거슬려도 이해하고 들어주시기 바랍니다.

| 1 | 더럽다 | ㅈㄴㅅ같답니다. 쌍욕을 하는 사람이 있어요.<br>그러십니까…… 하고 말아야 합니다. |
| 2 | 왜 그런 걸 | "왜 그런 걸 물어보세요?"라고 합니다.<br>말하기 싫다는 사람입니다. |
| 3 | 모른다 | 자기는 관심 없대요.<br>그냥 사는 거랍니다. |
| 4 | 시끄럽다 | 친한 친구한테 물었더니 가서 잠이나 자랍니다. 시끄럽대요. 이런 친구<br>들이 많았습니다. |
| 5 | 골 아프다 | 골치 아픈 얘기랍니다. 모른다고<br>하기 싫어서 이렇게 말하는 것 같습니다. |
| 6 | 신경 안 쓴다 | 딴 일도 골 아픈데<br>그게 뭐가 중요하냐고 하는 말입니다 |

제가 물어본 보통사람의 80~90%는 이렇게 대답했습니다. 인생이 어쩌고저쩌고 하는 것에는 관심 없었습니다.

그만큼 살기가 힘들어서 그럴까요? 그렇기도 하겠지마는 인생이라는 게 어렵거든요.

바둑을 둘 때 안 풀이면 손을 뺍니다. 나중에 생각하자는 것입니다. 두다가 보면 수가 나오고 화가 복이 되기도 하고 그런 것이 인생이라는 뜻입니다.

굳이 알려고 할 게 뭐가 있느냐? 살다 보면 저절로 알게 된다는 것입니다. 세월이 가면 손자인지 손녀인지 때가 되면 인생도 그렇게 알게 된다고 생각하는 타입입니다.

신개념정신문화연구시리즈에서는 이런 형의 사람들은 빨간 밑줄을 그어 놓고 연구 중입니다.


다음은 경고가 아니라 주의에 해당하는 황색 밑줄을 그어 놓은 부류입니다.

| 1 | 나그네 · 청춘 | 키타부기+하숙생 인생은 나그네라는 것입니다. 자기가 그렇다는 말은 아니고 노래가 그렇답니다. |
| 2 | 꿈같다 | 일장춘몽이랍니다. |
| 3 | 뜬구름 같은 인생 | 정처 없고 내일을 모르는 것이 인생이고…… |
| 4 | 도박 | 인생은 도박이랍니다. 로또복권 같은 게 아니냐? 고스톱을 쳐 보면 거기서 인생이 나온답니다. 바둑도 인생하고 똑같답니다. |
| 5 | 허무함 | 다 흘러가는 물 같고 안개처럼 허무한 것이랍니다. 헛되고 헛되고 헛되고 헛되다는 전도서의 솔로몬이 한 말이 명언이라는 사람을 혹 만납니다. |
| 6 | 쇼 | 쇼는 가상이라는 뜻입니다. 허구라는 뜻입니다. 쇼라고 하는 사람에게 쇼가 뭐냐고 물어보나 마나입니다. 무책임한 대답입니다. |

그래도 제법 성의 있게 대답을 하는 사람들입니다. 하지만 특별한 알갱이는 없습니다. 그냥 심심파적으로 하는 말일 뿐입니다.

여기까지가 무시형입니다. 인생 생각할 필요가 없다고 하는 부류입니다. 제가 이런 사람들을 만나면 힘이 듭니다.

그런데 독자들 가운에도 역시 무시형이 계실 것으로도 생각됩니다. 그런 분께는 "아니다", "내 말이 맞다" 이런 말씀을 강요할 생각은 없습니다. 그저 들어나 보시라고 하겠습니다.

| 1 | ……? ……! …… | 글쎄…… 나는 이게 아닐까? 싶기도 하고, 마치는 것이다.<br>의미심장한 사람입니다. |
| 2 | 연극이다 | "인생은 무대요 우리는 배우다"<br>울고 웃는 것이 인생인데 연극이 끝나면 허전한 것이 인생이라는 말입니다.<br>자조와 허무가 깃들어 있으나 상당히 철학적인 말이어서 우리가 아는 수준 있는 인생으로 자리를 잡았습니다. |
| 3 | 고독 | 인생은 누가 뭐래도 외로운 것이라는 말입니다.<br>누군가에게서 인생이야기를 들은 사람의 말입니다. 공수래공수거도 여기에 속합니다. |

| 4 | 고해 | 고달프다는 이야깁니다. 힘들다는 것입니다.<br>염세주의 철학자들이 이런 말을 합니다.<br>끝까지 육지에 닿지 못한다고 하는 부정적인 인생관에 속합니다. |
| 5 | 마라톤 | 인터넷에 올라 있는 말입니다.<br>장거리라는 뜻이지요. |

위는 소단형입니다. 인생이 대단한 것 같지만 별것도 아니라고 생각하는 사람들의 대답입니다. 푸른 신호등을 켜 드리고 싶은 분들입니다.

하지만 위에 말한 다섯 가지는 자기 말이라기보다도 누가 한 말을 동감한 그 사람의 말입니다. 그렇기 때문에 현대의 인생이야기는 이러다가 말아 버린 상태입니다.

| 1 | 문학 | 문학개론 같은 문학연구서적을 보면 서론이나 총론에 쓰인 말로서 인생은 문학이라고 하는 것입니다.<br>문학은 문화를 발전시키고 그래서 문화의 벌전이 인생을 주장한다는 질서정연한 논리입니다.<br>이 말은 문학과 문화를 아우르는 말입니다. |
| 2 | 그림 | 화가를 만나서 들은 말입니다.<br>백지에 그림을 그리는 화가가 어떤 그림을 그리느냐에 따라 그림이 다르고 채색도 다르다고 하는 것으로 인생을 비유하는 말입니다. |
| 3 | 예술 | 이 말은 다들 잘 아는 말입니다. 예술이란 음악으로 치면 악보에 해당합니다.<br>악보를 그려 내는 창작의 영역을 인생에 비유한 말입니다. |
| 4 | 탐구 | 인생은 자기가 만들고 개척해 들어가는 탐구라고 하는 말입니다. 배우고 노력하는 만큼 인생이 형성된다는 뜻입니다. |

인생을 말하면서 대단형에 속하는 사람들은 인생이란 이런 것이라고 하는데 금메달감입니다. 제가 깜짝 놀란 분들입니다. 그래서 신개념정신문화연구시리즈에 연구 좀 하시라고도 부탁한 분들의 대답입니다.

잘 보셨습니까? 그러면 이제부터는 **인생별종**들의 말을 들어 보겠습니다. 사실 별종이라고도 못 해요. 맞는 말이라고 보아야 됩니다.

첫째로 인생은 즐기는 것이 최고라고 하는 사람들입니다.

먹을 때 잘 먹고, 놀 때 신나게 놀고, 즐길 것 즐기고 사는 것이 최고라고 말하는 사람들의 인생관입니다.

그까짓 인생이 고상하고 고고한 게 무엇이냐? 맘에 드는 여자 있으면 서로가 사랑하고 즐겁게 살자는 주장입니다.

얼마나 부럽습니까? 맞는 말이라고 생각되지 않습니까? 그러니까 돈이 인생의 전부라는 이야기로도 들립니다. 돈 좋지요. 돈처럼 인생을 즐겁게 해 주는 것은 없습니다. 그래서 누구나 돈 돈하고 저도 돈타령도 자주 합니다.

돈 있으면 안 되는 게 없거든요. 이 돈이야말로 인생의 묘약입니다. 안 되는 게 없습니다. 돈만 있으면 천하가 다 내 것입니다. 그래서 제가 돈에 대하여는 재물학이라고 해서 따로 방을 만들기도 했습니다.

결국 돈에 대하여 좀 연구를 해 보았습니다. 그랬더니 성경에 좋은 말이 있었습니다. 성경이 아니라 성경으로 뽑힐 뻔하다가 탈락한 외경이 있는데 그 외경에 이런 이야기가 있더라고요. 집회서라고 있습니다. 거기에 보면 재미있는 이야기가 있습니다.

부자는 가난한 사람을 싫어한다. 그러니 네가 가난하냐? 그러면 너는 부자를 보고 웃지 마라. 네가 부자를 보고 웃으면 부자는 너를 경계하고 싫어한다. "저 녀석이 왜 나를 보고 웃지?" 이상하다―혹시 저 녀석이 나한테 돈을 꾸어 달라고 하려고 웃는 게 아니야? 맞아. 그러니 내가 같이 웃어 주면 안 된다. 곤란하지. 웃으면 맘 놓고 돈 좀 꾸어 달라고 할 거니까 말이야…….

　그래서 부자는 부자하고만 논답니다. 돈 많은 부자들끼리 놀면 돈 꾸어 달란 말은 안 할 테니까 부자는 자기보다 더 부자하고만 놀고 싶대요. 그래서 부자는 가난한 사람만 만나면 친한 척을 않는답니다.
　저는 부자가 아니라 모릅니다. 외경에 있는 말씀 그대로 전해 드리는 것입니다. 늘 인상을 쓴대요. 이렇게요…….
　돈이 많으면 사람의 인상이 굳어집니다. 가난한 사람들과는 어울리려고 하지 않는답니다. 노름판에 가면 돈 꾸어 달라고 할 거고 때가 되면 밥 먹자고 할 거고 그러면 나보고 돈을 내라고 할 거고…… 그래서 부자는 인상을 펴고 웃고 살면 안 됩니다.

　하지만 가난한 사람은 늘 생글생글 웃고 삽니다. 누구를 만나더라도 잘 웃는 사람이 있습니까? 그 사람은 돈이 없는 사람이에요. 웃어야 남들이 좋다고 할 거라고 착각하는 게 가난한 사람입니다.
　부자한테는 소용없는 짓거립니다. 부자 보고 웃지 마세요. 당신을 피하고 싫어합니다. 만나기를 꺼려합니다. 이게 부자입니다.
　그런데 속도 모르고 가난한 사람은 부자만 보면 반갑게 악수를 청합니다. 부자는 별로 반갑지 않아 하는데도 손을 잡고 놓지를 않습니다. 계속 흔듭니다. 부자는 무덤덤합니다.
　이 녀석이 왜 이렇게 수작을 떠는 것일까? 부자는 영 내켜하지 않습니다. 악수하는 것만 보면 누가 부잔지 누가 가난뱅인지 단번에 알 수 있습니다.
　이런 것을 모르는 까닭에 속도 모르고 자꾸 삼겹살에 소주라도 한 잔 하자고 잡아끕니다. 누가요? 가난한 사람이 잡아끕니다. 부자요? 부자는 절대로 밥 먹자 소리 안 합니다. 자꾸 사양합니다.

꼭 약속 있다고 그러지요? 아닙니다. 없어도 약속 있다고 하는 겁니다. 가면 자기가 돈 낼 거고 까딱하면 돈이나 꾸어 달랠 게 뻔한데 부자는 빨리 빠져나와야 합니다.

결국 부자는 맛없게 먹습니다. 누가 돈을 낼까요? 또 뭣 좀 하자—투자 좀 하라고 하는 게 아니야? 부담스러워합니다.

식사를 마쳤잖아요? 그러면 열에 아홉은 가난한 사람이 돈까지 냅니다. 잘 웃지도 않고 먹은 부자는 인상을 펴질 않거든요. 등신처럼 부자가 지갑을 꺼내면 가난뱅이가 말립니다. 내가 낸다는 거예요.

왜 그럴까요? 잘 보이려고 그러지요 뭐—. 이게 외경에 나오는 부자와 가난한 자의 인생 이야기인데 인생이란 이렇게 어리석은 거랍니다.


잠언에는 이런 이야기가 있습니다. 돈 들어오거든 꼭 그때 조심하라는 이야깁니다.

부부가 가난할 땐 안 싸웁니다. 돈이 들어오면 그날 저녁에 싸웁니다. 돈에는 마귀가 붙어 있다는 것 아십니까?

마귀가 붙어 온 돈은 주로 화의 재물입니다. 너무 많은 돈이 들어오면 백발백중 부부는 싸웁니다.

도둑놈이 도둑질할 때까지는 배짱이 잘 맞는대요. 돈이 딱 손에 잡히면 그 때는 서로 죽이려고 하는데 비로소 돈 욕심이 나오는 겁니다.

아내하고 무탈하게 사는데 월급날이면 싸울 일이 생겨요. 돈 조심해야 됩니다. 돈 생기고 이혼한 집이 많습니다. 찢어지게 가난해서 이

혼하지 돈 생기면 더 잘산다고요? 그게 꼭 그렇지만은 않다니까
요…….

　여자가 좋아하는 남자는 돈 잘 버는 남자입니다. 새겨들으시기 바
라는 말이지만 애꾸눈이라도 좋고 곰보, 째보도 상관없습니다. 메주
덩어리같이 생겨도 상관없습니다. 물론 극단적인 말이니까 여성분들
마음 다치지는 마시고요, 돈만 많으면 여자들이 줄을 서 버립니다.
　돈이라는 게 요게 마약보다 더 무섭고 돈이라고 하는 게 정말 묘한
겁니다. 그러니 남자가 터프하게 수염이 길어도 괜찮아요. 돈만 잘 벌
고 지갑에 수표만 꽉 채우고 다니면 여자는 턱수염이 매력이라고 좋
아합니다. 오해는 안 하셨지요?
　한 예를 들겠습니다. 술집에 가 보면 고것들 참 묘합디다. 가 가지
고 네댓 명이 자리에 앉잖아요? 요것들이 눈치를 살살 봅니다. 뭘 보
는 걸까요?
　첫째로 누가 돈 낼 사람이냐? 요걸 보는 겁니다. 돈 가진 손님 한
명 비위만 맞춰 주면 돼요. 나머진 제까짓 것들이 돈도 안 내는데 어
쩔 겁니까? 하자는 대로 할 거니까 신경 끕니다.
　순간 과연 누가 돈을 낼 건가? 이걸 빨리 분석해야 방향을 잡지요.
살짝 물어봅니다. “뭘로 가져올까요?” 말은 요렇게 하면서 그때부터
지갑검색을 하는 것입니다.
　넥타이맨 남자가 인물로 치면 제일 낫지요. 뭘로 보나 젤 낫지만
그것 소용없습니다. 미남이 말하기를 “맥주하고 마른안주로 합시다”
했는데 꼭 매주덩어리같이 거칠고 무식하게 생긴 녀석이 큰소리를
칩니다. “아냐 아냐 양주 그 좋은 게 뭐야? 먼저 한 댓 병 갖다 놔 봐,

못 먹으면 남기고 가면 될 거 아냐―.”

이 말 한 마디면 요것들이 팔짝팔짝 뜁니다. “아이고 사장님 진짜 멋쟁이셔.” 살살 녹습니다. 결정했습니다. “저 녀석이다!” 그놈한테만 달라붙어 아양을 떱니다. 이게 인간입니다.

미남? 넥타이가 밥 먹여 줍니까? 똥친 막대기가 되는 거예요. 제일 무녀리 못난 년은 넥타이 옆에 앉히고 반반한 것들은 둘씩 셋씩 메주덩이 앞에 집결입니다.

등을 주무르는 년에 술 한 잔 따른다는 놈에 블루스를 추자는 아이에 난리를 치는데 그러나 넥타이는 술 한 잔도 없습니다. “야, 나도 한 잔 줘 봐라” 창피하게 옆구리 찔러서 한 잔씩 받아먹어야 돼요. 이게 돈이고 이것이 인생입니다. 현실이 그렇습니다.


돈 힘에 눌리면 인물도 소용없고 돈에 눌리면 지식도 허사입니다. 대학교수님들도 혹 그런 데 가 보시지요? 권위가 안 섭니다. “야, 여기 말야 이거 안주가 왜 이리 형편없어!” 이딴 소리 하지마세요. 씨도 안 먹힙니다.

옆방에 그 털보사장 때문에 앉아 있던 애들도 빼내어 가 버립니다. 잠깐 화장실 좀 간다고 나가면 다른 애가 들어와 버립니다. “야―아까 그 애 어디 갔어?” 바보처럼 물어볼 것도 없습니다.

털보사장 쪽으로 미인 총집합입니다. 그러니 교수님 체면 다 구겨진 건데도 그걸 모르고 이 집 서비스가 영 전하고 틀린다고 푸념합니다. 돈에 눌려서 인생이 미끄러지는 현상입니다.


돈 없는 넥타이가 재미있는 이야기를 해도 잘 웃지도 않아요. 털보는 재미없는 이야기를 해도 박장대소를 합니다. 제일 멋있답니다.

너무 재미있대요. 털보가 뭘 이야기를 했는지 모르시지요? 질펀하게 음탕한 이야기였습니다. 지난주에 어떤 애가 자꾸 윙크를 하기에 그 애를 데리고 어디를 갔는데…… 가서 보니까 별로 더래요…… 그래서 와 버렸다는 얘깁니다. 말을 점잖게 해서 그렇지 귓씻이 감이거든요. 그게 뭐가 재미있다고 깔깔대는 겁니다.

여자만 남자 이상으로 예민하게 아는 것이 있습니다. 누가 밥값을 낼 사람인가? 누가 술값을 내고 누구 지갑에서 팁이 나올 건가? 딱 앉은 자세만 보고 하는 말 두 마디만 들어 보면 대번에 압니다. 돈이 힘쓰는 소리가 들리거든요.

인생이 무엇이냐? 잘 보면 볼수록 돈입니다. 잘못 본 게 아닙니다. 돈입니다. 사실은 착각인데 역시 돈이 인생이라고 보입니다. 돈이 무엇입니까? 힘입니다. 특히 남자의 힘이 돈입니다.

사람은 힘에 약합니다. 돈에 약합니다. 이 돈이라고 하는 돈의 힘이란 무엇일까요? 인류학에서 말하는 『멧돼지론』입니다. 결례되는 말일 수도 있어 꼭 다 그런 것은 아니지만 일면 여자는 조건 없이 돈 있는 남자에게 관심이 많습니다.

돈이면 다 끝난다고 하고 이제 2부 이 시간을 마쳐야 될 판입니다. 그렇지만 돈이 어디 그냥 들어옵니까? 여기서부터가 중요합니다.

빌게이츠까지 갈 것도 없습니다. 우리나라의 예를 들면 그러나 아까 된통 망신하고 나온 교수님처럼 그분도 교수는 교수인데 이 교수님 중에 한 분의 몸값이 최고라는 것 아시지요? 그까짓 털보는 상대도 안 됩니다. 룸살롱 그런데 가시는 분도 아니고요. 진짜 멋쟁이교수님 남자인 나도 반한 황우석 교수입니다(당시 몸값이 2조 원이라 할 때 이야기를 한 것임).

인생의 가치는 인생의 몸값으로 결정 납니다. 박찬호나 박세리가 거저 올린 몸값 아니잖아요? 황 교수의 몸값은 세계가 최정상의 송아지 배아복제 연구로 작년 세계의 인물 2위에 오른 분이십니다.

그분이 어떻게 세계 10대 인물의 2위를 차지했느냐 하면 이 황 교수님은 3만 마리의 암소 **거시기**를 열어 보았다고 하는 것입니다. 이제 거시기가 뭔 소린지 아셨지요? 이 거시기를 국어사전에서 찾아보면 말하는 물건의 이름이 얼른 생각나지 않을 때 대신하는 군말이란 뜻입니다.

그런데 사전을 만드신 박사님이 요건 저만큼 모르더라고요. 그 말도 맞지만 거시기란 『**그 이름을 곧이곧대로 부르면 민망하고 체신이 떨어지는 경우에 쓰는 말**』입니다.

우리가 본 거시기는 얼마나 되는가? 바람둥이들은 여자 거시기를 100명도 더 보았을 거라고 하는 놈도 있더라고요. 그래서 그녀석의 몸값은 보면 본 만큼 100배나 떨어졌대요. 그러나 황 교수님은 암소 거시기를 3만 마리나 열어 본 결과 몸값은 백만 배로 올라 버렸습니다.

제가 황 교수라 치고 한번 생각을 해 보았습니다. 토끼 거시기 한 마리를 열어 보는 것도 이게 장난이 아닙니다. 이 녀석이 발광을 하니까 보다가 말아야 돼요. 그런데 그 큰 암소의 거시기를 열어 보려면 그게 쉽겠습니까? 겉에만 그냥 본 게 아니라니까요. 3만 마리를 보려면 매일 한 마리씩 봐도 이게 10년 걸립니다. 그분이 연구도 해야 되고 책도 봐야 되고, 연구결과 논문도 쓰셔야 하고, 바쁜 분 아니겠습니까?

소 거시기만 보고 마는 게 아니잖아요? 보는 소마다 거시기가 똑같다면 한두 마리 보고 말았을 건데 볼 때마다 다르니까 자꾸 열어 보지 않았을까요?

그러니 황 교수님의 몸값 수 조 원이나 나가는 것은 호박이 넝쿨째 굴러 들어온 것이 아닙니다. 한 군데 목장이라고 해야 소 100마리, 200마리입니다. 50마리 키우는 목장이 태반입니다.

50마리 키우는 농장은 600군데를 찾아가야 할 것이고, 100마리 키우는 목장이라면 300군데 다녀야 볼 수 있는 엄청난 일입니다. 그 교수님 곱상하게 생긴 분이 난 어떻게 그 거시기를 열어 봤다는 건지 상상이 잘 안 됩니다.

# 대전기능대학 인생특강 3부

인생은 나도 모르게 나의 몸값
이 정해집니다. 한 번은 사명대사하고 제자가 어딘가를 가고 있었대
요. 사명당은 키가 작았다고 하는데 제자는 키가 컸대요.

그날도 스승님을 모시고 뒤에 따라가던 제자가 혼자 이런 생각을
했답니다. '참 키도 작으시다' 혼자 이렇게 생각하면서 사명당을 내려
다보며 가는 중에 갑자기 이런 생각이 나더랍니다. '나도 참 한심하
다. 이렇게 작은 사람을 선생님이라고 따라다니다니……' 막 생각하
는 중인데 사명당께서 휙 돌아보시더니 "야 임마 그러면 네가 선생해
라" 하시더랍니다. 대단한 분이시지요? 뭔가가 있기는 있는 겁니다.

인생에는 우리가 모르는 거시기도 있고 우리가 모르는 비밀이 무
한합니다.

에디슨이 대발명가가 된 이야기를 해 보겠습니다. 늘 연구에만 몰두해
있어서 어머니가 방에 들어와 무슨 말을 해도 알았다고 만 하였답니다.

한번은 계란을 갖다 놓고 이거라도 삶아 먹으라고 물이 끓거든 넣
으라 하고 나갔습니다. 신신당부를 하셔서 이번에는 잊어버리지 않고

물이 끓기에 계란을 넣고 됐다 싶어서 먹으려고 냄비 뚜껑을 여니까 아뿔사 글쎄 자기 손목시계를 넣고 끓였더라고 하는 이야기도 있습니다. 집념…… 몰입…….

연구이야기가 나왔으니 한 가지 생각납니다. 지금 대하드라마 불멸의 이순신이 방송 중인데 거기는 이순신의 부인이 안 보이더군요.

웃자는 이야기일지도 모르지마는 이순신 장군이 거북선을 만드는데, 만들어서 띄우면 가라앉더래요. 그러기를 얼마나 오래 계속하던지 하루는 부인이 연구에 몰두하는 장군에게 한 마디를 했답니다.

"거북이가 눈도 입도 코도 있는데 왜 코만 있고 콧구멍은 없어요?" 그리고 나간 다음에 장군이 생각에 잠겼다가 송곳으로 콧구멍을 뚫었답니다. 그랬더니 거북선이 뜨더라고 하는 이야깁니다.

진실 여부와 상관 유무를 떠나 없는 말을 지어낸 것은 아니고 인생이 묘한 겁니다.


정말 웃자고 하는 이야기도 많습니다. 사람이 직업에 충실하다 보면 거기에 미친다고 하는 이야깁니다. 그런데 웃을 일이 아니고 인생철학이 들어 있는 이야깁니다.

어떤 사람이 찹쌀떡과 메밀묵 장사를 했더래요. 날이면 날마다 밤이면 밤마다 거리를 누비며 외쳤습니다. "찹쌀떡이나 메밀묵", "찹쌀떡이나 메밀묵" 그런데 저같이 생각이 많은 별종인 사람이 있었던 모양입니다.

한번은 나가서 물어봤습니다. 왜 항상 곡조를 넣어서 "찹쌀떡이나 메밀묵", "찹쌀떡이나 메밀묵" 요렇게 하느냐고요. 그러지 말고 "찹쌀떡", "메밀묵" 이렇게 할 수도 있을 텐데 항상 그 곡조 그대로 "찹쌀떡이나 메밀묵" 이렇게 하는 거냐고…….

그랬더니 그 친구가 뭐라고 했을까요? 이번에도 곡조가 똑같더랍니다. "난 원래 그래요 말투가." 직업은 속일 수도 없다는 말은 좋은 말입니다.

인생이 무엇이냐? 자기가 하는 일에 전문가가 되는 것입니다. 어떻게 전문가가 될 것이냐−거시기처럼 미쳐야 합니다. 그러면 몸값이 달라집니다. 그래서 저는 인생에 미치고 연구에 미쳐야 된다는 것을 알았습니다. 미치면 얼마나 미칠 것이냐? 이번에는 쇠 당나귀 이야기를 해 보겠습니다. 여러분 당나귀는 잘 알아도 쇠 당나귀는 모르시지요?

정승이 죽었습니다. 오래전부터 묏자리를 보아 왔답니다. 열 사람이 다 여기라고 점을 찍은 곳입니다. 결정을 한 곳에 모시려고 하던 차에 대단한 풍수지관이 있다는 소문이 들렸습니다. 그가 대감댁에서 결정한 묘지 자리를 보게 되었답니다. 묏자리를 본 지관은 고개를 갸웃거렸습니다. "왜 아니란 말이냐?" 그래도 자꾸 고개만 갸웃거렸습니다. "말해라 무슨 문제가 있느냐?" 지관이 입을 열었습니다. "흠잡을 데가 없습니다. 다만 저도 한 가지는 영 모르는 게 있어서 그럽니다." 그게 무어냐고 물었더니 지관이 대답했습니다. "단 하나 쇠 당나귀만 안 지나가면 천년길지입니다. 그러나 쇠 당나귀가 지나가면 집안이 몰락합니다." 이러더라는 거예요. 정승의 자손이 물었습니다. "쇠당나귀가 무엇이냐?" "글쎄 그걸 저도 모르겠다니까요."

정승의 후손은 거기에 산소를 모시고 하인들로 지키게 하였습니다. "만일 쇠 당나귀가 지나가거든 못 지나가게 하여라, 뒤로 돌아가라고 하여라.”

세월이 흐르고 또 흘러가도 하인들은 쇠 당나귀를 지켰습니다. 삼대가 내려가도 쇠당나귀를 지키는 일은 절대로 허술하지 않았습니다.

그런데 진짜 쇠당나귀는 지나간 일이 없는데도 드디어 정승 댁이 몰락하고 말았습니다. 일제식민지가 되면서 집안이 쑥대밭으로 박살 나버렸습니다. 이젠 하인을 두고 살기는커녕 하인의 신세로 변했습니다.

쇠당나귀가 지나간 일이 없는 천년길지에 조상을 모셨는데 이게 웬일일까? 한숨을 쉬면서 명당 중에 명당이라는 정승의 묘지를 찾아왔습니다. 그런데 그때 기적을 울리면서 경부선 열차가 지나가더랍니다.

기차라는 말이 없던 그 당시에는 기차란 말이 사람이 타고 다니는 당나귀란 뜻이고 쇠로 만들었으니까 쇠 당나귀가 기차인 것입니다. 누가 이 비밀을 생각이나 했을까요?


인생은 안 된다는 사람에게 열쇠가 있습니다. 여러분 중에 사업을 하시는 분들 있지요? 사업을 하다 보면 납품을 한다든지 제조를 한다든지 아니면 건축을 한다든지 전자산업을 하신다든지…….

그런데 어디 가서 누구를 만나 허가를 받으려고, 또는 납품을 하려고 진지하게 이야기를 하다 보면, 저쪽에 앉아 있던 구레나룻이 더부룩한 녀석이 다짜고짜 그건 안 된다고 소리를 꽥 질러요. 손을 내젓습니다.

이때 참 더럽게 기분 나쁘지요? 이 사람하고 이야기가 잘되어 가는데 난데없이 그냥 거기서 제 볼일이나 보지 웬 놈이 쫓아와 가지고 절대 안 된다고 훼방을 놓는 놈이 있거든요.

그러면 제가 한 수 가르쳐 드리겠습니다. 안 된다는 놈이 되는 놈이다-그 말입니다. 안 된다는 놈을 잡으세요. 안 된다는 놈이 반드시 되는 것을 가르쳐 줄 것입니다.

여당보다 야당을 잘 잡으면 정치는 성공합니다. 사업도 자신 있게 안 된다고 하는 놈은 왜 안 되는가를 정확하게 아는 놈입니다. 그러면 왜 안 되는지 그 사람의 말을 자세히 들어야 합니다. 그러면 안 되는 이유를 말해 줍니다. 그다음에 그러면 어떻게 하면 되겠느냐고 물어보면 그놈한테는 안 되는 만큼 되는 열쇠가 있습니다.

안 된다는 놈이 내 상대자다 그놈이 되게 해 줄 놈이다-이거 놈 놈 해서 죄송합니다.


그렇다면 이제 이쯤하고 제가 신개념정신문화연구시리즈에서 말하려고 하는 인생이란 무엇인가를 다시 한번 말씀드려 보겠습니다. 이제는 똑같은 말씀을 드려도 여러분이 상당히 공감할 수 있을 것입니다.

『인생은 생각이다.』『생각한 것만큼 사는 인생-.』『생각하는 대로 살 수 있는 인생-.』인생의 비밀은 생각에 있으며 생각은 인생이 된다고 하는 말씀입니다.

내가 무엇을 위하여 얼마나 어떻게 나의 생각을 집중하고 몰두하느냐고 하는 것과 몰두하는 생각이 얼마나 올바르냐고 하는 것에 달린 것이 인생이라는 말씀입니다. 그러니 생각을 잘하세요. 그러니 잘 생각하십시오. 그런데 이렇게 말하면 보통은 듣기 싫어하는 것이 인간의 본성입니다.

아까도 말했지만 "고쳐라", "틀렸다", "아니다" 하면 "잔소리 듣기 싫다"가 되는 것이 인생입니다.

그래서 인생은 생각과 말과 행동이라고 묶어서 말씀드리는 것인데 생각을 잘하라고 하면 싫어하여도 말을 잘하라고 하면 조금 덜 싫어 하더라고요. 어떻게 하면 말을 잘할 수 있느냐고 하면서 좀 관심을 가지더라고요.

말에 대해서 할 말이 많습니다. 이것은 대화학이라고 제가 쓴 연구 문이 있습니다. 한마디로 말을 잘한다는 것은 참 어려운 이야기지만 제가 말 잘하는 것에 대한 원리는 알고 있습니다. 두 가지만 말씀드려 보겠습니다.

말을 잘하려면 우선 말을 못한다고 하는 것에 대한 연구가 선결되어야 합니다. 말은 말하기가 어려운 게 아닙니다. 말하고 난 다음에가 어렵습니다.

내 말을 들은 사람이 기분이 나쁘다면 그 말은 아나운서가 한 말이라도 소용이 없습니다. 말을 잘못한 것입니다. 여당이 들으면 야당의 말은 말이 아니고 야당이 들으면 여당의 말은 들을수록 말도 안 되는 기분 나쁜 말입니다.

이처럼 말에는 거부감이 있습니다. 그게 뭐냐? 이 말을 하면 저 친구가 어떻게 들을 것인가? 말은 해서 본전도 못 찾는 손해되는 말이 있습니다. 대통령후보 누가 그랬다가 혼꾸멍이 나지 않았습니까?

말을 잘하려면 첫째로 이치를 잘 분석해야 합니다. 목소리 좋고 발음 좋고 이건 나중의 문제입니다. 말하는 내용의 문제입니다. 이게 생각을 잘해야 한다고 하는 것인데 생각 대신 말이라고 하는 중입니다.

암소의 거시기를 이야기하라면 황우석 교수님이 가장 말을 잘하실 것입니다.

국제골프대회에 대하여 말하라 하면 박세리가 아나운서 앵커 백지연보다 훨씬 말을 더 잘할 것입니다.

"김 과장은 말을 참 잘하는데 박 과장은 왜 그렇게 말을 못해?" 이렇게 야단을 맞는다면 이건 목소리 이야기가 아닙니다. 도대체 현장 한 번 가 보지도 않았으니 뭐라고 말할 말거리가 없는 것입니다.

바로 아는 만큼 말을 하게 되어 있는데 이때의 안다는 것은 『본 것』, 『들은 것』, 『배운 것』, 이렇게 세 가지인데 이 세 가지가 생각의 재료가 되는 배추, 무, 마늘과 같은 김칫거리입니다.

말 잘한다는 것은 크게 어려운 것이 아닙니다. 자꾸 파고들어 가면 됩니다. 알면 말은 쉽습니다. 현장에 쫓아가고 자료를 자꾸 수집하다 보면 그 문제만큼은 누구보다도 말을 잘할 수가 있게 되어 있습니다.

저도 말을 잘해 보려고 얼마나 애쓰는지 여러분 짐작도 못 하실 것입니다. 말에 대하여 생각을 많이 하고 연구로 밤을 새웁니다. 말하는 데는 말의 스타일이 있습니다. 여러분은 어떤 타입인가 한 또 체크에 들어가 보실까요? 이하는 신개념정신문화연구시리즈 3, '대화학'에서 일부를 옮겨 온 내용입니다.

| | '살어(殺語)' |
|---|---|
| 『폭언(暴言)』1 | 논리와 이치를 무시하고 자기주장대로 밀어붙이는 "나가 뒈져라", "죽고 싶어 환장을 했느냐", "눈깔에 보이는 게 없니?", "눈깔을 확 빼 버려 버린다", "대가리를 삭 부숴 버린다", "아가리 못 닥쳐", "배 때지를 확 쑤셔 버린다", "귓구멍에 말뚝을 박았느냐", "너 같은 거 안 잡아 가고 귀신은 뭘 먹고 사는가 몰라", "그래 나 미쳤다 미쳤다구―어쩔래?" |

| 『격어(激語)』2 | 『위언(危言)』 "시끄러워", "그만둬", "알았어 글쎄", "그만해라 알았다 그랬잖아" 폭언, 폭행, 구타로 이어지기 일쑤. 『협언(脅言)』, 『혐언(嫌言)』 |
|---|---|
| 『극언(極言)』3 | "안 되겠다 우리 이혼하자." "다신 만나지도 맙시다." "다 때려치웁니다." "없던 걸로 합시다." |
| 『양언(佯言)』4 | 虎(범호) "큰돈을 벌게 해 준다." "내 말이 맞다, 믿어라." "다 얘기가 돼 있다." "청와대에서 직접도와준다." |
| 『암어(暗語)』5 | 비밀리에 꾸민 음모가 담긴 말 |
| 『탁언(濁言)』6 | "그 사람?" 이런 식으로 말을 꺼내 놓고 "왜 그러느냐?", "아느냐"고 물으면 "아니야 아무것도", "그 사람 난 별로던데" |
| 『탕언(蕩言)』7 | 『치언(恥言)』 요즘은 모든 탕언들이 음란스러운 |
| 『염언(艶言)』8 | 염언이란 호리는 말. 요염한 자태로 흐느적거리는 말 |
| 『은어(隱語)』9 | 다 휴대폰에 모여 있습니다. "만나자." "몇 시에." "어디서." |
| 『광언(狂言)』10 | 『황언(荒言)』 |
| 『투언(鬪言)』11 | 시시비비를 차분하게 가리는 논리력이 부족하기 때문에 어리석게도 투언을 무기라고 들고 나온다 |
| 『허언(虛言)』12 | 『공언(空言)』 |
| 『요언(謠言)』13 | "그렇다더라"성의 '카더라 통신' |
| 『희어(戲語)』14 | "네가 나를 능멸하느냐?" "야, 한번 줄래?" |
| 『한어(恨語)』15 | "가다가 사고나 나서 콱 뒈져 버려라." |
| 『원어(怨語)』16 | 원망하고 불평하면서 네 탓으로 돌리는 핑계 |
| 『외어(外語)』17 | "사장님 너무 보고 싶어서 눈이 다 짓물렀어요." |
| 『파언(破言)』18 | "끝장을 내 버리자." "더 생각할 것도 없다." "죽여 버리자." |
| 『욕설(辱說)』19 | |
| 계어(戒語) | |
| 『각어(脚語)』1 | 말의 머리와 다리와 손발을 잘라 버린 |
| 『비어(卑語)』2 | 『속어(俗語)』 "대가리"라 하거나 "대갈통" 또는 아예 "꼴통"이나 "해골", 어부를 "뱃놈"이라고 하고 교도소를 "큰집", "밥쟁이"라 하거나 "솥뚜껑 운전수" |
| 『풍언(風言)』3 | 『김을 빠지게 하는 말』 |
| 『폐언(廢言)』4 | 『없애 버린 말』 "내가 언제 그랬느냐?" 『사어(死語)』 |
| 미어(美語) | |
| 『미어(味語)』1 | 당신의 味語를 목마르게 기다리는 |
| 『향어(香語)』2 | "상냥하여라." "부드럽거라." "그리고 정겨울지라." 정겨움이 넘치는 말 |
| 『가언(佳言)』3 | 美人은 선천성이고 佳人은 후천성. 후자는 곱게 단장한 화장한 얼굴 |
| 『학어(學語)』4 | 배울 것이 많다. |
| 『정언(正言)』5 | 『당언(讜言)』 |

| 『조언(助言)』6 | 생각의 갈래를 쳐 준다. |
| 『포어(抱語)』7 | 되도록 이해하고 인정하고 |
| 『설교(說敎)』8 | 『설법(說法)』 |
| 『성언(聖言)』9 | 설교 법어 |
| 『칭찬』 | 고래도 춤추는 말…… 인재를 길러 낸다. |

　말하는 사람의 태도는 다양합니다. 대화학에 가면 자세하게 볼 수 있으며 요점만 옮겨 봅니다.

**점잔형, 어물형, 친근형, 호령형, 개그형, 애걸형, 근엄형, 거룩형, 거만형, 따짐형, 시비형, 논리형, 비판형, 비난형, 원망형, 네탓형, 이해형, 사랑형, 짜증형, 닦달형, 발광형, 지랄염병형, 개지랄병형, 응석형, 면박형, 구박형, 호탕형, 훈계형, 교육형, 연구형, 변설형, 열변형, 폐쇄형, 막줘형, 쪼잔형, 쫀쫀형, 뚝뚝형, 냉랭형, 응큼형, 음흉형, 간살형, 물탄형, 대충형, 묘한형, 아리송형, 의심형, 홍포형**

　인생을 말한다는 것은 가도 가도 끝이 없는 수평선이거나 지평선입니다. 작은 돛단배가 망망대해로 나가는 힘겹고 고달픈 길입니다. 왜냐하면 듣는 귀가 보통이 넘어서 그렇습니다.

　웬만한 이야기를 해서는 씨알이 먹혀들지를 않습니다. 그것은 청중 탓이 아닙니다. 그만큼 귀가 넓어지고 두꺼워져서 이제 한국최고의 강사들도 점점 수명이 짧아지고 있습니다. 공부하지 않으면 강사 인기 금세 땅바닥으로 떨어지는 세월입니다.

　제 아들은 CBS기독교 방송의 기자입니다(초고집필 당시). 아들은 기자수첩이라고 가지고 있거든요. 저에게도 수첩 하나가 있습니다. 제 수첩은 인생수첩이라고 하는데 시간관계상 인생수첩 한 페이지를 펼쳐 보여 드리고 이 시간을 마칠까 생각합니다.

첫 번째는 착각하는 인생－황당한 인생입니다. 생각학에 있는 말이며 동양고전에서 따온 내용인데요, 인물화를 잘 그리는 사람이라고 해서 그를 사위로 맞은 장인의 이야깁니다.

주문을 하는 사람이 없어서 돈을 벌지를 못한다기에 누가 아이디어를 떠올려 주었습니다. "당신 내외의 자화상을 그려서 그걸 걸어 놓으면 손님들의 주문이 들어올 거요."

자기 부부의 자화상을 걸어 놓은 날 장인이 찾아왔습니다. "이 그림은 누구를 그린 그림인가?" 사위가 말했습니다. "장인어른의 딸입니다. 딸도 못 알아보십니까?" 그러자 장인이 말했습니다. "아, 그렇기는 그렇구만. 그런데 어째서 내 딸이 웬 낯선 남자하고 같이 있는 거지?" 잘 그리는 줄 착각하고 있군요, 진짜 잘 그리고 못 그리고 하는 확인이 제대로 안 된 모양입니다. 이렇게 부실한 인생도 많이 있습니다.

다음은 인생을 살아가는 자세－사슴과 사자가 달리기를 하면 사슴이 사자보다 빠르답니다. 그래서 논리상 사슴을 뒤쫓아도 사자는 사슴을 따라잡을 수가 없답니다. 그럼에도 사슴이 사자 밥이 되는 그 이유가 무엇일까요? 진짜는 사자가 사슴보다 빠른 걸까요? 다시 한번 말하는데 사슴이 더 빠르고 더 오래 더 멀리 뛴다는 것은 맞답니다. 그런데 어째서 사자에게 잡히느냐? 그 이유는 단 한 가지 바로 이것입니다.

사슴은 뛰다가 자주 뒤를 돌아다본다는 사실입니다. 앞만 보고 뛰어야 된다는 교훈입니다.

가다가 서면 안 됩니다. 42.195km를 끝까지 가야 됩니다. 결승점 테이프 끊기 전에 서 버리면 안됩니다. 사슴은 살아날 때까지 뛰어야 되는 게 아닙니까?

이어서 인생교정—부엉이가 또 동쪽 지방으로 이사를 가야 된대요. 왜냐하면 가는 데마다 모든 사람들이 부엉이의 울음소리를 듣기 싫다고 해서랍니다. 올빼미가 말했습니다. 이사를 갈 게 아니라 울음소리를 바꾸는 게 낫지 않겠니? 바꿔야 할 것을 바꾸지 못하면 어느 동네 가도 못 산다는 교훈입니다.

이번에는 인생의 원리— 어리석은 부자가 3층집을 짓고 사는 다른 부잣집을 찾았습니다. 나도 3층으로 집을 지어 3층에서 살아야겠다. 그러고는 3층집을 지으라고 했습니다. 1층을 짓고 2층을 짓는데 그만 두라고 소리를 쳤습니다.—내가 필요한 건 3층이지 1층도 아니고 2층도 아니다 3층 하나만 지으란 말이다. 그래서 그만 짓다가 말아 버렸답니다. 하나가 없으면 둘도 없다는 교훈입니다.

인생의 원리—두 번쨉니다. 맛있는 술을 담그는 비법을 배우러 온 자에게 알려 주었습니다. 쌀 한 말에 누룩 반 말에 물 서 말을 넣고 사흘 후에 거르시오. 그는 돌아와서 누룩 반 말에 물 서 말을 넣고 사흘 후에 걸렀습니다. 그러나 전연 술맛이 나지 않았답니다. 쌀 넣는 것을 잊고 누룩하고 물만 넣었거든요. 정신을 빠트리지 말고 제대로 배워 똑바로 해야 된다는 말입니다.

원리와 비슷하나 약간 다릅니다. 인생이치와 틀-아들에게 공부를 가르치기 시작한 아버지가 '一'자를 쓰고 '하나 일'자라고 가르쳤답니다. 다음 날 아침 아버지가 책상위의 먼지를 닦는 걸레로 '一'자를 긋고 이게 무슨 글자냐고 물었대요. 아들이 모르기에 어제 저녁에 가르쳤는데 그새 잊었느냐고 꾸짖었답니다. 그러자 아들이 대답했답니다.-하룻밤 새 글자가 어떻게 그렇게 컸단 말이요?

경륜-관중이 전쟁 중에 산에서 길을 잃었습니다. 병들고 나이 많은 늙은 말을 풀어 놓았대요. 제대로 걷지도 못하는 늙은 말이 길을 찾아내더랍니다.

인생원칙의 변용-자로가 공자에게 물었습니다. 옳은 일을 보면 즉시 행동에 옮겨야 합니까? 아니다. 염유가 공자에게 똑같은 질문을 하였습니다. 그렇다. 공서호가 공자에게 왜 대답이 틀리느냐고 물었습니다. 자로는 너무 담대하여 그리 하였고 염유는 너무 소심해서 그렇다.

인생의 사연-안회가 밥을 짓기에 공자가 가만히 보았습니다. 안회가 밥을 집어 먹더랍니다. 공자가 물었습니다. 왜 밥을 먼저 먹었느냐?-밥을 지어 푸려고 하니 천장에서 숯검정이 떨어졌어요. 아까워서 그걸 집어 먹은 거래요. 그런 줄도 모르고…… 사람을 제대로 알려면 그의 사정을 제대로 알아야 하고 그런 다음에야 판단하고 욕해야 한다는 말입니다.

진실의 허구—한비자에 나오는 이야깁니다. 한 사람이 '없는 호랑이를 있다' 하면 믿지 않는다. 두 사람이 있다 해도 믿지 않는다. 그러면 세 사람이 호랑이가 있다고 한다면? 그러면 믿겠다고 하였답니다. 세 사람이 입을 맞추면 없는 호랑이도 있다는 이야깁니다. 저를 세 사람만 적극적으로 도와주면 되겠군요. 연구 참 잘한다고 세 사람이 말하면 못하는 연구도 잘하는 연구로 뒤집힙니다. 인생에서 3이라는 숫자가 묘하지요?

인생의 판단—추기라는 사람이 서공과 자기 중에 누가 더 미남인가 물었답니다. 당연 서공이 더 미남이랍니다. 아내가 말했습니다. 당신이 더 미남이라고…… 첩에게 물었습니다. 당연 당신이 더 미남이라고 하였습니다. 찾아온 손님에게 물었습니다. 어르신이 더 미남이십니다. 추기가 알아냈습니다. '내가 서공보다 더 미남이 아니거늘 세 사람이 왜 모두 내가 더 미남이라고 했을까?' 아내는 자신을 사랑하기 때문이요, 첩은 자기를 두려워하기 때문이요, 손님은 내게 바라는 것이 있기 때문이었습니다

안 되는 이유—술집의 주모도 예쁘고, 술맛도 최고고, 안주도 최고고, 술값도 싸고, 시설도 좋고, 서비스도 좋고…… 아무런 이유가 없는데도 장사가 안 되는 집이 있어 유명한 선비에게 그 이유를 물었습니다.—혹시 그 집에서 개를 기르지 않습니까?—개하고 장사하고 무슨 상관이 있습니까? 그러자 선비가 대답했습니다. 손님 중에는 개를 싫어하는 사람이 참 많다오. 안 되는 이유는 여러 가지랍니다.

인생의 어리석음–주인은 집을 나설 때 흰옷을 입고 나왔습니다. 밖에서 소낙비를 만난 주인은 흰옷을 벗고 검은 옷으로 갈아입고 집에 돌아왔습니다. 개가 주인을 보고 사정없이 짖어댔대요. 주인은 개를 몽둥이로 내려쳤습니다. 이것을 보고 옆집 현자가 말했습니다. '개가 낫다.'

인생이란 무엇이냐? 생각과 말과 품위와 뜻과 행복입니다. 다섯 가지였습니다. 생각+말+행동에 해당되는 품위+뜻+행복–생각에 대하여 한 말씀만 더 드리겠습니다. 인터넷의 신개념정신문화연구시리즈에 들어오시면 보실 수 있는 학훈입니다.

좋은 생각은 첫째로 떳떳해야 합니다. 누구에게 떳떳하여야 할까요?『아내에게 떳떳함』입니다. 아내는 남편이나, 부부에게라는 말로 바꿔도 됩니다. 왜 부부간에 떳떳함이 첫째일까요? 가까운 사람에게 떳떳한 것이라야 진정한 떳떳함이기 때문입니다.

아내에게 떳떳치 못하면서 부모나 아들딸, 또는 친구나 이웃에게 떳떳한 거라면 하위법이 상위법을 앞서지 못한다는 원리 위반입니다. 가령 영국인이나 남미인이나 진짜 별나라 사람들에게는 떳떳하다고 우긴다면 그것은 논리도 아니고 원칙과도 먼 이야기입니다.

다음은『자식에게 떳떳함』입니다. 아내에게는 떳떳하여도 자식에게는 떳떳치 못하다면 역시 이것도『좋은 생각』은 아닙니다. 가령 네가 바람을 피웠으니 나 또한 바람을 피운들 네게 부끄러울 것이 무엇이냐 한다면 문제가 됩니다.

다음은 『부모에게 떳떳함』입니다. 부모가 소외되는 세태는 좋은 세태가 아닙니다. 누구나 부모가 되는 까닭에 떳떳함은 아내와 자식에게 떳떳하고 부모님께 효도하여야 진정한 떳떳이며 이것이 『좋은 생각』의 가치라 하겠습니다.

이번에는 바로 『하나님께 떳떳하냐?』라고 하는 것입니다. 저와 같은 크리스천이 아닌 분들은 '부처님께'로 생각하시든, 아니면 '조상님께'로 생각하셔도 좋습니다.

본능대로 살지 않아야 합니다. 되는대로 살지 않아야 합니다. 남들 따라 남들이 하는 대로 따라서 살지 않아야 합니다.

가치 있는 사고를 하고, 오늘보다 내일을 바라보며. 생각이 깊은 삶을 살아야 한다는 것이 신개념정신문화연구시리즈의 학훈입니다.

품위에 등급이 있어서 이를 품계라고 한다면 품위라는 단어는 영의정 정1품입니다. 정2품부터는 품위라고 하지 못합니다.

| 구분 | 1등급(영의정) | 우등급(2등급) | 상등급(3등급) |
| --- | --- | --- | --- |
| 칭 | 품위 | 인품 | 인격 |
| 점수 | 90~100 | 80~90 | 50~80 |

| 구분 | 중등급(4등급) | 하등급(5등급) | 무등급(6등급) | 막등급(7등급) | 쌍등급(8등급) |
| --- | --- | --- | --- | --- | --- |
| 칭 | 매너 | 꾼급 | 질급 | 랄급 | 쌍스러움 |
| 점수 | 40~50 | 0 | -50 | -80 | -100 |

사람을 등급으로 평가하면 안 되지마는 학문을 연구함에 있어서나

교육을 목적으로 하여 뜻을 전달하는 방법으로는 인간 시험 성적서
를 발행해도 된다고 생각합니다.

매너가 나쁘면 당장에 꾼급으로 전락합니다. 꾼급은 노름꾼 술주
정꾼 사기꾼입니다. 인간점수 0점을 드립니다. 인생 하등급 입니다.
있어요. 그런 사람들이 세상에 많이 있습니다.

질급은 도둑질, 인간질, 곁눈질, 이런 것이지마는 서방질, 계집질도
질은 질입니다. 무등급입니다. 점수는 마이너스 50점대입니다. "먼저
인간이 되어라"라고 하는 혼꾸멍을 내는 말이 필요한 사람입니다.

여기서 더 내려가면 이젠 막 나가자는 말입니다. 막가파입니다. '개
지랄'이라고 들어 보셨습니까? '지랄나면 인간도 아니다.' 이렇게 되
면 동물과 마찬가지입니다.

마이너스 백점은 구제불능입니다. 일하기는 싫고 공부하기도 싫고
먹고 싶은 건 많고 여자생각은 나고 돈은 없고 이건 구제불능입니다.
비아그라에만 혈안이 된 사람도 섹스비디오에만 눈이 뒤집힌 사람도
참 쌍스러운 사람입니다.


자, 이제 여기까지 읽어 보신 소감이 어떠십니까? 결론은 "생각하면
생각할수록 어려운 것이 인생이다." 이렇게 말하지 마십시오. 연구를
다 잘 들으시고서 이런 식으로…… 뭐라 그러지요? 김밥 옆구리 터진
다고 그러지요? 허탈해하지 마시기 바랍니다. 어릿광대는 상상도 못
하는 외줄을 탑니다. 개도 훈련을 받으면 사람처럼 행동합니다.

허공에 사닥다리를 세울 수 있을까요? 공중에 사다리를 세우고 허
공에 세운 사다리를 타고 오르내린다면 이게 이해가 되는 일입니까?

그런데 충분히 그럴 수도 있는, 이것이 인생입니다. 공중에 사다리

가 세워집니다. 오르내릴 수도 있습니다. 하지만 포기하고 내려가면 점점 추락하고 떨어져서 마침내 그곳은 동해바다보다 더 깊은 필리핀 동쪽 태평양에서도 가장 깊은 미크로네시아 바다 속까지 빠져 버립니다. 그러나 공중에 사다리를 타고 오르다보면 올라서 우주정거장도 만드는 세월입니다.

저도 할 수 있고 여러분도 할 수 있습니다. 다 됩니다. 안 되는 것 없습니다. 거시기 교수님도 하셨습니다. 불가능에도 도전하시고 우주에 정거장을 만드는 것과 같은 송아지 배아복제의 신기원도 세우셨는데 우리도 우리의 뜻을 거시기든 머시기든 정하고 에디슨처럼 전력을 다해 봅시다.

모쪼록 대단한 인생을 사십시오. 여러분의 분야에서 최고가 되십시오. 저도 이제 대단한 인생강사가 되어 보겠습니다. 여러분 그렇게 보이십니까? 저도 여러분의 눈동자에 푹 빠져 들어가 보았습니다. 잘 되시고 멋진 인생을 사시게 되실 것으로 믿어집니다.

이제 여기까지 오늘 이 소중한 시간을 모두 마쳤습니다. 호랑이는 죽으면 가죽을 남기고 사람은 죽어서 이름은 남긴다. – 맞습니까? 틀렸습니다. 사람은 죽어서 생각을 남깁니다. 뜻을 남깁니다. 한번 따라 해 보실까요?

**뜻을 남긴다. – 생각을 남긴다.** – 그렇습니다. 우리의 좋은 생각과 뜻을 남겨야 합니다. 그것이 우리가 선조 된 의무입니다.

본받을 만한 정신을 남겨서 올바른 정신을 물려주어야 하고 보여 주어야 합니다. 그것이 인생을 산 우리의 흔적이 될 것입니다. 그래서 후손된 우리의 자녀들이 손자들이 여러분과 저를 떠 올리면 먼저 어떤 말이 떠오르느냐고 하는 것이 나의 나 된 인생의 자취가 될 것입니다. 위대하고 거룩한 세종대왕도 아니고 이순신 장군도 아닙니다. 소담하고 조촐하지만 알찬 열매의 뜻을 말과 행동으로 남겨 주면 인생은 잘 산 것입니다. 가치가 있습니다.

이제는 저나 여러분이나 다들 오래오래 사신답니다. 그러세요, 저도 오래오래 살아 볼랍니다. 여러분들도 오래오래 사십시오. 그리고 반드시…….

가정과 자녀에게―이웃에게―사회에게,

혹은 국가적으로 아주 소중하고 값진 뜻을, 좋은 생각을 남기셔서 고상하고 고고하고 고매하며 우아하고 멋진 인생의 향기를 드날리시기를 간절히 기도드립니다. 고맙습니다.

# 제20장

# 어른다움을 생각한다

# ＃ 가정과 국가의 열쇠는 어른의 손에 있다

이제까지 읽어 주신 제19장까지는 2005년도에 작성된 초고였으며, 이제 남은 제20장과 제21장은 7년의 세월이 흐른 오늘 2012년 6월 한국학술정보(출판사)에 원고를 송고하기 전에 쓰는 글입니다.

이로서 '품위학 콘체르토'가 정상에 올라왔습니다. 이제 마치는 말씀을 드려야 할 때가 되었습니다. 간단하게 한 마디로 줄인다면 품위라고 하는 것이란 『나의 나다운 생각과 말과 행동』이라는 점입니다.

나다운 생각과 말과 행동을 요약하면 어른이 된 저자가 할 말은 간단합니다. 어른이 되었으니 어른답자라는 것입니다.

세월이 이렇게 빠를 줄 잘 모르고 사는 것이 인생이라는 생각입니다. 초고를 쓸 때만 해도 아들, 며느리와 손녀딸 송경이까지 한집에서 살았습니다.

그때나 지금이나 세월은 핵가족화되어 며느리와 같이 사는 한국인을 찾기는 어렵습니다. 저의 주변에서는 지금 있기는 하나 매우 드물고 대개 살림을 내보내 따로 삽니다. 그러면서 말합니다. "피차 편하

게……” 또는, “애들이 좋아하나? 저희들끼리 나가 살게 해 줘야지
……” 일리가 있는 말입니다.

제 경우는 아들이나 저나 핵가족을 원하지 않은 경우입니다. 각자
사정이 있다면 맞는 말이겠지만 표면상 드러난 바로는 제 며느리도
따로 산다는 핵가족주의가 아닙니다. 혹여 속내는 그렇지 않을 거라
고 한다면 제가 할 말은 없지만 현재도 그런 며느리의 생각은 변치
않았습니다.


‘품위학 콘체르토’의 초고를 쓰고 2년이 지난 2007년 4월 23일 제
아들, 며느리와 손녀는 미국으로 이민을 갔습니다. 미국거주 6년차에
접어들었는데 지금도 며느리는 시부모가 미국에 와서 한집에서 같이
살게 될 날을 기다리고 그렇게 기도합니다.

좀 더 말씀을 이어 가야 할 모양인데요, 일단 저자의 가정은 부모
와 자식이 한 지붕 밑에서 같이 산다는 생각입니다. 특히 미국에서
사는 아들, 며느리는 미국 주류사회의 가정들 상당수가 핵가족이 아
닌 대가족이며 3대 이상 4대까지 한 지붕 한 집에서 사는 것을 보면
서 시부모가 어서 미국으로 오는 날을 기다리고 있습니다.

초고를 쓰던 2005년에는 아들 내외가 미국으로 이민을 가게 될 꿈
도 꾼 바가 없었습니다. 단 생각학이나 이 ‘품위학 콘체르토’에서 누
누이 말한 그대로라면 며느리는 영문학을 전공했습니다. 과연 학창시
절부터 영어를 배우더니 결과적으로 영어를 쓰는 미국으로 가서 산
다는 제가 말한 그대로의 결과가 나왔습니다.

만일 중국어를 전공하였다면 지금 중국에 가 있을지도 모를 제가
말하는 생각학의 제명 그대로 “무슨 생각을 하십니까? 이제 곧 지금

생각한 대로 산다"는 제 주장은 저의 가정이 이를 증거 하는 결과가 나타났습니다.

생각학은 2003년쯤 초고를 쓴 것이었으며, 대화학은 2004년경에 초고를 썼고, 이 책 '품위학 콘체르토'는 2005년에 초고를 썼다는 날짜가 남아 있는데 참 이상한 일이 아니라 당연한 결과라는 증거까지 나온 셈이라 하겠습니다.

그때 아들은 CBS기자였습니다. 며느리는 첫 손녀 송경이를 낳고 영어교사가 되려던 꿈을 접어야 했을 시기였습니다. 그런 아들은 CBS에 기자로 근무하면서, 아들도 인정하는가는 모르겠지만 저자인 아비를 닮아 세계라고 하는 넓은 세상에 대해 유난이 관심을 크게 가졌습니다.

결국 아비가 어떤 삶을 사느냐고 하는 것은 곧 아들의 삶이 된다는 증거까지 나온 셈인데요, 제가 세계지도에 욕심을 많이 냈었습니다. 뉴스만 나오면 지구본을 돌려 보고 초창기에는 구글지도 같은 인터넷이 없어서 커다란 지도를 펴고 열심히 그 뉴스가 나온 나라와 도시들을 맞춰 보곤 했더니만 그게 아들에게도 전염이 되었다고 할지 유전자라고 할지 모르겠으나 하여간 아들은 시간만 나면 돈 아까운 줄도 모르나 해외를 나가 다녔습니다.

저는 당시만 해도 일본에만 두 번 갔고 미국은 가 보지 않았을 때였습니다. 유럽이나 동남아 가 보지 않았고 중국도 가 본 적 없습니다. 그러나 지도를 많이 보았고 그게 재미있어서 미국 유럽 등 세계를 졸졸 외워(기억+저장)댔습니다.

막상 미국에서 거주하다가 온 사람들을 만나 보면 옛말이 서울 안 가 본 놈이 이긴다는 말 딱 그 짝으로 제가 더 잘 알았습니다. 하여간 방향과 거리와 도로명이며 역사와 문화는 물론 그 도시에서 살다가 온 사람 이상으로 제 머리에는 세계가 제법 저장되어 있었습니다.

공부하는 게 취미고 직업이다 보니 지금도 세계 곳곳을 누비고 다니는 까닭에 중국이고 유럽이고 저하고 만나면 말이 잘 통한다 할까요?

이는 아비의 꿈은 아들이 이룬다는 것을 말하고자 하는 뜻입니다. 아비의 시야가 좁으면 아들에게 지장이 있다는 뜻입니다. 아비가 멀리 보고 높이 보고 넓게 보면 아들은 그보다 열 배가 아니라 백 배를 뛴다는 말을 하는 것입니다.

아무튼 아들은 여기서 언론인으로 사는 것보다 정치와 언론분야 세계 제1이라 하는 워싱턴을 올려다보기 시작했습니다. 그 기간이 얼마나 되는지는 저도 잘 모릅니다.

그러기 전에 미국에 간 것은 CBS에서 세계의 환경도시 탐방 특별 취재차 특파원비자로 나갔던 것이 계기가 된 것 같은데 저는 자세하게는 모릅니다. 아들에게 이런 것을 제대로 물어볼 새도 없이 어느 날 언론을 제대로 알고 배우려면 워싱턴으로 가는 게 좋다 하기에 그거야 너무 당연한 말 아니냐고 하다 보니까 간다면 허락하시겠느냐고 묻는 바람에 순간 대환영이라고 박수를 한 번 잘못 쳐 버렸더니 진짜로 가 버리고 만 것입니다.

제가 이번에 출판하는 책이 4권입니다. 지난(2012년) 2월에 출간된 '민족의 스승 월남 이상재'는 5권의 장편 역사다큐멘터리 소설인데 이번에는 신개념정신문화연구시리즈로서 '생각학+부부학+대화학+품위학 콘체르토'의 4권입니다.

아들, 며느리가 미국에 가면서 제게 한 말은 5년 후면 저를 초청한다고 했습니다. 시민권까지 5년을 잡는다니까 그렇게 알고 5년 내에 책을 몇 권 쓴다고 시작하다 보니 월남 이상재 장편이 자그마치 4년을 삼켰습니다.

결국 제가 영주권이라는 신분을 가지고 미국에 갈 수 있는 것은 2015년이라니까 3년 남았습니다. 제가 생각해도 참 어처구니가 없는 것은 마치 애들 소풍날 기다리듯이 손꼽아 2015년을 기다린다고 하는 것인데 이유는 간단합니다. 아들, 며느리, 손녀딸 셋, 이 가족이 그리운 것입니다.

저자 된 제가 주장하는 인생이니 행복이니 품위라고 하는 모든 말들을 다른 하나로 묶으라면 간단합니다. 살면 얼마나 산다고 뭣 때문에 자식하고도 못 사느냐고 하는 주장입니다.

행복이라는 것도 돈이나 벼슬이나 지위라거나 혹은 명예도 아니고 결론은 내 자식, 내 손자녀라는 것으로 결판이 난다는 사상 때문입니다.

월남 이상재 선생의 78년을 보아도 그는 나라일만 하고 가족을 내던진 일생이라 가정에 무슨 행복이 있느냐고 할지 모르겠지만 결론은 가정입니다. 자손입니다. 나라 일을 한 이유가 바로 자식들이나 태어나게 될 후손들이 잘 살게 하려면 나라가 일제에 먹혀 가지고서는 안 된다는 철저한 가정 지키기에서 출발한 애국입니다.

독립운동을 왜 하고 무엇 때문에 광복군으로 나가 목숨을 던졌느냐고 물어보나 마나 그것은 후손이며 후대입니다.

나라가 무너져 일제의 군화발이 지배하면 농사지어도 다 뺏기고 장성하면 일본군대에 가서 저 먼 타국에서 죽어야 하고, 기운에 있으면 끌고 가 광산에서 일만 시키고요, 그 아까운 손녀딸들을 결국 정신대다 위안부다 해서 노리개로 삼는 것 아니겠습니까?

왜 재산을 털고 왜 그 위험한 일제의 총칼 앞에서 독립만세를 부르다 죽었느냐의 답은 간단합니다. 나라를 잃으면 후손들이 전부 노예가 되는 이치입니다.

결론은 가정입니다. 아내요 아들이요 며느리요 딸이며 손자녀들이 잘 사는 세상입니다. 부모마음이란 말에 있지 않고 생각 속에 들어 있는데 한마디로 압축하면 자손들이 잘 사는 세상이며 죽는 날까지 자식들하고 마주 보고 사는 것입니다.

아닌 사람 있습니까? 자식들은 미국에 보내고 볼 필요도 없는 사람 있습니까? 자신은 부산에서 그냥 살다 죽고 아들은 서울로 보내서 장관 시키고 손주들은 방학 때나 와서 보면 되고 나 편하고 자식 편하게 반드시 떨어져서 살다 죽는다고 그러면 와서 장례나 치러 주면 만족합니까?

사람이 다 다른 생각을 한다고는 하지마는 환경이 그러니까 어쩔 방법이 없어서 따로 살지언정 인간이라면 손주들 자다가도 눈에 밟히지 않겠습니까?

제가 아들이 미국 신문사로 간다할 때만 해도 미국 가면 당장 안정되는 줄 알았습니다. 배울 만큼 배웠고 저자는 영어를 못해도 아들 내외는 영어도 잘하니까 설마하니 가서 고생은 안 할 줄 알았더니 한 4년 동안 고생을 참 많이 했습니다.

지금도 고생이라면 고생이지만 우선 꿈꾼 대로 미국의 소리 방송사(VOA)에 간 지 1년이 넘는 기자니까 언론을 전공한 기자 치고는 어디 내놔도 명함은 그만합니다.

놀라운 것은 과연 생각하고 기도한 대로 된다는 또 다른 증거가 있습니다.

제가 어렸을 적에는 미국의 소리 방송이라는 고정 프로가 있었습니다. 그때 장기범 아나운서나 유명한 언론인들 미국의 소리 방송에서 자주 들었던 목소리였는데 그 당시 학생이었던 저자는 미국의 소리 방송 아나운서가 꿈이었다는 놀라운 사실입니다.

제가 어려서 웅변을 잘했습니다. 그때 장래희망이 아나운서였습니다. 아나운서는 월급이 적으니까 변호사 되라 하시던 선생님도 돌아가셨고 어느덧 지금 그 어린 학생시절 아비가 말한 그 미국의 소리 방송 기자가 되어 제 아들이 매일 세계뉴스도 하고 워싱턴 정가소식을 10분간 하다니 생각한 대로 된다는 제 말은 세상 모든 분들께 희망의 메시지로 손색이 없다는 말씀이라 확신에 찬 말입니다.


이쯤하고 이제 제20장까지 온 제목을 따라가겠습니다. 어느덧 어른이 됐다는 것이 제목입니다. 어른은 되고 싶어 된 게 아니라 한 찰나 순식간에 어른이 돼 버렸습니다.

'어~?' 하다 보면 또 훌쩍 70세가 넘어설 모양입니다. 나이 80도 멀지 않았습니다. 초고 쓴 게 엊그제 같은데 그새 7년이 넘어갔고 책이 출간되면 8년이 될 모양입니다.

지금부터 다시 또 8년 후면 제가 73세가 됩니다. 그때는 미국 영주권에서 시민권으로 바뀔지도 모를 일이겠고 아니면 하나님이 불러서 먼 데로 떠났을지도 모른다는 생각도 해야 하고요.

요컨대는 얼마를 살든지 사는 날 동안에 나에게 주어진 나의 신분, 즉 정체성이 있다는 것입니다.

할 수 없이 저는 어른소리를 들어야 합니다마는 독자들은 아직 청년이지요? 혹은 선생소리도 과분한 제 아들 동갑의 40세입니까? 그리고,

뉘 집 사위고 뉘 집 며느리입니까? 혹은 시어머니인가요? 장모세요?

나는 누구인가를 묻고 싶지는 않지만 한 가지 당신은 당신이며 당신은 당신다우냐의 문제는 묻고 싶습니다.

당신이 당신다우냐는 이 물음은 응당 제가 제게 묻는 질문이기도 합니다. 왜 이런 질문을 하느냐고 물으신다면 이제 어른이 되었으니 어른다워야 한다는 말로 간단하게 답할 수도 있을 것이지마는 이렇게 간단한 문제는 아니라고 하겠습니다.

가정이나 국가나 이제와 가만히 생각해 보면 모든 사단의 원인은 바로 어른에게 있다는 게 저자의 생각입니다.

어른은 어때야 하는가……. 참 쉽게 말하기란 너무나도 어려운 주제라 하겠는데 이에 대해 우선 한 분의 스승님을 모시고 본을 삼아 보려 합니다.

우리나라에는 어른다운 어른이 참 드뭅니다. 이 말은 가정부터가 어른이 어른답지 못하다는 말과 궤를 같이합니다. 이때 어른다운 분을 한 분 모신다면 대한민국 태동기의 월남 이상재 선생입니다.

앞서 잠깐 언급했던 선생은 어른이 어때야 하는가에 대해 유명한 일화가 있습니다. 선생께서 어른이 되는 연세에 이르러 목숨처럼 전심을 다 바친 대상은 청년입니다.

선생의 청년 사상은 기독교단체인 YMCA를 통한 청년 운동으로 나타났는데 이에 대해 "내가 청년이 되어야지 청년을 보고 노인이 되라고는 할 수는 없지 않느냐?"라고 하신 유명한 말씀이 이를 증거합니다.

어른다움이란 무엇인가에 대해 저자가 할 말이 없지는 않지만 선생의 말씀을 앞에 모시는 이유는 간단합니다. 진정한 어른다움이란 청년을 존중하고 청년을 위한 노인이 되는 삶이라는 주장을 펴기 위함입니다.

청년은 누구냐……. 선생은 이에 대해 청년은 우리의 미래이며 장차 일본으로부터 이 나라를 되찾아 세울 희망이라는 논리입니다. 맞습니다. 청년이 부실하면 나라를 찾은들 무엇 하겠습니까. 이것이 선생의 어른다운 사상입니다.

청년을 위해 노인이 사는 것이 옳지 청년이 노인을 위해 사는 것은 옳지 않다는 외침입니다.

청년이 고작 노인만 바라보아서는 나라의 미래가 없다는 주장입니다. 노인은 무엇을 위해 왜 노인으로 사느냐……. 물어볼 필요도 없는 이 말의 정답은 청년들에게 용기를 주고 청년들을 위해 기도하고 청년으로 하여금 희망을 잃지 말고 꿋꿋한 청년의 기상을 펼쳐 대대로 살아갈 이 나라를 굳게 세우고 강한 의지를 마음껏 펼치라고 하는 것입니다.

그런 이유에서 선생은 모든 자리를 청년들에게 맡깁니다. 민족대표 33인을 세워 3.1독립만세운동을 이끌어 가실 때도 자신은 민족대표의 자리에 앉지도 않았습니다. 높은 자리는 청년들이 앉아야 한다는 사상입니다.

이를 비겁한 겁쟁이라고 비하한 분도 계시기는 합니다. 민족대표가 되면 잡혀가서 죽을 것 같으니까 자기의 안위를 위해 빠졌다면서 그럴 수가 있느냐고 하는 비난도 받았으나 선생의 생각은 그게 아니었습니다. 자신은 민족대표가 되든 않든 일제가 자기부터 잡아갈 줄 알고 있었습니다.

이러나저러나 만세운동이 일어나게 되면 월남 선생은 코에 걸든 귀에 걸든 일제는 요주의 경계대상 의혹자 명단 제1호에 항상 월남 이상재를 놓고 있었다는 것이 사실입니다.

물론 월남 선생은 즉시 잡혀갔고 수개월 동안 옥고를 치르고 도저히 혐의를 잡지 못해 풀어는 주었으나 그것은 꼬투리를 잡아내지 못한 탓이지 선생이 3.1운동을 주관한 것은 사실입니다.

선생의 어른다움은 독립운동도 청년들이 하고 해방이 돼도 청년들이 대통령도 하고 정부를 이끌어야 한다는 철저한 청년사상입니다.

자신은 3.1운동 당시 70세여서 이승만이나 김구 안창호와 같은 25세 이상 연하의 청년들(당시 45세)에게 나라를 맡겨야지 노인이 감투를 쓰고 매사에 앞장서서는 나라는 미래도 희망도 없고 그래서는 되지도 않는다는 사상이며 이야말로 그 무엇과도 견줄 수 없는 어른다움의 표상이라는 말씀을 드립니다. 이게 제 말의 핵심입니다.

어른은 빠지라는 것이 제 말입니다.

청년이란 자식입니다.

자식들이 하도록, 하자는 대로, 하는 대로, 설령 눈에 거슬려도 어른다운 어른이 되고자 하면 풀어 주고 뒤에서 기도만 해 주고 모든 걸 맡기라는 것이 제 주장입니다.

어른다움이란 긴말이 필요 없이 물러나는 것이라 하겠습니다. 그러나 오해는 하면 안 됩니다. 아예 무관심이 아니라 밀어주라는 말입니다. 밀어주라는 말의 본의는 믿어 주라, 믿어라, 맡겨라, 나보다 청년이 낫다—라고 하는 말입니다.


어른이 되고 보면 세상이 다 보인다고도 하지요? 장장 60년, 70년을 살아왔다면 안 먹어 본 것도 없고 안 가 본 데도 없고 본 것 들은 것 배운 것 책도 몇 짐이나 보았고 척하면 척척 알게 됩니다. 그러니까 경륜이 대단한 것입니다. 늙은 말이 길을 안다는 중국의 고사도 의미가 같은 말입니다.

그러나 월남 선생은 달랐습니다. 청년이 낫다고 인정한 것이 달랐습니다.

아무리 나이 환갑이 됐어도 자식은 자식이라고 하는 말은 감추어진 속내에는 실재하여도 어른다운 말이나 행동에서는 반대여야 한다는 뜻입니다.

제 경우가 이때 유익할까는 모르겠으나 저는 월남 선생의 제자가 되기 이전에도 한 가지는 확실하게 알았습니다. 한문은 내가 아들보다 낫지만 영어는 아들이 나보다 낫다는 것입니다.

당연한 말인데도 어른답지 못한 이유는 나보다 아들이 낫다고 믿어 주고 인정해 주지 않는 문제입니다.

철이 없다는 말을 아들에게 하지 않기가 참 어렵습니다. 네가 뭘 아느냐면서 내 말을 들으라는 말을 참고 안 한다는 것은 더욱 어렵습니다.

자식에게 어른답지 못한 어른의 공통점은 자식을 무시하는 성격입니다.

이유는 정당합니다. 우선 공부를 잘 못했다고 보는 것입니다. 머리가 나쁘다고 보는 것입니다. 어려서부터 키웠으므로 모든 흉도 다 알고 어디 무엇이 부족한지도 귀신같이 잘 아는 것이 부모이며 아비요 어미입니다.

그러니까 늘 눈에 거슬립니다. 말이나 행동이나 믿어지지를 않는 것입니다.

옆집 아들은 원래 똑똑했다고 여기고 내 아들은 한 번 옆집 아들을 앞선 적이 없다고 하는 아들의 약점이랄지 부족함에 대하여 바늘로 꿰듯 자세하게 아는 것입니다. 그러니까 입만 열면 안 된다고 하는 거예요. 뭐든 눈에 차지를 않아 그렇습니다.

어른이 어른답고 않고의 잣대는 단순합니다. 네가 뭘 하겠느냐고 불신하면 낙제입니다. 너는 할 수 있다고 믿어 주면 합격입니다.

# 지도자다움을 생각한다

# 민족의 스승 월남 이상재를 다시 본다

지도자다운 품위를 갖추면 좋겠다는 의미가 짙은 21장의 제목을 붙이면서 정답은 없다-라는 말씀부터 드리겠습니다.

흔히 여당이 보면 최고의 품위라 할 사람도 야당이 보면 최하의 품위라고 하는 우리나라에는 이런 편견의 뿌리가 깊으니 하는 말입니다. 특히 이 책이 출판되는 기간 동안 우리는 제18대 대통령 선거를 치르고 새 대통령이 5년의 새로운 임기를 위해 취임식을 갖게 되는 시기여서 그간 많은 칭송과 비난이 오고 갔습니다.

물론 이 책의 원고 초는 지금 2012년 6월에 보냄으로 2012년 4.11 총선을 마치고 대선의 초입 시기라 위는 예상으로 쓴 말이지만 실제가 그러하여 품위에도 어떤 기준을 정하기란 어렵다는 이야기를 한 것입니다.

나의 나다움이 품위라 한다면, 과거 아들다움이라 하여 아들은 효심인지라 추운 겨울 아버지가 잠자리에서 일어나시면 바지저고리가 차가운 관계로 아들이 미리 입고 기다렸다 일어나시면 벗어 드려서 아침 찬 옷 대신 따뜻한 옷을 입으시게 했다는 알려진 효자의 이야기 있는데 이를 따라 한 이웃 아들은 호된 야단을 맞았다지 않습니까? 하다하다 제 애비의 옷까지 입다니 효도란 그런 게 아니라고 말입니다.

효도 이야기가 아니라 나다움이란 상당히 상대적일 경우도 있다는 말씀입니다. 잘한다고 한 것이 오히려 화근이 되어 엄청난 결과를 가져왔던 경우가 바로 2007년 대선에 출마한 정동영 의원의 노인폄하 발언입니다.

원숭이가 나무에서 떨어진다는 말이 있듯이 말로서 살아온 앵커출신 기자가 전직인 정 후보의 진심은 노인을 잘 모시겠다는 효심이었으리라 짐작하는데 변명할수록 일이 커져 결국 무릎을 꿇고 사죄했으나 큰 표 차로 낙선한 일도 결국 나다움의 문제와 관계가 있을 것이라고 봅니다.


나의 나다운 행동이란 이런 식으로 나가면 불가능이고 시비만 일어나 본말이 전도되어 아무런 결론을 낼 방법이 없습니다. 행동이 그러하다면 말은 더 어렵다고 봐야 하고 한 걸음 더 나아가 생각까지 내가 나답게 갖춘다고 하는 것은 말꼬리를 잡기로 말하면 불가능입니다. 그러나 책이 무슨 선문답도 아니고 철학토론장도 아니니까 그런 식의 잣대를 댈 일은 없겠으나 간단 요약하면 어른의 어른다움과 지도자의 지도자다움은 분명 존재합니다.

어른이라면 모든 것을 비우고 내려놓는 것입니다.

자식이나 후배들을 믿고 창고 열쇠를 물려주는 것입니다.

죽는 날까지 돈 보따리를 틀어쥐고 결국 상속절차나 유언 한 마디도 남기지 못하고 죽는 어른이라면 복잡하게 따질 일이 없습니다.

이 점은 지도자도 마찬가지입니다.

특히 대통령을 비롯한 각 공공단체장이나 개인사업체가 되었거나 공통되는 것은 지도자의 지도자다운 덕목입니다.

물론 그것은 이런 것이라고 여기에 헌법처럼 깨알같이 쓸 일도 없지만 쓸 필요도 없습니다. 그러나 분명하게 존재하는 지도자의 지도자다움은 건존합니다.

어른이 본을 보이고 지도자가 본을 보여야 합니다.

이 말은 엄청난 뜻을 담고 있다 하겠지만 쉽고 간단하게 정리할 수 있는 말입니다. 청년, 후배, 아들, 며느리, 딸, 사위, 손자, 손녀…… 조건 없이 그들을 믿고 존중하며 그들에게 기회를 퍼부어 주라는 것입니다.

이 말은 나타난 현상, 즉 높은 자리에 앉지 말라는 형태도 포함된 말이지만 후배를 기르라는 뜻이며 자식을 인정하고 내가 양보하는 정신이 중요한 품위라고 하는 뜻입니다.

나이 들었다고 모든 자리를 다 노인들이 틀고 앉는 나라는 미래가 막힌다는 소리입니다.

물론 실질적인 행위적 요소도 많이 있습니다. 말의 예절이나 시선 두기, 앉음 앉음새, 몸동작 하나하나, 하다못해 걸음걸이, 식사예절, 전화예절, 영접과 배웅, 인간의 그 많은 감정 추스르기와 다스리고 다스림받기…… 모든 것에 어른이나 지도자다운 품위가 실존합니다.

본을 보여야 마땅한 품위적 요소는 다 쓸 수도 없습니다. 배움의 연속성을 잃지 않게 전달하는 것을 비롯하여 독서의 선택이나 TV를 켜고 끄기, 인터넷 문화시대에 필요한 유·무익과 폐해에 관한 것이라거나 인터넷 활용을 통한 세계화 시대에 따르는 지도자의 덕목에 대해 이거다 저거다 하기로 말하면 끝도 없는 내용이라 이런 '품위학 콘체르토'를 쓸 재간도 없는 일입니다.

그래서 '품위학 콘체르토'의 대미는 저자의 말이기는 하지만 제 이야기가 아니라 저저의 정신적 스승 월남 이상재 선생에 대한 저자의 방송 특강으로 대신하려 합니다.


때는 지난 2012년 5월 28일 오후 6시 10분부터 7시까지 저자는 대전 KBS라디오 방송을 통해 전반 20분은 박성준 앵커와의 인터뷰, 후반 30분은 특별강연을 하였습니다.

그 원고는 품위를 말하려 할 때 지도자의 품위에 대하여 나름대로 의미가 담겨 있습니다.

그럼 이제부터 특강을 들으시는 것으로 이 책을 마치겠습니다.

## KBS 라디오 『생방송 대전입니다』 특강원고

그간 월남 이상재 선생이 사신 78년의 발자취만을 따라 5년여를 살았습니다. 사람이 누구를 아무리 존경하여도 그에게 5년을 바친다는 건 어렵습니다만, 저는 선생이시라면 50년이라도 바쳐 모셔 마땅한 사부님이시라는 게 진심입니다.

참 치열하게 사셨습니다. 저야 단 4~5년 만에 알면 얼마나 알까마는, 선생은 어느 하루도 편하게 살지 못한 어른이시라 저는 알수록 가슴이 저려 다섯 권의 책을 눈물로 썼습니다.

당시 나라가 원체 어렵다 보니 나라를 구해야 한다는 일념뿐 나라가 없으면 자식도 종이요 노리개가 된다는 先國 後孫정신으로 사셨습니다.

천둥벼락 번개 치는 들판…… 퍼붓는 장대비 속 병든 송아지 잃을까 나라를 붙잡으려 정신이 없는…… 평생소원이 바로 우리들 후손들이 잘 살도록 나라를 되찾아 다시 세우시기이셨습니다.

때는 1850년 철종1년에 태어났습니다. 나라는 배우지 못해 무식하였고 가난하고 힘이 없었습니다. 관리는 부패하여 권세면 장원하던 세도정치 시절이라 과거에서조차 낙방합니다. 그런 선생을 부친 희택 공이 한양으로 보냅니다. 처자식을 떠나 한양에 온 선생은 13년의 밤낮 성균관 유생에게 안 지겠다는 면학의 세월에 공자 왈 맹자 왈이 아닌 신문명·신문화 세계지도를 펴고 영어·일본어를 독학으로 배웁니다.

잠시도 한눈을 팔지 않습니다. 그 덕에 신사유람단원으로 일본을 가고 미국에도 가서 또 1년을 보내면서 결론적으로 나라의 힘이란 배우는 지식이라는 것을 깨닫고 돌아와 미국식전국민평등의무교육제도를 뿌리내려야 한다는 국민교육에 투신합니다. 기우는 나라…… 그래서 외세에 휘둘리는 나라를 지킨다고 만든 것이 독립협회로서 이는 선생이 기획·연출·감독한 대한민국 정신입니다.

그때는 책도 귀했습니다. 공부는 양반들 고작 5%가 眞書라고 해서 자기들만 한문공부를 했습니다. 상민들이 공부를 하면 잡아가 책을 뺏고 볼기를 쳤습니다. 諺文이라는 한글도 궁중여인네들 중심이며 사대부 집 규수들이나 배워 상민들은 공부하면 그 자체가 죄였습니다.

우리가 학교를 제대로 다니는 것은 해방 후 불과 얼마 안 됐습니다. 지금 참 이 좋은 세월을 살게끔 나라를 다시 찾고 기초를 놓은 이게 다 조상님들 덕분입니다. 그럼에도 애족·애민의 뜻을 세우고 목숨까지 바쳐 쟁취하신 그 많은 선대 조 영전에 감사하고 고맙다는 생각 별로 안 하시죠?

법은 오직 힘 있는 양반이나 일본인들에게만 유리하던 시절…… 너 이리 와-불러다 태장을 쳐도 되고 죽여도 되는 개인 사 자 私·刑 제도아래 살던 나라를, 이렇게 교육수준이 세계에서도 앞선 나라로 이끈 태동의 역사 속에는 월남 이상재라고 하는 걸출한 스승님이 계십니다.

저는 이제 3.1민족대표 33인도 그 자리에 뽑아 세운 월남 이상재 선생은 어떤 분이신가…… 간략하나마 참 중요한 말씀을 드리려 합니다.

먼저…… 국민은 지금 우리 대한민국에 대하여 잘 모릅니다. 한국사·근대사를 연구한 분들 많아도 대한민국이 태어난 그 당시의 역사적 시대배경만 가르쳐 인물중심이 아닙니다. 이는 고향이나 생

가는 가르쳐도 부모가 누군지는 제대로 가르치지 않은 것과 같습
니다. 대한민국의 아버지는 초대 이승만 대통령이 아니라 정자와도
같은 씨가 있습니다. 건국정신이 있습니다. 참 중요한 것을 빠뜨리
고 있어요. 월남 이상재 선생이시며 그의 정신입니다.

작은 나라가 어째서 대~한민국이냐고 물으면 대답을 잘 못 합니
다. 왜 대한민국이며 대한민국이란 어떤 뜻인지를 모르는 것은 본
을 모르고 성도 모르고 신분 불명확이라 정체성 痲痺여서 氣빠진
국민이나 마찬가집니다.
대한민국은 월남 선생보다 45년 연하의 직속제자 우창 신석우 선
생이 월남 선생의 독립정신의 교훈을 받아 지어낸 국호입니다. 우
창 선생이 발의하여 상해임시정부 첫 임시의정원, 지금의 국회지
요? 여기서 대한민국이라는 국호가 통과되어 오늘의 이 강대국이
되었습니다. 꼭 이런 創+國정신, 즉 국혼의 정신을 심어 주신 선생
의 대한민국 정신 실체를 알아야 합니다,
대한은 대·중·소 할 때의 큰 大자 대한이 아니라…… 위대하다,
뛰어나다, 걸출하다 할 때의 大라는 글자입니다.『위대하고 뛰어난
국민의 나라-』 이것이 대한민국이라는 국호입니다. 학문에서 대
한민국學이라는 것도 하나 만들어야 될 모양이에요.
월남 선생은 독보적이며 절대적이라 할 대한민국 태동의 씨앗이
되는 분입니다. 조지 워싱턴 초대대통령이 미국의 국부라면…… 느
닷없이 대한민국의 아버지는 월남 이상재 선생이라 할 경우, 여러
분은 이 도대체 무슨 소린가 하실 것 같은데요, 이게 국가교육부실
에 따른 공백현상입니다. 아비를 모르는 사람이 없듯 누가 대한민
국의 넋이며 얼이며 씨앗인지를 몰라서야 되겠습니까?
알려 주는 사람도, 알 필요도, 알려고도, 그래서 알지도 못한다면
이것은 국가성장 발달장애의 문제입니다. 정체성이라 할 뿌리가 부
실한 국민이 세계화시대에 어디를 간들 가서 무슨 힘을 쓰겠습니
까. 대한민국정신을 모르면 강대국이 돼도 그래도 약합니다. 국력이
라 할 국가 근본체력은 국가에 대한 자부심과 자긍심이며 합쳐서
정체성이라 하고 이게 국가관인 동시에 결국 국력이 되는 것입니다.

틀린 말 하지 않습니다. 대한민국에는 민족의 스승 대한의 아버지,
우리 충남 서천에서 출생한 월남 이상재 선생의 건국정신, 나아가
행복한 후손이 살아가는 나라를 위해 일생을 바친 숭고한 뜻이 실
존합니다. 한 알의 밀알이 되어 묻혀 있습니다.

선생께서 독립협회를 만들고, 3.1독립만세 운동을 꾸미고 민족대표 33인을 청년들로 세워 나라를 되찾아 올 재목으로 길러 내셨습니다. 밀알입니다. 밀 이삭이 된 선생의 제자들이 세운 나라가 대한민국이다— 글쎄요……. 이렇게 짧게 말해서는 선뜻 알기 어려울지 모르나 우리 한국 근대사는, 특히 우리 대한민국 건국의 태아기 모태 안 태동기에 대해 역사학자님들 죄송합니다마는 실제 주요 인물과 사상에 대하여 소홀하고 있습니다.

대한민국의 정신 씨를 찾아야 합니다. 잘들 하셨는데 중요한 게 부족합니다. 월남선생을 잘 보면 당대의 애국지사 수만 명이 동시에 보입니다. 그분들의 중심이며 정신적 지주요 스승님이 되는 월남선생 연구에 학문의 판 자체를 다시 깔면 모든 것이 환하게 잘 보입니다.

가정에 가훈이 있듯 나라에도 國訓이 있다는 것도 알게 됩니다. 대한민국의 국훈정신은 헌법으로 3.1운동과 4.19를 말하고 있으나 약합니다. 인물까지는 몰라도 정신이 선명치가 않습니다.

보면 쇄국이냐 개국이냐를 정할 세계화시대가 왔으나 당시 강화판관으로 빗장을 열지 말지로 고심한 경암 박제근 대감과 그의 5대 독자 박정양 초대 주미공사가 나타납니다. 죽천 박정양의 유일한 1등 직속제자가 선생이며 을사늑약에 토혈분사 한 스승 죽천 대감이 미처 결실하지 못한 대한민국의 씨앗을 맺힌 분이 선생이라는 것이 확연하게 드러납니다. 지금 자료를 보여 드리지는 못하지만 우리 근대사 잘 되었으나 다시 보고 빠진 게 무엇인지 찾아 가르쳐야 합니다.

부모를 모르는 사람이 힘을 못 쓰듯 국가 정신을 모르는 나라도 허약합니다. 대한민국은 조선왕조를 거쳐 대한제국 이후 일제에게 먹히기 이전의 독립협회와, 일제치하 3.1운동 정신이 태동의 씨앗입니다. 이 고귀한 대한의 씨를 심고 가꾼 분이 월남 선생입니다. 근거가 뭐냐 싶으면 따로 연락 주세요.

대한의 스승이며 태동의 씨앗이신 선생은, 1882년 신사유람단원으로 세계화시대로 전환한 일본명치유신을 보고 왔습니다. 5년 후 첫 주미공사 1등 서기관으로 가서 1888년 미국과 조선간의 첫 수교의 물꼬를 터 냅니다.

여섯 차례에 걸쳐 신문명을 접한 선생은 나라의 명운을 오늘의 한국으로 이끌어 오는 힘겨운 견인차요 버거운 중에서도 지렛대 역할을 하였습니다. 맞습니다. 그러나 갑자기 듣는 말이라 어안이 벙벙하십니까? 바로 이것 역시 오늘날 대한민국 정체성 교육이 야무지지 못한 탓입니다.

저는 근대사를 역사자료를 찾아 균형 잡힌 잣대로 보았습니다. 한
국사를 가르치는 교수들이 페이지를 넘기다 놓친 자료를 찾아 연
구했는데요, 별반 어려운 것도 아닙니다. 방대하여 개황파악이 덜
되었거나 요점을 짚지 않은 근대사 교육학적 오류 또는 미완 부분
일 수도 있습니다.
월남 선생은 신문명의 터를 닦고 거대한 세계화의 대로를 개설한
선각자이십니다. 그때 만일 선생께서 판단을 잘못했다면 우리 대한
민국은 없어졌거나 영 달랐을 수도 있습니다. 지금은 대한민국 정
신과 국훈을 상기할 때입니다.

조선이 세계화 시대를 맞아 걸었던 쇄국의 빗장을 열 그때…… 어
느 나라 어느 세력 어떤 문명이 들어오고 받을 것이냐의 문제는 네
개의 큰 선택의 줄기가 있습니다.
첫째는, 하던 대로 중국의 속국을 유지하는 것입니다. 둘째는, 일본침
략에 빨려 들어가 국가의 문이 닫히는 것입니다. 셋째는, 러시아 쪽에
붙어 아관파천의 연장선입니다. 넷째가 서구 유럽의 문명을 받아들이
는 쪽인데, 여기에는 일본이 선수를 쳤고 이토 히로부미도 영국에서
신교육을 받았으므로 유럽 쪽으로 가면 또 일본이 방해합니다.
월남 이상재와 죽천 박정양은 고종과 민중전의 개화문제로 복잡한
두뇌에 달린 양 손발이 되어 미국을 택합니다. 미국 카드를 뽑아
든 월남은 신문명 신교육의 장도에 오를 오늘의 대한민국 초석을
깔아 거대한 물꼬를 미국 쪽으로 틀었고, 새바람 새로운 길을 개척
하여 지금 재미동포 300만 시대까지 열었으며, 정치, 교육, 경제, 사
회, 문화는 물론 오늘의 대한민국을 세우는 일에 생을 바쳤습니다.
이렇게 위대한 역사적 진실을 논하려면…… 감히 거대 공룡으로 성
장한 세계 속의 대한민국 첫 발자국의 깃털 하나만을 뽑아도 1시간
이 부족합니다.

생각만 해도 아찔합니다. 하던 대로 중국에 의존하였다면 지금 우
리는 공산주의국가 아니겠습니까? 일본 식민지에서 조국해방을 진
두지휘한 선생의 독립운동가 배출 배양정신이 없었다면 어찌 8.15
를 맞았을 것이며, 러시아의 물살에 휩싸였다면 우리가 지금 북한
과 무엇이 다를까요? 끔찍합니다.
응당 그 숭고한 정신을 배우고 모셔야 마땅합니다. 풍전등화＋백척

간두에 섰던 그 중차대한 시기에 미국에서 보고 듣고 배운 바를 독립협회·만민공동회를 통하여 새로운 신문명의 시대를 얼어야 한다고 목이 터져라 외친 선생의 말씀도 실존하는 자료에 근거 또렷하게 볼 수가 있습니다.

1884년 갑신정변이 일어납니다. 정변실패로 당시 병조판서였던 서재필은 미국으로 도망갑니다. 4년 후 박정양을 초대 주미공사로 모시고 간 선생은 미국에서 서재필과 만납니다. 정변 10년 후 1894년 시작한 갑오개혁을 맞자 정변의 주역들이 복권됨에 1896년 서재필이 귀국합니다. 당시 박정양은 내각총리대신이며 선생은 내각총서라 하여 차석입니다.

선생은 14세 연하의 송재 서재필, 16세 연하의 좌옹 윤치호, 25세 연하의 우남 이승만과 같은 미국유학파 청년들을 앞세워 독립신문을 만들고 영은문자리에 독립문을 세우고 독립협회와 만민공동회 대중 집회를 이끄십니다.
독립신문과 독립문을 누가 만들고 세웠는지도 자세히 봐야 합니다. 서재필만이 아닙니다. 선생의 역할이 대단합니다. 미국파 청년들과 자별한 선생은 조정과 국민을 설득하고 재원을 마련하여 전심으로 대한민국 정신의 토양을 다집니다.
독립정신은 후일 3.1독립만세운동이 되어 다시 불타오릅니다. 3.1운동 역시도 선뜻 잘 보이지 않지만 자세히 보면 선생이보입니다. 이에 대해 근대사를 가르치는 학자들은 말은 그렇다 하지만 핵심을 딱딱 짚어 주지 않습니다. 역시 선생이 중심에 계신데요, 맞다 하면서도 맥점·방점이 약해 흐릿합니다.
독립선언서는 3.1기미독립선언서 하나가 아니라 채증된 것만 22개입니다. 무오독립선언서가 처음이고 손병희 선생이 발표하고 만세를 부르다 실패한 선언서도 있습니다.
그러나 매번 일제로 하여금 더욱 악랄히 막을 빌미만 주고 다치자 선생은 손병희를 부릅니다. 그날 밤 종로 YMCA…… 여기서 민족대표 33과 예비대표 15인까지 선임하는 등 3.1운동의 시나리오 설계도가 완성된 근대사의 생생한 증거를 보게 됩니다.
3.1운동은 상해대한민국임시정부를 세우는 씨앗이 되어 피었고 선생은 애국지사 양성의 선봉에 서서 대한민국의 밭을 만들고 갈고 두럭을 짓고 거름을 주고 영농후계자를 기르며 씨를 뿌립니다.

자—그러나 지금…… 이 숭고한 정신에서 태어난 대한민국의 오늘
은 풍요 속의 빈곤입니다. 선생은 이와 관련 이미 유언으로 남긴
귀한 말씀이 많이 있습니다.
권력을 쥔 공직자 비리와 부정은 걷잡을 수 없게끔 나라를 무너뜨
린다는 것이며, 청렴결백만이 하늘의 복을 받는 정신의 뿌리라는
말씀으로서 곧 부패는 망국의 앞잡이라 선봉이라는 유언입니다.
정치가 부패하면 따라서 교육이 부패하게 되어 스승의 도가 무너
지고 학교폭력이 난무하여 인간성이 궤멸된다는 아주 기초적인 나
라정신을 지키라는 의미의 유언입니다. 효와 예가 무너지고 음주·
향락·밤 문화가 판칩니다. 성추행에 도박과 금융사기로 혼탁합니
다. 이건 월남정신으로 새로워 져야 고칩니다. 고치지 않으면 하늘
의 복이 떠나고 물가고와 재앙이 내려 결국 민란을 유발한다는 역
사의 교훈도 중요합니다. 탑을 쌓는 데는 100년 걸려도 무너지는
건 한순간이라는 유언입니다.
잠깐 선생의 말씀 하나 볼까요?
“국민이 누릴 국민의 권리와 의무를 누리지 못하는 정사를 편다면
국민은 송장이나 다름없소이다. 이는 곧 정부도 송장이요 고깃덩어
리에 불과하다 하겠소이다. 국민이 무시되어 몇몇 정치가만이 권력
을 누린다면 국토가 있은들 무엇 하며 지키려 한들 어찌 지켜지겠
소이까? 정부란 국민이 있으므로 인하여 정부의 권(權)이 서고 존
재의 가치가 있다 하여 틀림없습니다.”

예—선생의 정신에 비쳐 보면, 국민소득이 늘고 수출은 세계 7위—
나라는 부자인데 가정경제는 모두가 적자인 이유는 간단합니다. 하
늘이 노하고 복을 거두어 갔기 때문이므로 정치인들부터 욕심을
버리라는 것이며 바로 正直·淸廉·깨끗한 良心이라는 유훈입니
다. 그래야 하늘이 복을 내린다는 것입니다.

마귀는 나라를 무너뜨리려 함에, 부패하고 방심하면 우리 땅은 남
들이 싸우는 전쟁터로 변해 그게 청일전쟁이었고 노일전쟁이다 그
겁니다. 역시 선생의 정신에 비쳐 보면, 북한 핵이다 미사일이다
하는 위협은 마귀에게 들려준 몽둥이이며 이것은 고위층이 부패하
면 하늘이 내릴 불벼락이 되어 나라가 다친다는 뜻인데 이 말은 절
망만 하지 말고 희망을 가지라는 동시에 죄부터 닦고 씻으라는 가
르침입니다.

오늘이 석가탄일입니다. 그런데 존경받을 스님들이 만신창이가 되었습니다. 종파를 떠나 이건 나라의 불행입니다. 정치인이 저러니까 은행 회장들까지도 후려 먹습니다. 경천동지요 천인공노할 참 위태한 공중곡예가 30층, 50층 상공에서 추락직전입니다.
부부가 깨지고 노인이 매를 맞고, 학생은 왕따로 자살하나 하면 부녀자가 처참하게 죽고 성직자는 패륜의 밤을 보내는 대한민국은 수백, 천만 애국자들이 재산을 바치고 목숨을 바쳐 세운 나라지만 막상 부자가 되니 죄로 물든 욕심천하가 되었습니다.

나라가 걱정입니다. 어서 월남 선생 정신으로 인성을 살려야 합니다. 그저 원망, 불평, 투정, 욕이나 하자는 게 아닙니다. 감투 놓고 싸울 게 아니라 피차 돌아보며 감싸면서 월남 이상재 선생, 우리 민족의 스승이며 아버지 되시는 어르신의 말씀과 정신을 받들어 모시자는 말입니다. 그러면 돼요. 미래는 환하고 밝습니다.
여기서 또 잠깐 선생의 말씀을 보실까요?
"국민의 자리에 앉아 국민의 고혈을 짜 먹으면서 그게 영달이요 그게 영광으로 생각하며 지금 그게 행복인 줄 착각합니까? 악마의 나라처럼 사탄의 무리가 정부를 차지한 것 아닙니까? 말로는 황권이요 민권보호를 외치지만 황권이 국민으로부터 나왔으매 국민보호가 황권보호라는 사실을 망각하여 국민의 내장을 도륙하면서 이건 황권과 민권이라면서 겉피부에만 분칠을 하는 격입니다. 어리석기 그지없는 세도가들은 자나 깨나 더 높은 세도가의 문전만 드나들며 날로 더 악행을 저지를 무기나 다름없는 권력나누기와 뒤집기에 몰두하니 국민의 생명과 재산을 강탈하는 것과 무엇이 다르다 하겠습니까? 나라의 뿌리가 썩어 말라 가고 있습니다. 결론은 황권과 민권이 무너지고 있다는 것입니다. 나라와 국민을 뜯어먹을 고깃덩어리라 어육의 대상으로 보고 양심의 良자도 보이지 않습니까?"

예-18대 대선과 19대 국회 개원을 앞두고 하늘 무서운 줄 알라는 선생의 유훈은 부강해질수록 겸손하며 충성하며 아끼고 존중하며 꼭 내 머리에만 큰 감투를 쓰려고 하지 말고 미래를 이끌 참신한 청년들에게 인성을 가르치라 하십니다. 국민을 받들고 나를 씻어 청렴결백하게 나라 일을 하라 하십니다.

뿐만 아니라 배워 아는 지식이 국력이라고 하는 교육제도의 주춧돌을 놓으심은 대단합니다. 대한제국 첫 교육부장관이라는 것 아십니까? 독학으로 영어, 일본어, 중국어, 러시아어를 공부하고 미국식 평등의무교육제도 도입을 위한 선생의 열정은 오늘날 교육선진국이 되자 배우는 고마움도 잊었구나 싶습니다. 학교가 왕따 폭력장이 될까 무섭습니다. 공부하면 볼기를 치던 교육독점의 굴레를 벗긴 스승님께 면이 안 설 노릇입니다.

배웠으면 배운 대로 행하라는 學·從·思·行 정신은 많이 배운 사람이 부정하면 무식함만 못하다─지식, 재산, 목숨까지 바치지 않으려면 정치하지 말라는 말씀도 있습니다. 내 돈 내고 하는 것이 애국이며 그른 것은 목숨 걸고 막으라는 것이 선생의 가르침입니다.

선생의 제자 된 저는 할 말이 많습니다. 선생은 특히 민족 언론정신의 스승입니다. 지금 살아 계신다면 물으실 것입니다. 신문은 왜 만들고 방송은 무엇을 알리자는 것이냐…… 먹고 놀고 꾸미고 춤추는 퇴폐를 조심해야지 언론이 부패하면 정치인의 부패를 막지 못해 방법이 없다─그러면 결국 나라와 국민만 곯는다는 게 선생의 언론관입니다.

끝으로 선생의 작은 제자가 19대 국회를 향해 제청합니다. 꼭 고위 공직자 비리만큼은 선거법처럼 100배로 다스릴 법을 만들라는 것입니다, 양가 8촌까지 재정보증을 세우고 1억을 훔치거든 가차 없이 100억을 물리면 부패와 부정 근절됩니다. 이렇게 쉬운 걸 안하는 건 뇌물 받아먹을 길 막히니까 그러는 겁니까?

"돈을 훔치는 자는 벼슬도 훔치고 여자도 훔치는 법이다─" 강하게 질타하신 선생의 청빈, 무욕정신…… 진정 이제 어떻게 모셔야 할까요?

바로 우리 충청도가 먼저 알아야 합니다. 모든 교육자 교장선생님들부터 알고 청소년 학생 제자들에게 가르쳐야 합니다. 충청지방 시장군수 공무원이 먼저 알아야 합니다. 충청지역 국회의원 등 모든 정치인들이 알고 모셔야 합니다. 선생을 알면 나 자신 근본 생각부터가 달라집니다. 개국 초 첫 대한민국의 설계도면이 환하게 보입니다.

교육부·보훈처·교육청 탓이나 하고 떠밀 게 아니라…… 나 자신을 위해 선생의 가르침을 받읍시다. 우리의 사고와 인성이 달라진다는 막연한 말밖에 못해 죄송합니다마는…… 필연 국민의 생각을 맑혀 빛과 희망을 주는, 위대하고 뛰어난, 하늘이 복이 넘칠 선진 대한민국의 미래를 열 강한 국력이 될 것입니다. 감사합니다.

신개념정신문화연구시리즈 03
『품위학 콘체르토』를 읽어 주셔서 감사합니다.

장로교 신학교 졸업
한국정신문화(더 잘 세울)연구원장
현) Q·R News(구 충청시대) 주필
  토요신문(민주일보) 논설 고문
  (사) 교통장애인재활협회 고문
  대전 제일장로교회 집사

歷史다큐小說 『민족의 스승 月南李商在』(전 5권)
『基督敎讚揚學』
『敬歎讚詩』(전 5권)
『생각學』
『對話學』
『稟位學』
『잃어버린 세월』(전 5권)
『江華旅記』
『場生草』
『逆說사랑學槪論』

찬양(성가)집 레코드 & 카세트테이프 제1집~제11집까지 출반
(작사 및 작곡 약 150여 곡)
고신·합동·통합·합동보수, 전국 총회 및 노회 특별출연 찬양선교
1984년 한국기독교100주년 선교대회(100만 성도 회집) 특별출연 2회
(여의도 광장 빌리 그레이엄 목사 설교 전 특별찬양)
일본선교여행 2개월 20여 교회순회 찬양 선교(일본어판 찬양집 출반)
전국 도시, 농·어촌, 섬, 기도원 등 1,500여 교회 순회 찬양선교
기독교 청주방송·부산방송 찬양학 방송강의
대전 극동방송 찬양학 강의, 장애우를 위한 교양칼럼·크리스천 교양칼럼 방송강의
울산 극동방송 크리스천 교양칼럼 방송강의

kclc1000@naver.com
H·P: 011-401-3639

저울로 달아보는 인간성

# 품위학 콘체르토

초 판 인 쇄 | 2012년 10월 19일
초 판 발 행 | 2012년 10월 19일

지 은 이 | 천광노
펴 낸 이 | 채종준
펴 낸 곳 | 한국학술정보㈜
주　　　소 | 경기도 파주시 문발동 파주출판문화정보산업단지 513-5
전　　　화 | 031) 908-3181(대표)
팩　　　스 | 031) 908-3189
홈 페 이 지 | http://ebook.kstudy.com
E - m a i l | 출판사업부　publish@kstudy.com
등　　　록 | 제일산-115호(2000. 6. 19)

ISBN　　978-89-268-3839-6 04330 (Paper Book)
　　　　978-89-268-3840-2 05330　(e-Book)
　　　　978-89-268-3833-4 04330 (Paper Book Set)
　　　　978-89-268-3834-1 05330 (e-Book Set)

이담 은 한국학술정보(주)의 지식실용서 브랜드입니다.

이 책은 한국학술정보(주)와 저작자의 지적 재산으로서 무단 전재와 복제를 금합니다.
책에 대한 더 나은 생각. 끊임없는 고민, 독자를 생각하는 마음으로 보다 좋은 책을 만들어갑니다.